I don't need your sweet devotion
I don't want your cheap emotion
Just whip me up some dragon lotion
For your dirty love
Frank Zappa, *Dirty Love*, album 'Over-Nite Sensation' (1973)

We all have these reference points to back us up, don't we?[1]
Jani Ruscica

It was Orlando's fault perhaps; yet, after all, are we to blame Orlando? [...]
Violence was all. The flower bloomed and faded. The sun rose and sank. The lover loved and went. And what the poets said in rhyme, the young translated into practice. Girls were roses, and their seasons were short as the flowers. [...] As for the girl, we know no more than Queen Elisabeth herself did what her name was.[2]
Virginia Woolf

Robert: "Elle est sortie?"
Paulette: "Oui, acheter un jaune, un rouge et quelques bleus pour achever son tableau."
Guy De Cointet[3]

At the same time I took the picture I have called Phrase. This is an image of two hands of the same person, one of them is ON a ROUND object that forces the hand to take its SHAPE. The right hand is OPEN under a stream of water that RUNS THROUGH the fingers. It is the image of a moment in which two contradictory material sensations occur simultaneously throughout the body and are meeting in a center that is now moving. The language or the phrase is movement, passing from one thing to another. A transformation that happens, and is lost in the moment. In one sense it can be a bit silly to say, but you start a sentence, one dares to start a sentence, and first you take something, at the beginning of the sentence, and then you let it go, when you finish the sentence. [...] I do believe that there is a relationship in the construction of a sentence, and a movement in two times, two strokes ... closed hand Pum open hand Pum. In relation to the process, it was not to represent but to do it again, paint or build the image in two moves or two strokes. Almost like talking. I also wanted to experience the

1. Jani Ruscica, geciteerd in: Malin Ståhl, 'This Version Begins Here', in: Jani Ruscica, *Anecdotal*, Galerie Anhava, Helsinki, 2013, p. 55.

2. Virginia Woolf, *Orlando. A Biography. The definitive edition*, Vintage Books, Random House, 1992 [1928], p. 12. De 'populaire' wijze vandaag de dag om over het werk van Virginia Woolf te denken (zie bijvoorbeeld Wikipedia) is beïnvloed door Theodore Dalrymple, *The Rage of Virginia Woolf*, City Journal (summer 2002): '*The Cambridge Guide to English Literature describes Three Guineas as an established classic—but a classic of what genre exactly? Of political philosophy? Contemporary history? Sociological analysis? No: it is a locus classicus of self-pity and victimhood as a genre in itself. In this, it was certainly ahead of its time, and it deserves to be on the syllabus of every department of women's studies at every third-rate establishment of higher education. Never were the personal and the political worse confounded.*' Deze wijze van belachelijk maken is blijkbaar een nieuwe sport of normaliteit geworden.

3. Marie De Brugerolle, 'Who's that guy? Portrait de l'artiste en cryptographe', in: *Guy De Cointet*, JRP/Ringier Kunstverlag AG – Air de Paris, 2011, p. 80-81.

moment, the final image to join this. So important was the time to start each of the cardboards I was forced to have a structure or system prepared in advance, it is as if I had to play a sport, a movement to get something, and had no option but two or three gestures, fast. And I think, it occurs to me now, that there is a mirror-relation with the three paintings, they all are figure. I am me-making them, not in a personal sense, but on a material level.[4]
Julia Spínola

4. E-mail van Julia Spínola aan de auteur, 26/02/2012. Zie ook: Sofie Van Loo, 'Form as figure-object, supported by and triggering sequence-gestures and action-codes in the practice as artistic research of Julia Spínola', in: *Tatuí*, São Paulo (2013): 'It's not the medium that is the massage/the message, neither is it an attitude that becomes form and it's not the intermediality itself that produces a specific form-content. In her case it's a sequence-gesture as an action-code that realizes a figure-object.'

De aanleiding tot TIME SPACE POKER FACE

Fragment uit de perstekst, die — licht gewijzigd — ook werd verdeeld tijdens de tentoonstelling:

'De groepstentoonstelling TIME SPACE POKER FACE focust op verschillende posities die kunstenaars met hun onderzoek, hun werk innemen ten opzichte van de atelierpraktijk, de samenleving, de werkelijkheid, illusie, de hedendaagse kunst(wereld), realisme en abstractie, verbeelding en beeld, werk en (de perceptie van een) beeld, vorm, materiaal en concept, subject en object, minimalisme/conceptualisme en het narratieve, ruimte en tijd, en het (post/inter)mediale. Er is geen strak thematisch concept; wel wordt er een groep kunstenaars uit verschillende generaties en landen samengebracht, die werken met verschillende media. Zij krijgen ruimte om werk te presenteren en eventueel met de andere deelnemende kunstenaars in dialoog te treden. Elke kunstenaar heeft zijn/haar eigen onderzoek en werk, zijn/haar eigen referenties en daar is het in deze groepstentoonstelling ook om te doen. In TIME SPACE POKER FACE kan de kunstenaar gewoon zijn/haar eigen werk, onderzoek tonen, verderzetten en dat kan leiden tot een dialoog met andere kunstenaars en de curator. De tentoonstelling kwam tot stand op basis van artistieke vrijheid van de kunstenaars en de curator en de uitdagende beperkingen van de ruimte van Be-Part. [...] Hedendaagse kunst reikt de trigger aan die percepties en denkbeelden doet verschillen en verbinden. Met andere woorden: hedendaagse kunst kan raken, onderuithalen, waardoor gedachten en gezichtspunten zich moeten verleggen, verschuiven, zelfs al worden ze bevestigd. Het belangrijkste aspect van hedendaagse kunst en de omgang ermee valt niet te argumenteren. [...] Artistiek onderzoek brengt een eigen 'pokerface' voort, die kan worden benaderd vanuit een attitude, een illusie, een spel, het experimentele, het omgaan met materialen en media, het beeld(ende) en de verbeelding. Deze artistieke pokerface is niet losgetrokken van een omgaan met realiteitsfragmenten van allerlei aard, maar zou wel kunnen worden beschouwd als de 'abstracte dimensie' van het onderzoeksproces en van het werk. En deze artistieke pokerface valt niet te culturaliseren, politiek of religieus in te zetten, te commercialiseren, te bezitten of te

verwetenschappelijken, maar kan wel worden bezet. Evenmin valt de artistieke pokerface samen met (inter)persoonlijke geloofwaardigheid, een (zakelijk/onzakelijk) imago/status/attitude, de communicatie of representatie van gezichtsbedrog of gezichtswinst. De dingen liggen, hangen of zijn geplaatst op een dergelijke wijze dat 'het' kan worden ervaren, waargenomen, en het denken zelf wordt getriggerd door het werk. Het is echter te beperkend om dit aspect of die abstracte dimensie louter als 'het schone' of 'het sublieme' te interpreteren. Als deze pokerface al met iets in verband kan worden gebracht, dan is het de creatie van artistieke tijd en ruimte, die in staat zijn om met fysieke tijd en ruimte te spelen en met de tijd en ruimte van verschillende realiteitsfragmenten om te gaan. Die pokerface neemt dingen au sérieux en lacht er tegelijkertijd mee. Deze artistieke kwetsbaarheid én weerstand, die deel uitmaken van het kunstwerk, zijn soms op een dergelijke wijze samengesteld dat er een spanning ontstaat tussen de tijd en ruimte van de wereld (of wat als wereld wordt beschouwd) en de creatie van tijd en ruimte in het werk zelf, en hoe daar eventueel mee wordt omgegaan op het niveau van de perceptie en het denken. [...] Hedendaagse kunst schept zowel voor de kunstenaar als de waarnemer de gelegenheid — al is het op een andere wijze — om de perceptie, de ervaring en het denken opnieuw scherp te stellen.'

De eerste aanzetten voor het project TIME SPACE POKER FACE dateren al van zo'n 2,5 à 3 jaar geleden. Oorspronkelijk dacht ik daarbij ook aan enkele andere hedendaagse kunstenaars, zoals Patrick Van Caeckenbergh, Matt Mullican, R.H. Quaytman, Florian Dombois, Michael Schwab, Johan De Wilde, Christoph Fink, Aurélien Froment, Julia Spínola, Paul Hendrikse, Eleni Kamma en Yann Sérandour. Uiteindelijk mondde dit uit in een voorstel voor een tweede groepstentoonstelling: *ABSOLUTELY! PRECISELY!*, die uit TIME SPACE POKER FACE voortkomt. Deze groep kunstenaars is ondertussen uitgebreid met onder meer Philip Huyghe, Anna Barham, Emmanuelle Quertain, Adrien Tirtiaux, Alice De Mont, Liesje De Laet en enkele anderen.

Een groepstentoonstelling, een solotentoonstelling, een essay ontstaan voor mij als curator nooit via een vooraf bepaald thema of concept, maar door gewoon erg goed werk te hebben gezien en daarmee om te gaan in de werkelijkheid en aandacht te hebben voor wat aan de hedendaagse kunst(wereld) en de werkelijkheid ontsnapt. In de curatoriële praktijk betekent dat 'virtuele' groepstentoonstellingen realiseren, die trachten aan hun virtualisatie te ontsnappen totdat zich een mogelijkheid of een noodzaak aandient. Deze 'virtuele' groepstentoonstellingen worden samengesteld met bestaande beelden. Wat uiteindelijk in werkelijkheid wordt gerealiseerd, voltrekt zich in het beste geval met nieuwe werken. Dit kan enkel als je het werk van een kunstenaar erg goed kent, tot er een punt komt waarop je iemand *carte blanche* geeft, binnen de limieten die er zijn, en je daar als curator ook aan blootstelt, voordat een publiek eraan wordt blootgesteld. Ik wil dat een kunstenaar enerzijds zijn/haar praktijk als onderzoek met nieuwe werken kan verderzetten en anderzijds dat een kijker/luisteraar zich daadwerkelijk kan verhouden ten opzichte van het werk dat wordt getoond, waarmee ik ook als schrijver graag in dialoog wil gaan. Als een kunstenaar een risico durft te nemen — wat niet automatisch of altijd gebeurt — dan dient een curator-schrijver hiervoor respect te tonen opdat dit risico effectief kan ontstaan en er ook op verschillende niveaus mee kan worden omgegaan. Het is de taak van de curator-schrijver daarmee om te gaan, al dan niet onder druk.

Reflecties vanuit en in dialoog
met de groepstentoonstelling

Hoe komt het dat haast alles met betrekking tot een praktijk als artistiek onderzoek, een hedendaags kunstwerk als werk en beeld in de (kunst)wereld geloofwaardig kan worden, behalve — tenzij zeldzaam — dat waar het om lijkt te (kunnen) gaan? Dit schemert ook door in de quasiperfecte, precieze plaatsing van een werk. Het is echter haast onmogelijk aan te geven waarom een werk niet enkel precies kan overkomen, maar zich ook op een quasiperfecte plaats kan bevinden in een ruimte en er als het ware 'op tijd' lijkt te komen, terwijl nu net de tijd er verspringt en ook de vergissing er is gepasseerd. Dit geeft aan dat 'het' zich ook steeds tot iets verhoudt. Naast de begrenzing van een fysieke (architecturale) en mentale ruimte, een deadline (een opening) en het verloop van een tentoonstelling in een bepaalde periode, het onderscheid, de afstand van en relatie tot een ander werk — wat zowel in een solo- als een groepstentoonstelling het geval is — is de vraag wat dit dan nog zou kunnen zijn als het niet de illustratie bij een discours of de representatie van een concept bij een vooraf bepaald thema betreft. Er was wel — en er is nog steeds — een titel: TIME SPACE POKER FACE, die ondertussen is omgevormd tot TIME SPACE POKER FACE BOOK. Dit boek verhoudt zich tot de dubbelzijdigheid van het werk van enkele kunstenaars en enkele verschuivende gedachten hieromtrent. Wellicht heeft de artistieke/creatieve ruimte-tijd die in presentatieve, symboliserende of absolute zin niet bestaat[5], en zich in dialoog en onderscheidend verhoudt tot een onderzochte en in proces gezette tijd-ruimte (de artistieke praktijk als onderzoek), niets met speculatie[6] te maken, al wordt er vanuit verschillende gezichtspunten wel over deze zone of dimensie gespeculeerd. Dit gebeurt niet alleen door iets van een andere orde op de *blind spot* (de artistieke ruimte-tijd of abstracte zone van hedendaagse kunst) te projecteren, maar momenteel ook door iets van een andere aard in deze zone, met overmacht, in te schrijven. Anders gesteld: het is goed mogelijk om een kunst zonder *blind spot* te installeren in de kunstwereld, waarbij de plaatsvervangende substitutie in deze zone doet alsof het kunstwerk nog steeds een *blind spot* heeft. De idee gaat leven dat deze fase een overgang naar 'het

5. Wat niet betekent dat ze in die zin niet zou kunnen worden verwezenlijkt, maar dat is een ander verhaal.

6. Dirk Lauwaert, 'Verhuisd', in *Onrust*, het balanseer, Aalst, 2011, p. 224: 'Speculeren is denken over datgene wat je niet tot denken heeft aangezet. Wat je tot denken aanzet, doet je in eerste instantie zwijgen. Wat je niet tot denken aanzet, doet je kletsen.'

4

abstracte' als 'dé esthetisering' van de (agressieve) wereld betreft of uitsluitend een representatie aangaat.

Ik verwijs hier naar Juliane Rebentisch[7], die een conservatieve apologie voor de 'esthetisering' schrijft in dialoog met het werk van Plato, Hegel, Kierkegaard, Smitt, Rousseau en Benjamin. Ze behandelt er onderwerpen zoals de onvrijheid van opportunisten, de vruchteloze oordelende veelzijdigheid, massa en mimesis, zelfdifferentie en perfectionering, de impotente verleider, de relatie tussen esthetisering en neutralisering en de '*anästhetisierung*' (het angstaanjagende) van het politieke tijdens het fascisme, en de (huidige) postdemocratie. Vooral het laatste hoofstuk is enigszins dubieus omdat hier de verantwoordelijkheid van een bepaalde vorm van conservatieve hoek met betrekking tot het fascisme onrechtstreeks in twijfel wordt getrokken, wat enige kritische vragen doet stellen bij de huidige (her)installering van (a)sociale klassen. Aan hetzelfde euvel leidt ook de naïeve, progressieve hoek.

Een andere invalshoek biedt Frank Van de Veire[8]:

> Wat geen betekenis [misschien kan hier momenteel aan worden toegevoegd: of geen vorm] mag hebben, moet wel overleven als spookachtige betekenaar [vormeloosheid]. De fascisten zijn de ceremoniemeesters van dit betekenisloze, spookachtige overleven. [...] We kennen de haat van het fascisme tegen het kwetsbare, zwakke, ontredderde, passieve, 'Entartete'. Het bovenstaande laat ons vermoeden dat deze haat een zelfhaat is die voortkomt uit de angst voor een passiviteit waaraan de fascist op onbewust-fantasmatisch niveau is overgeleverd. Het is de nijdige haat tegen de eigen machteloze want al te genotvolle geïntimideerdheid door (het genot van) een onheuglijke Ander. Deze haat is onverzadigbaar omdat hij doordrongen is van verlangen. Daarom produceert de fascist voortdurend de zwakte en de ontreddering die hij haat [in de ander]; in die ontreddering haakt hij immers fantasmatisch naar een excessief genot, het genot als passieve ontvankelijkheid voor de intrusie van de Ander.

Zich aan de verantwoordelijkheid van het huidige concentratie-(loos)kampsyndroom willen onttrekken is een gegeven dat zich momenteel op allerlei niveaus en vanuit verschillende gezichtspunten voltrekt. Ik denk dat wanneer de dubbelzijdigheid van hedendaagse kunst in gevaar is en een eendimensionaliteit het overneemt, waarbij de *blind spot* in hedendaagse kunst wordt gedomineerd in politieke, religieuze, wetenschappelijke en/of (a)sociale zin, deze betekenisloze spookachtigheid of spookachtige betekenaar losgeslagen in de wereld wordt verwerkelijkt. Ze kan dan enkel nog als angstwekkend worden ervaren, maar er kan dan haast niet meer mee worden omgegaan of over gereflecteerd.

Het kunstwerk, het beeld is mijns insziens geen speculatief realisme, maar een abstract-realisme waarbij men ervoor uitkijkt noch in romantiek, noch in een (a)sociaal realisme te verglijden. In filoso-

7. Juliane Rebentisch, *Die Kunst der Freiheit: Zur Dialektik demokratischer Existenz*, Suhrkamp, Taschenbuch, Wissenschaft, Berlijn, 2012.

8. Frank Van de Veire, *Neem en eet, dit is je lichaam. Fascinatie en intimidatie in de hedendaagse cultuur*, SUN, Amsterdam, 2005, p. 106.

fische zin komt 'speculatief realisme' nochtans dicht bij een mogelijk 'abstract-realisme', al is de term 'speculatie' problematisch gekozen en ook geworden, en stijgt het abstracte niet op in iets van transcendentale aard zonder daarom in het religieuze verzeild te geraken (een mogelijk gevolg van 'correlationalisme'). 'Speculatief realisme' verzet zich tegen de continentale filosofie die stelt dat het probleem tussen object en subject eindelijk is opgelost geraakt via een anti-representatiebeweging, die wordt aangeduid met de term 'correlationalisme.'[9] Deze beweging heeft voornamelijk in de sociale en humane wetenschappen huisgehouden en is vandaar uit verder verspreid geraakt over andere disciplines en onderzoeksvelden, waaronder de hedendaagse kunstwereld. De speculatieve realisten twijfelen of deze houding tegen objectiviteit en tegen representatie vandaag de dag nog zo radicaal kan worden genoemd. Zij willen de autonomie van de realiteit erkennen en een groter belang toekennen aan perceptie/waarneming en het cognitieve. Dit kan volgens hen enkel iets zijn in de aard van een transcendentaal realisme of een transcendentaal fysicalisme/naturalisme, een objectgeoriënteerde filosofie, een abstract materialisme dat zich kan verhouden tegenover de zich verderzettende plundering en roofzucht van het antropocentrisme. Ray Brassier zei hierover in een interview:

> My conviction — and I think it's a necessary conviction if you want to be a transcendental realist — my conviction would be that we can always misdescribe the structure of reality, but that doesn't mean that there isn't a kind of underlying, deep structure [in the object], even if there's always going to be something unsatisfactory or superficial about the mechanisms that we describe.

Graham Harman zei in datzelfde interview:

> In order to interact, objects need to know something of one another. I'm not sure if this answer will satisfy you, but what I say is that objects do not interact with each other directly, but simply somehow allude to each other, and what they're coming in contact with are qualities of each other, that somehow allude to the things.[10]

Abstract-realisme verschilt van speculatief realisme in die zin dat wat als 'gegeven(e)' wordt geïnterpreteerd (maar wat komt van de kant die geen/weinig positie, functie of waarde lijkt te hebben in 'objectieve zin') enkel kan geven of als gegeven(e) kan worden beschouwd als het over zijn eigen abstract-realisme kan beschikken, in de zin van 'ontwikkelen/creëren'. In het andere geval is het 'gegevene' gewoon ontnomen, gestolen, wat zowel pijn veroorzaakt langs de ene kant en paranoïde en angstig maakt langs de andere kant, totdat de 'passionele' persoon of diegene die zich in deze positie bevindt, wordt gedwongen om '(niet) te geven' en daarin van al zijn/haar menselijke eigenschappen wordt beroofd, om daar vervolgens van te worden beschuldigd/ervoor verantwoordelijk te worden gesteld. Momenteel wordt dit in de realiteit geprojecteerd op bijvoorbeeld homoseksuelen, biseksuelen en lesbiennes, tenzij deze zich in de hogere sociale

9. Matt Lee in: *After Finitude, notes #3* (8 augustus 2011): '[Quentin] Meillassoux expresses the problem that the correlationist has with the arche-fossil via the concept of 'the given'. For the correlationist the arche-fossil is quite straight-forwardly a self-contradictory concept because it suggests that there is a 'givenness of being anterior to givenness'. The correlationist points out that what we should do is conceptualise the scientific quantitative facts that the arche-fossil is aimed at as modes of 'given-ness'. For the correlationist, "being is not anterior to givenness, it gives itself as anterior to givenness" (AF:14). The presentation of this argument is close to the bizarre notion that somehow God placed dinosaur fossils in the rocks in order to 'test our faith', a curious convoluted manoeuvre that is blatantly designed to maintain some sort of 'biblical consistency' in the face of science.
In once sense the argument is curiously distorted by the idea of givenness, because if we begin by accepting that 'the given' is the starting point from which we know the world then we are already inside the determinative framework which leads to correlationism. Think of this in terms of the analogy with the argument about God and the dinosaur bones. If the existence of god as outlined in the Bible is already axiomatic then any empirical fact must be determined within the determinative framework of the biblical frame. If I find geological evidence of timespans that appear inconsistent with such a framework, if I find fossils that appear to be located in geological layers older than is seemingly possible within the biblical axiomatic, then the appearance must be deceptive. The axiomatic determines the range of possible solutions. This is the crux of Meillassoux's argument — the axiomatic of the given determines the range of possible solutions available to us in terms of knowledge of the world.' http://notebookeleven. razorsmile.org/after-finitude-notes-3/#more-414.

10. Ray Brassier, Iain Hamilton Grant, Graham Harman, Quentin Meillassoux, 'Speculative Realism', in: R. Mackay (red.), *Collapse III* (november 2007), Falmouth, Urbanomic, p. 323-4.

klasse bevinden. In het andere geval wordt 'men' — personen die in de positie van onmenselijkheid worden gedwongen — (met zachte of lichte dwang) genoodzaakt de schaduwzijde van een discours te representeren alsof het 'van zichzelf' is. Men maakt zich afhandig van het niet-ik, waarvan men zich meer bewust is geworden door het te koppelen aan het on-handige, opdat het geen 'gebaar' kan worden. De narcist heeft ondertussen het ik van de andere overgenomen. Het abstract-realisme kan overigens ook van fictieve aard zijn, waarbij het object met een filmisch interval wordt verbonden. De subjectieve pokerface van de objectiverende mens volgt op 'attitude maakt vorm' (de postmoderne politiek) en wil zich onderscheiden van 'het medium is de massage/de masserende boodschap[11]' (de postmoderne religie). Wanneer men echter merkt dat dit retrospectieve zelfbeeld als geïnstalleerde geloofwaardigheid niet een uiting is van een zelf, of een reflectie op een zelf, maar veeleer een samenstelling met fragmenten van elders — dus een representatie van de andere, die als zelfbeeld op het zelf wordt betrokken — kan er een soort paniek ontstaan langs beide afgronden van het (zelf)beeld. Er is langs de ene kant de vervreemde verbeelding die iets kwijt blijkt te zijn en in een vicieuze cirkel wordt geplaatst, zodat het enkel dat feit kan vaststellen, d.w.z. de objectivering van een deel van zichzelf dat hem/haar als het ware aankijkt. Dit gebeurt niet als in een denkbeeldige spiegel waarin hij/zij/het zich als een inspiratiebron of model gereflecteerd ziet, maar veeleer vanuit de weerstand die tegen zichzelf werd opgebouwd binnen deze representatie. En daarnaast is er de ontvreemding — de representatie als presentatie. Deze krijgt in eerste instantie energie van de in zich opgenomen buit, maar ondervindt in tweede instantie ook dat de bekomen geloofwaardigheid evengoed — nog steeds — een angstige zombie dient te verbergen. Het is namelijk de met objecten en subjectiverende feiten opgebouwde geloofwaardigheid die als enige weerstand de persoon in kwestie onderscheidt van de vervreemde/vervreemding elders en in zichzelf. Men is dan 'de andere' die er een tijdje geleden nog was, maar er 'nu' als het ware is geweest. De vraag die ik mij bij dergelijke processen stel, is: kan er in de hedendaagse kunst(wereld) een ruimte en tijd ontstaan en bestaan waarin de creatie van tijd en ruimte 'in' en 'vanuit' hedendaagse kunstwerken niet wordt gemaskeerd door een laag plastic die over de creatieve ruimte-tijd heen wordt gelegd, waardoor deze onwaarneembaar wordt en dus ook haast onervaarbaar en onreflecteerbaar is? De creatieve/verbeeldende ruimte-tijd die in het representatieve beeld kan worden waargenomen, maar pas met vertraging kan worden gedacht, is de pokerface/blind spot van de abstract-realistische hedendaagse kunst, die in dialoog met en zich onderscheidend van de artistieke praktijk als onderzoek (de tijd-ruimte) in beeld bestaat. Sabine Flach schrijft:

> the visual (would be) the new terminus to be introduced which rises up from the visible (as an element of reproduction [représentation] in the classical sense of the word) as well as from the invisible (as an element of abstraction).

11. Marshall Mc Luhan, *The Medium is the Massage: An Inventory of Effects*, Bantam Books, 1967.

7

The visual's character tends to withdraw the 'normal' (better said: usually adopted) conditions of visible cognition from us.[12]

In een abstract-realistisch kunstwerk wordt een onderzoek verschoven van/naar een representatie (het zichtbare beeld) via het 'abstracte' — het verbeeldende als creatief (ver)werkende kracht op het niveau van de artistieke praktijk als onderzoek én het beeldende (object) en het filmische interval op het niveau van een afgesteld werk in situ. Daardoor wordt een specifieke nuance, een subtiel verschil, een artistieke vorm-inhoud, artistieke kennis gerealiseerd die een (re)presentatie of presentie in en buiten beeld verlegt zonder dit 'eerste beeld' in beeld (de representatie) daarom volledig uit te schakelen. Anders kan er ook geen genuanceerde vorm-inhoud worden waargenomen, ervaren en na verloop van tijd gedacht als een gesuggereerd model, een voorstelling die zich in een spanningsverhouding met het representatieve element in beeld bevindt. Sabine Flach schrijft: 'Images are thus processes that do not reproduce reality, but render it visible.'[13]

Iets in de praktijk als artistiek onderzoek, iets in hedendaagse kunst, als werk en beeld, en evenzeer de perceptie ervan, ontsnapt nochtans aan zowat elk presentatie- of symboliseringsproces, maar daarom niet aan de blootstelling aan destructie waar het *in feite* weinig mee te maken heeft, maar *in feiten* toch nog steeds makkelijk (co)verantwoordelijk voor wordt gemaakt. De artistieke dimensie, deze creatieve ruimte-tijd in beeld, kan als te geloofwaardig worden ondervonden, waardoor er een weerstand van welke aard dan ook tegen kan worden opgebouwd, nog voordat men er zich daadwerkelijk toe heeft kunnen verhouden. Die verhouding is nochtans van belang om er ook afstand van te kunnen nemen of haar zelfs van nabij te kunnen bekijken. Dat het abstract-realisme nog niet werelds is, of nooit volledig werelds zal worden, of opeens als té werelds werd/wordt ondervonden, daar kan het echter niet zelf verantwoordelijk voor worden gesteld. Het zijn voornamelijk een hypergecontroleerde, geïnstitutionaliseerde omgang ermee én de blik die het zelfbeeld samenstelt die een dubbelzijdig beeld eendimensionaal kunnen maken. De creatie van tijd en ruimte staat ook steeds onder extreme tijds- en ruimtedruk, niet alleen van de eigen onderzochte en in proces gezette tijd-ruimte, maar ook van andere tijden en ruimten waarin het werk dient te functioneren en die het onderweg tegenkomt. De creatieve ruimte-tijd in beeld tracht dus te ontsnappen, zonder daarbij in escapisme te vervallen.

In de periode van de realisatie van TIME SPACE POKER FACE leek het alsof het reflectieve beeld van de achteruitkijkspiegel in het gezichtsveld van de vooruit is komen te hangen en zich als een projectie in het hoofd van de bestuurder heeft genesteld, die overigens nog steeds, zoals gewoonlijk, vooruitrijdt maar zich inmiddels tussen het clair-obscur van een barok en (de schaduwzijde van) een renaissance bevindt, als waren deze historische perioden voorbij te rijden plaatsen in de 'hedendaagse' tijd. Met begrippen als 'nostalgie'

12. Sabine Flach, 'On Twilight', in: Sabine Flach, Jan Söffner (red.), *Habitus in Habitat II, Other sides of Cognition*, Peter Lang, 2010, p. 33.

13. Sabine Flach, 'On Twilight', p. 36.

of 'melancholie' komt men in een dergelijke omgeving niet bepaald ver. De neiging kan blijkbaar niet worden bedwongen om deze woorden als escapistische utopieën te ontwikkelen. Zolang een artistieke/creatieve ruimte-tijd in hedendaagse kunst kan ontstaan en bestaan, is er 'elders', ook in het beeld, een geloofwaardigheid waar te nemen. Dit wordt echter buiten beeld vaak op 'authentieke wijze' in twijfel getrokken, waardoor de artistieke/creatieve ruimte-tijd in een speculatieve gevarenzone wordt geplaatst en als mythe in de wereld wordt geïnstalleerd. Vanaf het moment dat de artistieke, creatieve ruimte-tijd onuitgesproken als wispelturig en onbetrouwbaar wordt afgedaan, geeft dit aan dat men niet of nauwelijks meer wil omgaan met wat niet voor honderd procent van vooraf kan worden gegarandeerd en gecontroleerd. Dit geeft aan dat 'men' zich door de artistieke, creatieve ruimte-tijd bedreigd voelt en/of een oncontroleerbare bezitsdrang heeft in de omgang ermee, die maakt dat men er niet alleen van wil houden, het niet alleen wil ontvreemden, het wil bezitten en bezet, maar het na verloop van tijd evengoed ook zelf wil voortbrengen en zijn. Het *(un)heimliche* kan echter niet worden ge(de/re)construeerd in de wereld, omdat het tot op bepaalde hoogte wereldvreemd kan worden genoemd. Deze zone van de artistieke ruimte-tijd dient dan ook terug in het kader van de hedendaagse kunst te geraken, in plaats van haar vormeloos te laten rondspoken in de wereld, die er blijkbaar niet of nauwelijks mee kan of wil omgaan. 'Men' is er blijkbaar (te lang) mee bezig geweest de eigen verantwoordelijkheid te onttrekken aan het aangevoelde en zelfs imaginair geconstrueerde concentratie(loos)kampsyndroom. Daardoor wordt de positieloze/de ongeloofwaardige en zodoende ook de creatieve ruimte-tijd er momenteel aan blootgesteld, op een dubbele wijze: als potentiële dader en als suïcidaal slachtoffer dat zijn/haar eigen moord uitlokt. De creatieve, artistieke ruimte-tijd wordt gedwongen zichzelf over te geven door tot een iconoclasme van zichzelf over te gaan wanneer ze niet onmiddellijk spiritueel of motoraandrijvend in sublieme, (a)sociale, religieuze, economische, wetenschappelijke, mediale of politieke zin kan worden omgezet. Om dit langs beide en verschillende kanten te overleven is er zoiets als de verlegging, verschuiving en verhanging van de artistieke/creatieve ruimte-tijd in hedendaagse kunst, die met de artistieke praktijk als onderzoek (tijd-ruimte) naast andere niveaus blijft dialogeren. De ruimte en tijd voor de ruimte-tijd in hedendaagse kunst is in extremis miniem geworden, maar is ook wel altijd relatief 'miniem' geweest. Dit geeft aan dat hedendaagse kunst momenteel in een positie wordt geplaatst om ofwel als representatie van de macht(eloosheid) te fungeren ofwel de metaforische, allegorische en symbolische weg in te slaan. De vraagstelling van TIME SPACE POKER FACE wordt in dat geval: zijn er nog andere mogelijkheden?

Het landschap, het stilleven en momenteel ook het portret zijn in en als een recent verleden in het blikveld gepasseerd. De psychologie is al even geleden in het in stelling staande instituut en de architectuur ervan geïnvesteerd (denk aan citymarketing), waarbij de drang naar een hedendaagse historie(schilder)kunst en/versus een genre(schilder)kunst blijkbaar niet lang kan worden onderdrukt. Deze moet enerzijds het ego/imago opkrikken tot een authentiek zelfbeeld en anderzijds het 'creatieve/verbeeldende en zodoende ook kritische ik' degraderen tot ego/imago dat in een vicieuze cirkel wordt geïnstalleerd. Er kan blind worden uitgevoerd wat als in een verzegelde enveloppe wordt doorgegeven; dit is de schaduwzijde van een gereconstrueerd zelfbeeld. Na verloop van tijd is er ook geen sprake meer van een (potentieel) 'ik', aan geen enkele kant. Wat overschiet, is langs de ene kant het verlies van het creatieve/verbeeldende ik dat wordt gedwongen zich te transformeren in een niet-authentiek ego/imago, waarbij de eigen hypocrisie zo integer mogelijk dient over te komen, en langs de andere kant een ego/imago dat zich transformeert tot een authentiek zelfbeeld. Virtualiteit (als het verlies van een ik) komt zodoende tegenover natuur (als de ontwikkeling van een zelfbeeld) te staan. De eerste krijgt de status van 'nieuwe natuur' en de tweede de status van architectuur/cultuur/geschiedenis. Een symbolische (religieuze) relatie tussen beide installeren kan strategisch slim worden genoemd om het (a)sociale weefsel te herstellen, maar lost het probleem aan geen van beide kanten op. Kunst *triggert* een dergelijke situatie niet, kan hier niet voor verantwoordelijk worden gesteld, maar gaat met dit gegeven om net als met andere realiteitspartikels. Een werk dat herinnert aan een kunstwerk — wat iets anders is dan (een contradictie van) *l'art pour l'art* — verliest zijn status van ambiguïteit en wordt gedwongen zich aan de broodheer aan te bieden om diens (even)beeld als zelfbeeld te representeren. De enige ik in de ruimte is echter de herinnering aan een ik in het kunstwerk. Wat te geloofwaardig is, dus ruimte en tijd creëert, en haast niet kan worden geloofd of gedacht en tegelijkertijd te sterk kan worden geloofd en gedacht, wordt na verloop van tijd dus uitgeschakeld: het wordt niet verdragen, noch gedragen. Opeens lijkt iets al nostalgisch te zijn dat tot op heden nog geen heden heeft gehad maar langs de andere kant toch al utopisch is voltrokken. Er treedt een vertraging op die zich in omgekeerde richting voortbeweegt.[14] Er vindt ook een proces plaats waarbij van een 'ik' onder hoge druk een 'ego/imago' wordt gemaakt en van een 'ego' via de notie van authenticiteit wordt overgegaan naar de aanzet tot een 'zelfbeeld', een portret dat dient over te komen als was het een authentiek zelfportret.

Joëlle Tuerlinckx schrijft in haar tekst verderop in dit boek dat 'de tijd doodt', wat ze onderscheidt van 'de tijd doden' (zich vervelen). Ik vroeg haar of de ruimte doodt, aangezien er geen enkele uitdrukking bestaat zoals 'de ruimte doden', tenzij hiermee terrorisme of 'een wansmakelijke decoratie' wordt aangeduid — beide kan men gevolgen noemen van een blootstelling aan het absolute of de extreme weigering/ontkenning ervan in de wereld. De artistieke ruimte-tijd is niet het summum van de macht(eloosheid), is niet het sacrale, niet de ratio, noch een symbolische tegemoetkoming aan het (a)sociale weefsel tussen virtualiteit en architectuur, al wil ze zich daar graag aan vasthaken. Maar wat is ze dan wel, als ze niet volledig samen-valt met wat tot 'het schone' of 'het sublieme' of eventueel iets anders wordt herleid? Bij deze alvast een argument waarom het gegeven van een tentoonstelling niet eindeloos, als een permanente collectie, kan blijven duren en bestaan: er dient steeds subtiel beweging te worden gesuggereerd, maar die dient evengoed tijd en plaats te vin-den of recent tijd en plaats te hebben gevonden.

In TIME SPACE POKER FACE bleef elk werk dialogeren met de eigen (verleden/recente) praktijk als artistiek onderzoek, maar was er evenzeer sprake van een beeld, een filmisch interval dat beweging en de mogelijkheid tot een beeldvormende reflectie suggereert. Haast elk tentoongesteld werk heeft een fase doorlopen van een functione-ren als obstakel en heeft dan na verloop van tijd zijn eigen plaats en tijd gevonden. Een kunstenaar geeft de kijker/luisteraar/lezer steeds wat deze wil, niet wat die persoon nodig heeft. Een kunstwerk geeft het ding (een) zelf, zonder het daarom weg te geven. Wat een mens blijkbaar wil, in positieve of negatieve zin, is getriggerd door een an-der. Wat een mens nodig heeft, gebeurt steeds bij een ander. Door te willen komt men tegen wat de ander nodig heeft, wat niet betekent dat men daarmee wil of kan omgaan, al kan dit evengoed het geval zijn. Door in te gaan op wat men nodig heeft, komt men tegen wat de andere wil. Niet willen of niet nodig hebben bestaat *in feite(n)* niet, omdat wil en noodzaak er met elkaar worden gerelateerd en worden gedwongen om een niet-willen nodig te hebben en geen-noodzaak te willen. Het dient dan ook niet verantwoordelijk te worden gemaakt voor wat niet kan worden gedragen of verdragen. En wat is dan 'he-dendaagse' kunst, en hoe dienen we ermee om te gaan in een nu, wanneer en waar het kunstwerk blijkbaar zelf reflecteert op het zich hebben afgespeeld in een recent verleden?

De kunstenaars en hun werken

Joke Van den Heuvel (°1983, Antwerpen) geeft haar nieuwe werk als ti-tel *Remember, it's only a story it doesn't mean it's happening now*. Van den Heuvel werkt steeds met verschillende media, zoals papier, foto-grafie en sculpturale installaties met diaprojectoren en filmmonitoren. In dit nieuwe werk onderzoekt ze hoe om te gaan met een complexe of meervoudige vorm in beeld. Haar antwoord blijkt een voortdurende mediale en narratieve verspringing in zwart, wit en grijstonen op een rode vloer te zijn. Deze wordt via de spanningsverhouding tussen het gegeven van de samenhangende constellatie en de in verschillende media versplinterde installatie verdiept. Wordt er in narratieve zin ge-rouwd of neemt de kunstenaar een risico om toch opnieuw met de complexe vorm om te gaan, zonder die daarom volledig vast te zetten of hem niet enkel mediaal te laten verspringen, maar andere pistes af te tasten? Bij dat laatste wordt de artistieke zone opnieuw betreden.

Een van de inspiraties voor dit nieuwe werk was de figuur van de *trickster* in het boek *Trickster Makes This World. Mischief, Myth,*

11

and Art van Lewis Hyde (1998). Ook Van den Heuvels fascinatie voor de relatie tussen beeld en woord, voor literatuur en het verschil tussen subjectieve en objectieve kennis, komen in dit werk aan bod. Op een sculptureel platform met de vorm van een complexe figuur, die schijnbaar kan worden herkend in een tijd- en ruimtegrafiek in de foto *Eshu* (2012), die ter hoogte van een van de scherpe punten van de sculptuur op de witte muur is aangebracht, is een zwarte bordlaag aangebracht. Eshu is een *orisha*, een van de bekendste 'godheden' van de Yoruba. Hij komt ook voor bij Santería, Lukumi en Candomblé en kan worden vergeleken met Sint-Michiel, Antonius van Padua, Hermes, Mercurius en in Brazilië ook met de vrouwelijke entiteit Pomba Gira. Eshu beschermt de reizigers, wordt aanbeden op de weg — in het bijzonder op kruispunten — beslist over fortuin en miserie, wordt beschouwd als de personificatie van de dood, brengt energie vrij en wordt geïdentificeerd met het getal 3 en met de kleuren rood, zwart en wit. Met een herdersstaf in de hand of terwijl hij een pijp rookt, wordt hij herkend op de weg. Eshu wordt gezien als de 'geest' van de chaos en de trucs, al zou hij in deze context ook als de patroon van de dubbelzijdige hedendaagse kunst kunnen worden beschouwd. Hij leidt mensen naar de verleiding/verzoeking en bezorgt hen eventueel ook een mogelijke bron van ellende/beproeving/rampspoed, in de hoop dat deze ervaring hen zal leiden tot volgroeidheid, volwassenheid. Hij is een zeer moeilijke leraar, maar achteraf stelt men vast dat hij een goede leraar is geweest. Afhankelijk van de kant van de weg waarop men zich bevindt, ziet men hem met een rode of zwarte hoed. Aangezien er haast elke keer een conflict ontstaat, waarbij elke kant zijn gelijk tracht te halen, moet hij steeds op zijn passen terugkeren om de betrokkenen te confronteren met de realiteit dat het ene perspectief even juist kan zijn als het andere in een bepaalde context en een gegeven situatie, zelfs als ze lijnrecht tegenover elkaar lijken te staan. Hij waarschuwt voor de gevolgen van tunnelvisie, de van iedereen en alles afgesloten blik. In een andere versie van het verhaal houden de twee kanten niet op elkaar te proberen te elimineren en uit te moorden. Hiervoor wordt Eshu — door de tegenstrevers of door zichzelf — evenzeer verantwoordelijk gesteld als betrof het zijn grootste plezier.[15]

Joke Van den Heuvel heeft gedurende de opbouwperiode van de groepstentoonstelling witte lijnen met tape op de rode vloer aangebracht, krijttekeningen gemaakt, vormen in gips verschoven, verbrokkeld, verlegd en opnieuw samengesteld op het zwarte sculpturale platform, dat als een (ver)drager kan worden begrepen van iets wat in het verleden is gebeurd. De complexe vormen lijken tussen immaterialiteit en materialiteit te echoën als bladen papier die de lucht in worden geblazen maar in een foto op een tegenoverstaande muur worden stilgehouden. Door de gedraaide plaatsing van het sculpturale platform en het schijnbaar 'juist' hangen van (de figuren in) de fotografische beelden, die de hoeken lijken te raken van de complexe figuur van het platform en wat daar in een recent verleden op is gebeurd, wordt de indruk getriggerd dat de illusie als beeld zich verwerkelijkt — verspringend, verschuivend, maar evengoed verstild

15. http://en.wikipedia.org/wiki/Eshu en Lewis Hyde, *Trickster Makes This World. Mischief, Myth, and Art*, Farrar, Straus and Giroux, 1998, p. 323: 'The Homeric hymn to Hermes'.

en stilgehouden. Er valt niet aan te geven of de complexe figuur dan
wel de omgang ermee chaos of orde voortbrengt. Dit blijkt er namelijk van af te hangen vanuit welk gezichtspunt men ernaar kijkt en
welk standpunt men inneemt. Wat zich in een recent verleden heeft
afgespeeld, wordt ook niet helemaal verborgen voor de kijker: het
wordt gesuggereerd in de sporen op het sculpturale platform en in
de film die op een monitor wordt getoond. Deze film, die geen documentaire is in de zin van '*the making of*' van de performatieve installatie, laadt vanop een afstand de sporen op het platform op. Het spel
dat hier is gespeeld of zich heeft afgespeeld, wordt begeleid door de
Hermes van Homeros:

> Clearly these are cattle tracks, but they all point backward,
> toward the fields of daffodils! And these others, they are
> not the tracks of a man or a woman, nor a grey wolf or a
> bear or lion. The tracks on this side of the path are weird,
> but those on the other side are weirder still.[16]

In de 21ste eeuw zou het de artistieke ruimte-tijd kunnen worden
genoemd, die zich als constellatie, als filmisch interval en in een
wit kader aangebracht in tape of als fotografisch beeld aan de kij-
ker/lezer geeft, in dit geval met een historische echo die een mythe
blijkt te zijn. *Alpha* — de titel van een van de foto's van Joke Van den
Heuvel — verwijst naar de eerste letter van het Griekse alfabet en
naar het leidende dier (mannelijk of vrouwelijk) bij diersoorten die
in groepsverband leven. Dit gegeven voltrekt zich naast een zwarte
open haard in de meest huiselijke omgeving van Be-Part: niet ver
van de balie waar Joëlle Tuerlinckx de tentoonstelling laat begin-
nen en evenzeer laat eindigen met een bewegend, filmisch interval
dat ruimte- en tijdfiguren toont, ze voor even stilhoudt en dan weer
laat verglijden. De situatie was volstrekt anders geweest als 'hier' een
monument als een obstakel had gestaan: wellicht kon men dan niet
meer binnen- of buitengaan en was dit ook geen groepstentoonstelling meer geweest, maar een permanente verzameling die zich als
absolute installatie had willen opleggen.

Als bezoeker van de tentoonstelling steek je nu een stalen brug over
en word je naar een betonnen ruimte gezogen. Je passeert daarbij een
houten zaal met aan weerskanten een zicht op de tuin. Langs links
merk je een van de drie sculpturen getiteld *studio allies* (2013) van
Adriaan Verwée, waardoor je je eventueel gaat omdraaien. Hierdoor
wordt een gat als kader in de houten muur zichtbaar. Hiertegenover
bevindt zich het werk *studio allies*. Twee structuren of rekken in zwart
gebeitst hout leunen tegen elkaar: de ene structuur staat recht op de
grond, de andere leunt tegen die rechtopstaande sculptuur. Op die
laatste zijn twee afgegoten emmers geplaatst. De kleurresten van de
afgietsels vallen op vanop de brug. Je keert net niet terug op je stap-
pen, al wordt er gesuggereerd — zelfs verlangd — dat je terugkomt,
om je vanuit een ander gezichtspunt tot het werk te kunnen verhouden. Vluchtig merk je misschien een zwarte kist met verfsporen en
een witte metalen schilderstok op, die de twee sculpturen lijkt recht

te houden. Het getal 3 valt op (2 sculpturen en een gat/kader, het werk van Nel Aerts, zie verder), al betreft het een dubbelportret (2 sculpturen die worden rechtgehouden door een schilderstok) en bleek het bij natellen om 7 te gaan (de verschillende objecten van Adriaan Verwée in dialoog met het gat/kader van Nel Aerts). Wordt hier om een 'nieuwe' schilderkunst gevraagd, of wordt hier net afstand genomen van het schilderkunstige kader waarmee hier een relatie is aangegaan?

Joëlle Tuerlinckx (°1958, Brussel) schreef in 2000:
> je travaille jusqu'au moment où on ne peut plus couper dans l'espace.[17]

In de betonnen ruimte blijkt geen enkele vitrine te functioneren. Als de wolken de zon niet verbergen, komt de zon aan de linkerzijde op en draait langs rechts rond de ruimte. De betonnen ruimte is de enige ruimte waar het dag- en nachtlicht daadwerkelijk worden opgevangen. In Joëlle Tuerlinckx' *Volume d'Ombre* (2013), dat het zonlicht en de blik opvangt, aan de ene zijde naar zich toetrekt en langs de andere kant weer afstoot, en in *Time Table (SPACE/EMIT/Time (SPACE)/...)* (2013), dat een afstandsrelatie met haar *Figure Time Table* (2013) onderhoudt, ziet de kijker het object en zijn schaduw, die allebei licht en stof opvangen. In *Time Table (SPACE/EMIT/Time (SPACE)/...)* (2013) wordt het beeldende vermogen van een op tafel gelegde figuur zichtbaar. Het is de laatste figuur die in een recent verleden op deze tafel is komen te liggen. Hier zijn verschillende figuren aan voorafgegaan.

Op de figuur liggen transparante bollen in verschillende formaten en grijstinten, variërend tussen doorschijnend en zilvergrijs. Op een aantal daarvan is het woord '*space*' of '*time*' geschreven, dat bij een enkele bol ook in spiegelschrift valt af te lezen. Deze figuur wordt, net als de tafel waarop ze als constellatie ligt, blootgesteld aan een zich voortdurend verschuivend gezichtspunt, afkomstig van een geprogrammeerde spot met een verglijdend interval tussen fel verlicht en onverlicht. Als de figuur wordt stilgehouden, verandert de blik, het gezichtspunt op het object. De schaduwzijde van de bollen en de tafel worden haast objectieve vormen bij fel theaterlicht. Wanneer de objecten daarentegen zonder die extra verlichting aan het daglicht worden blootgesteld, verworden ze tot gesubjectiveerde objecten en lijken ze slechts subtiele, haast onzichtbare sporen. De tafel werpt een grotere schaduw af dan het object zelf. De schaduw valt te omschrijven als een zwart gat of een zwarte ruimte die te vergelijken is met een schaaltekening van een *black box*. Het lijkt alsof dit zwarte gat meer zichtbaar is dan de tafel, terwijl vanuit een ander gezichtspunt en na verloop van tijd, op een ander moment, aan een andere situatie vorm en geloofwaardigheid wordt gegeven.

Het interval met het theaterlicht herhaalt zich filmisch verschoven in de PowerPoint-projectie *Figure Time Table* (2013), die ook de vroegere figuren bevat die Joëlle Tuerlinckx op deze tafel heeft geïnstalleerd. Deze film wordt geprojecteerd op een historisch grondplan van de tentoonstellingsruimte, dat aan de balie van Be-Part aan de

17. Joëlle Tuerlinckx, *Borderline Syndrome, Energies of Defence*, Manifesta. European Biennial of Contemporary Art, Ljubljana, Slovenië, 2000, p. 172-174.

muur hangt. De situatie is hier omgekeerd. Deze voort-durende her-innering aan het gebaar dat een figuur ver-beeldt, verlegt en door een andere figuur laat opvolgen, vormt ook het begin- en eindpunt van de groepstentoonstelling, als de herinnering aan een performance die nog moet komen.

Joëlle Tuerlinckx toont in drie verschillende werken het ont-staan, bestaan, vergaan en herontstaan van een suggestief voorstel, een figuur, een model, een beeld en zijn verbeelding, ver-beelding, inbeelding en eventuele performatieve uitbeelding, vanuit de waar-neming van 'het dubbel' dat ook als tijdelijk monument, *Volume d'Ombre* (2013), tussen projectie en reflectie in de ruimte is geïn-stalleerd. Het is alsof Joëlle Tuerlinckx de relatie tussen figuur, ob-ject, het filmisch interval en de waarneming van die drie elementen telkens vanuit een ander gezichtspunt van de werkelijkheid én het abstracte creëert, realiseert, laat bestaan en waarnemen, tot het mo-ment waarop het — dat wat net vóór het schone en sublieme 'hangt' — als waarneming en denkbeeld de blik van de kijker doordringt. Het lijkt alsof de kunstenares elk moment kan binnenkomen en alles opnieuw kan herzien, wat ook in het werk onrechtstreeks aanwezig wordt gesteld. Waarnemen en reflecteren kan ten overstaan van een filmisch verglijdende figuur, een figuur-object of een klikklakkend moment-monument niet worden gevormd en betekend vanuit het ge-zichtspunt van be-grijpen, be-zitten of be-zetten, en toch (be)grijpt het, bezit het en bezet het, subtiel, nuancerend, verbindend, onder-scheidend en toch openend.

Bij TIME SPACE POKER FACE dacht ik aan *Etude pour lumière 1 pour mur* en *Etude pour lumière 2 pour table 2009-2010, titre-salle gris neutral K (2003-2010)*, twee werken die werden getoond op Tuerlinckx' laatste solotentoonstelling bij Stella Lohaus Gallery in Antwerpen, geti-teld *Joëlle Tuerlinckx. Congé Annuel/Jaarlijks Verlof. Gris neutral kodak, matériel à la base de l'exposition* (23.04-26.06.2010). Daarnaast dacht ik ook vaak aan haar solotentoonstelling *Geologie Einer Arbeit. New and Old Paper-Assemblage in einer Kurzen Orangen Retrospektive von Joëlle Tuerlinckx* bij Christian Nagel in Berlijn (9.06.2011-20.08.2011). Deze tentoonstelling liet zich vanuit elk gezichtspunt van de ruimte en zelfs daarbuiten (de galerie is een grote vitrine) bekijken als een hyperopgeladen constellatie, die zich postminimalistisch ontploffend in de (vitrine)ruimte uit(een)zet, terwijl ze deze tegelijkertijd verleg-gend verschuift naar verschillende autonome sculpturen die de con-stellatie doen inkrimpen. Na verloop van tijd had de intense oranje kleur ook een mogelijke illusie als neveneffect, met name het idee dat elk detail en het geheel konden worden opgevat als een diepgaand onderzoek van de realiteit en de creatie van ruimte. Het oranje gaas functioneerde na verloop van tijd ook meer als een tijdsdimensie in plaats van een ruimtelijk aspect, wat Joëlle Tuerlinckx ook in de titel van deze solotentoonstelling suggereerde: '*in einer Kurzen Orangen Retrospektive*'. Retrospectie betrof hier niet een klassiek overzicht, maar een terug-zien of een opnieuw-zien dat in *oranje real time* als een precies afgestelde constellatie werd afgespeeld.

Frank Van de Veire schreef:

> Wat zich dus in Tuerlinckx' constellaties neerschrijft, is de immense verliespost in de huishouding van het leven. Deze verliespost wordt niet in winst omgezet, maar dit verlies weigert te verdwijnen, wordt eindeloos vertraagd. [...] Tuerlinckx verhoudt zich tot de tentoonstellingsmachine met dezelfde tedere luciditeit als tot de menselijke activiteit in het algemeen. In deze laatste stelt ze slechts belang voor zover die wordt onderbroken en zich verliest in een gebaar dat niets oplevert, maar tegelijk, beducht voor dit niets, over dit niets schuift om er een patroon, een structuur, een constellatie rond te weven.[18]

Catherine Wood schreef:

> In a number of ways Tuerlinckx's work explores binary dualities, but her binaries are perverse, such as this one, never resting neatly in two halves. At the Bonnefanten Museum in Maastricht her film projection of a black felt-tip pen 'colouring in' a white piece of paper, Dessin Negatif, is shown simultaneously as part of the main installation and in an adjacent, alternatively light then dark, film-projection space. The film appears as positive in one space, negative in the other. The ease with which Tuerlinckx flips these opposing qualities displaces any conventional possibility of perceptual truth. [...] Reversing the notion that the viewer's eye is the active, perceiving agent 'piercing' the art object (as in the traditional perspectival model of painting), Tuerlinckx's work, in extreme cases, actually enters the retina, as damage, inhabiting not just the architectural space, but the viewer's own vision.[19]

Joëlle Tuerlinckx stelt echter zelf in haar boek *Moments d'espace*:

> Moment #1 celui de la construction des maquettes d'architectures négatives. on est en 2003. une envie exceptionnelle de faire une maquette 'sans projet'. penser 'maquette', c'est penser 'double'... à son échelle, humaine : 'un sur un... face à la chose maquettée elle, variable. penser maquette, c'est penser 'redimensionné' : variablement sur ou sous x. la chose est là ... (maquette) et nous sommes là (personnage, auteur ou/et autre(s) devant la maquette) on s'étale et s'y projette : la projection est induite, immédiate et inéluctable [...] au départ de panneaux, de matériaux x ou y mais dont il importe qu'ils soient biseautés à 45 degrés. L'importance est d'intuition ... qu'aucune arête surtout n'accroche le regard! et qu'il y ait 'construction' ... mais sans 'épaisseur de construction' qu'il ne soit jamais permis d'infiltrer l'objet, ni d'un doigt, ni de l'oeil! ... afin qu'énigme et résistance opèrent, l'intérieur se doit d'être opaque. il l'est et cependant — constat — on est tenté de

18. Frank Van de Veire, 'Iets over hoe de Tuerlinckx-machine door de tentoonstellingsmachine heen stapt', in: *De geplooide voorstelling. Essays over kunst* (reeks De Gelaarsde Kat), krit. uitg. door Koen Brams, Yves Gevaert, Brussel, 1997. [Engelse versie in: Catherine de Zegher (red.), *Inside the Visible, an Elliptical Traverse of 20th Century Art in, of, and from the Feminine*, MIT Press, Cambridge, Massachusetts, 1996, p. 78-81].

19. Catherine Wood, 'Stories of O', *Afterall*, 10 (2004), p. 12, 17.

pénétrer son volume justement! vu et par le caractère même de cette opacité : attirante et attractive, absorbante et réverbérante là, consiste la découverte première (s'en rajoutera une seconde observée et décrite par la suite, suivie d'une troisième) : l'espace n'a pas d'apparence l'espace n'est qu'une corpulence. j'entends par là, l'espace est ou n'est pas. Et pour preuve : bien qu'opaque (ou invisible) sa 'corpulence' est traversée/pénétrée/fêlée. comment? On l'a vu avec l'exemple de l'expérience de la maquette sans projet, par le fait primo : réalité et imaginaire opèrent de concert mais secundo, dans une forme optimale de 'complétude'. là ou la perception bloque (le regard sur le cube ou le solide pathologique 'plein') l'imaginaire prend le relais : plus pénétrant, plus diffractant, il rebondit ailleurs. on peut dire qu'à l'instar de l'espace reformulé par la physique moderne il l'imaginaire — opère par saut. D'où l'idée (vrai ou fausse) qu'il est ou serait (de nature?) plus ... quantique au même moment, la résistance et l'entêtement de la perception réelle (le regard sur la miniature) ... à venir sans relâche buter sur la chose (maquette) ... (on revient ici à la table, aux cubages disposés et au regard sur ses pleins et ses vides) tout cela mène la réflexion, par volonté d'y comprendre davantage, vers une exploration [...] et son mode privilégié, celui à qui il doit d'apparaître, est sans nul doute principalement conditionnel par le simple fait — logique — qu'il (l'espace) est justement projet et réalité et qu'il ne peut dès lors être absolument, totalement, au présent de son fait. Le présent absolument ment.[20]

20. Joëlle Tuerlinckx, *Moments d'espace/Moments of space*, Secession, 2011, p. 17-21; 34. Het boek *Moments d'espace* werd gepubliceerd naar aanleiding van Joëlle Tuerlinckx' *lecture-performance* 'Les moments d'espace - lecture for YouTube in 591 panels (version 17.11.11)', gebracht op 17 november 2011 als onderdeel van de tentoonstelling *Die fünfte Säule* (curator: Moritz Küng) in de Secession in Wenen (9.09-20.11. 2011). *Moments d'espace* is de re-transcriptie herzien in Times New Roman van 'L'espace Mis en Place, L'espace Mis en Scène', een lezing die Joëlle Tuerlinckx op uitnodiging van Moritz Küng gaf op het internationale symposium *Mis en place/ Mis en scène* in de Sint-Lucas Hogeschool voor Wetenschap en Kunst in Gent (07.02.2011).

Als het absoluut presente 'liegt', waarom kan dit dan — na zoveel eeuwen mensheid en zoveel eeuwen kunstgeschiedenis — niet 'gewoonweg' worden aangenomen, met de paplepel worden ingegoten? Positie verschilt. Geloofwaardigheid verschilt. Waarde verschilt. De gevolgen zijn verschillend.

Willem Oorebeek (°1953, Rotterdam) toont de 'originele' herinnering in zwart-wit van twee digitaal samengeperste covers van een tijdschrift dat massamediaal in kleur werd — en nog steeds wordt — verspreid. Het gaat om covers van het nieuwsmagazine *TIME* (in dit geval met Hillary Clinton en een verwijzing naar Afghanistan), de Chinese versie van het tijdschrift *Elle* (een verdubbeld Chinees model), een Spaans roddelblad dat de lezer confronteert met een wijdverbreid beeld dat de haast gruwelijke facelift toont van een stokoude, rijke gravin die met een 'jongeman' van pensioengerechte leeftijd trouwt, en dan is er nog een mannenblad, het pornomagazine *Club*, met op de cover een rondborstige vrouw, gecombineerd met een kleinere afbeelding van twee in elkaar verstrengelde vrouwen, in iets wat zou moeten doorgaan voor een aanzet tot lesboseks. Willem Oorebeek gaf deze werken als titel *MORE TIME, MORE ELLE (Chinees)* (2011),

Instant oublier (2012) en *MORE CLUB* (2011). De digitale dubbel-portretten die verspringen tussen twee over elkaar gelegde covers evoceren een hedendaags renaissancebeeld en zijn alle in zwart-wit uitgevoerd. De machtige vrouw en het fotomodel/de vrouw als seks-object zijn als karikaturale vrouwbeelden aanwezig gesteld, maar ze bestaan wel. Verschillende vrouwbeelden ont-breken.[21] Het evenzeer karikaturale manbeeld blijkt hier slechts als een aanhangsel van de aristocratische vrouw aanwezig te zijn gesteld. Waarom werd op een bepaald moment juist voor deze mensen gekozen voor een magazi-necover? Wat is het toch met (de herinnering aan) dit massamediaal verspreide beeld, waarvan de schaduwzijde zich in het centrum van de werkelijkheid heeft gerealiseerd, bijvoorbeeld in Facebook? Het beeld wordt als object binnen een wit kader herinnerd en getoond in zijn respectvolle ijlwording, dit wil zeggen representatie én een gesuggereerd filmisch interval, een verspringing tussen de ene en de andere kant van het dubbel. Dit proces voltrekt zich tussen de illusie van de monumentaliteit en de illusie van het postzegelformaat. Het wit houdt de beelden op een andere wijze 'gekaderd' dan met een zwart of gouden kader het geval zou zijn. Oorebeek laat het door massacommunicatie en zinloosheid overladen beeld terug bij het 'verleden' beeld komen, dit wil zeggen een valse 'origine/originali-teit', wat als de autonome 'tegenwoordigheid' van het beeld zou kun-nen worden beschouwd en tegelijkertijd de constructie van een fictie betreft, al is het maar omdat wanneer wordt aangenomen wat daad-werkelijk 'origineel' is, men dat blijkbaar niet kan (ver)dragen en het als 'absoluut' wordt geïnstalleerd. Oorebeek creëert een autonome ruimte en tijd van/in het beeld via een reproductietechniek, wat op het eerste gezicht merkwaardig zou kunnen worden genoemd. De beelden in zijn zwarte lithografieën kunnen zowel refereren aan een schilderij van de oude meester Pieter Bruegel de Oude (*De Toren van Babel*) als aan kunstwerken van hedendaagse kunstenaars zo-als R.H. Quaytman of een poster van de kunstenares Mary Kelley die Oorebeek in 1998 kocht in de Generali Foundation in Wenen. De black-out werkt niet als een zich niet kunnen of willen herinneren, maar integendeel als een ode, een respectbetuiging aan het beeld uit een ver of recent verleden dat opnieuw zichtbaar wordt gemaakt als een 'nu'.[22] Oorebeek geeft ook uitermate veel aandacht aan de vraag wat een beeld en wat precisie, oog voor detail, nuance of beeldend vlak dan wel zouden kunnen betekenen. Willem Oorebeek heeft *De sofa van Freud*, de officiële poster die in het Freud Museum in Londen en Wenen wordt verkocht, *geblack-out* — d.w.z. met de druk-pers bewerkt — in zijn *Scéance Blackout (London Couch) IV*. Wat 'te mooi' is, 'te subliem', 'te gerealiseerd', wat te hard tot de verbeelding spreekt, wordt *geblack-out*. Het zwarte gat wordt tot een tweedimen-sionaal beeld gedwongen, dient zich te verhouden tot wit en vraagt om bij scheerlicht te worden bekeken, waarbij de grafische lijnen in beeld als sporen kunnen oplichten naargelang het gezichtspunt dat wordt ingenomen. Op afstand valt er echter niets anders te zien dan zwart tegenover wit op een houten achtergrond. Willem Oorebeek

21. Het is opvallend hoe de af-gelopen jaren in verschillende solo- en groepstentoonstel-lingen de 'moederfiguur' zowel op een haast religieuze wijze werd vereerd als incestueus/ pervers gemaakt (bijvoor-beeld door Leigh Ledare in Wiels, 2012). Op de covers van roddelbladjes, porno- en nieuwsmagazines zijn weinig moeders te vinden, of vrouwen van wie kan worden aangenomen dat ze moeder zijn. In fascistische regimes is dat wel meer het geval. En wat dan met intelligente/ creatieve vrouwen? Ik vraag me af wat er zou gebeuren als er bijvoorbeeld kunstwerken op de covers van roddelblaad-jes, porno- en nieuwsmaga-zines zouden worden gezet, al kun je je dan evengoed het omgekeerde afvragen. Willem Oorebeek heeft twee witte pagina's toegevoegd in *Metropolis M*, een tijdschrift over hedendaagse kunst. Is dit destructief of constructief?

22. Recent stelde Willem Oorebeek tentoon in A.VE.NU.DE.JET.TE/Institut de Carton in Jette, met *Les Secrets de La Mémoire* (mei 2012). Birgit Cleppe schreef hierover: 'In *Les Secrets de la Mémoire* toont Willem Oorebeek zijn zogenaamde black-outs: lithografieën die ontstaan door bestaand drukwerk, veeleer reclame of covers van populaire magazines, met zwarte inkt te overdrukken. Dat resulteert in monochrome Malevitsj-achtige vlakken, waarin de oorspronkelijke beelden op enigmatische wijze doorsche-meren, afhankelijk van de lichtweerkaatsing, de dek-kingsgraad en onderliggende kleuren.' Birgit Cleppe, 'Aglaia Konrad & Willem Oorebeek in Brussel', *De Witte Raaf*, 157 (mei-juni 2012), p. 10.

hing dit werk, *Scéance Blackout (London Couch) IV*, naast een uitgezaagde holte in de muur, die in de houten zaal is aangebracht door Nel Aerts. Dit was de allereerste actie in de lege tentoonstellingsruimte van Be-Part. Dit gebaar is het in beweging zetten van de muren van de tentoonstellingsruimte. De holte laat zich omschrijven als een houten kader van een schilderij waarachter zich een op hout geniete laag plastic bevindt die het isolatiemateriaal van de binnenwand tegenhoudt.

En zo komen we bij Peter Buggenhout uit: '*A solo exhibition of Peter Buggenhout's work in Lokaal 01 in Breda bore the title "The Future Tradition"*'.[23]

De stofsculptuur *The Blind Leading The Blind #44* (2011) van Peter Buggenhout is zijdelings gedraaid komen te staan in het denkbeeldige midden van de betonnen ruimte, dat zich in werkelijkheid echter links achteraan bevindt. Willem Oorebeek verbergt Hilary Clinton achter dit werk. Van nabij lichten doorheen de stofconstellatie verschillende kleuren op, zoals felroze, rood, oranje, blauw en zilver. De kleuren maken de structuur van deze stofsculptuur uit, wat een aparte invulling van structuur en evengoed kleur kan worden genoemd. Het zijn ook de enige te vermoeden kleuren in de betonnen ruimte, tenzij wit en grijs als kleur zouden worden erkend. Peter Buggenhout creëert analogieën die niet in een metafoor, symbool of allegorie vervallen, maar daar wel toe kunnen worden gedwongen in de 'hedendaagse' kunstwereld. Na een intens onderzoek naar de samenhang tussen vormeloosheid en structuur, dat ook tot enkele grote sculpturen heeft geleid (*Detitled*, TRACK, i.s.m. S.M.A.K., Gent; *The Blind Leading The Blind*, Palais de Tokyo, Parijs, beide 2012) zet Buggenhout zijn onderzoek naar de verbeelding van kleur, vorm(eloosheid), reflectie en de werkelijkheid verder. In zijn huidige onderzoek komen de (on)mogelijke autonomie van kleur en een aparte wijze om portretkunst te benaderen meer centraal te staan. Buggenhout begint vanuit *The Blind Leading The Blind* namelijk namen te geven aan zijn sculpturen of deze aan te spreken — en daarnaast de kijker met zijn/haar 'letterlijke' spiegelende reflectie in beeld te confronteren. Niet als inversie, maar als een confrontatie met de zich omkerende onomkeerbaarheid die vraagt om te worden waargenomen. Peter Buggenhout maakt sculpturen die tot stand komen door assemblage en het ondergraven ervan, waarbij de spanning tussen vorm en vormeloosheid uitermate wordt opgedreven. Zijn sculpturen zijn opgebouwd uit een veelheid aan materialen, zoals polyurethaan, polyester, aluminium, hout, plastic, textiel, stof, kleur, rommel/afval afkomstig van koelkasten, boten, zwembaden, caravans en publiciteitspanelen, constructie- en bouwmaterialen, staal, ijzer, epoxy, gips, siliconen, geprepareerde darmen en magen, haar en bloed van koeien en paarden. Peter Buggenhouts werken kunnen zowel vanuit hun abjecte lichamelijkheid, hun materialiteit worden benaderd als vanuit hun opgedreven barok-minimalisme, waarin kleur, raster/structuur, de vibrerende, de kromme, de rechte

23. Peter Buggenhout, *It's a strange, strange world, Sally. Recent sculptures and installations by Peter Buggenhout*, Lannoo, Tielt, 2010, p. 50.

en de woekerende lijn vanuit en in dialoog met de realiteit op elkaar worden betrokken. Toch vallen zijn werken niet van eclecticisme te verdenken. Buggenhout dialogeert met de tijd en de werkelijkheid zonder in (re)presentatie of transformatie te vervallen — alles vangt stof en niets vervangt stof, tenzij de verzameling in beweging — maar wat zijn deze schilderkundige sculpturen dan wel? Peter De Graeve schreef in 2006:

> Zijn in de stilstand verankerde beeldtaal is niet tégen de film gericht, maar wil ook de cinematografische taal met de neus op de eigen visuele grenzen duwen, waaronder het 'stereotype' (wat letterlijk betekent: de verharding, de versteining) van de beweging in het gebruik van filmframes (ook de cinema is dus een Medusa)... Het begrip film is afgeleid van een woord dat oorspronkelijk zoiets als 'vlies' of 'vel' betekende. Buggenhouts gevilde vliesachtige voorwerpen, met hun machinale, van buitenaf geprojecteerde kleuren, kunnen dus beschouwd worden als anticoderingen van de ons vertrouwd geworden filmwereld.[24]

Nu de film met zijn neus op de eigen limieten in een recent verleden zijn grenzen heeft leren kennen, de kleur onder het stof vandaan komt piepen in plaats van er van buitenaf op te worden geprojecteerd, en nu de versteining, de verharding van kant lijkt te zijn verwisseld, lijkt me 'vandaag' de vraag te zijn: hoe *The Blind Leading The Blind # 44* als film waar te nemen? En is dat dan een zwart-wit- of een kleurenfilm?

Nel Aerts (°1987, Antwerpen) focust op een intermediale versus (semi-)iconische omgang met materialen en media en stelt vast hoe de positie van een kunstenaar door de wereld wordt verkleurd. Met een combinatie van tragedie, poëzie, fictie, humor en kunsthistorische referenties bevraagt ze in haar tekeningen, schilderijen als uit de hand gelopen houtsneden, performatieve video's en sculpturale installaties de onderlinge verhouding tussen verschillende media, het kunstenaarschap en de wereld. Aerts deed de allereerste dubbele ingreep in de tentoonstellingsruimte. Zij heeft op twee plaatsen hout weggezaagd, waardoor na vijftien jaar de opvulling van de muur van de tentoonstellingsruimte weer zichtbaar wordt: een houten kader en isolatiemateriaal dat met plastic wordt vastgehouden. Aerts ging met de twee uitgezaagde panelen naar haar atelier en bracht zo een deel van de tentoonstellingsruimte in haar atelier binnen. Meestal gaan de zaken omgekeerd. (De architectuur van) de instelling/het instituut stond dus voor de periode van het werk te kijk in haar atelier. Nel Aerts heeft zich een deel van de instelling eigen gemaakt in materiële zin. Dit spreekt tot de verbeelding: wanneer psychologie in de architectuur van de instelling geïnvesteerd geraakt, dan... Zou een dergelijke actie/beweging zich ook in de context van de verzamelaar/ verzameling kunnen afspelen? Aerts is niet aan haar proefstuk toe wat het bewerken of verzagen van hout betreft. Sinds *Undisclosed*

24. Peter De Graeve, 'Rupslogica. Over de posities van Peter Buggenhout', in: *Peter Buggenhout. Sincerely, A Friend*, Cultuurcentrum Mechelen, 2006, s.p.

Gathering (2010, Croxhapox) is dit een terugkerend gegeven in haar werk, zoals ook bleek uit haar video *Tafelmanieren* (2012, Wiels). Daarin zaagt de kunstenares al zittend op een tafel een gat onder zichzelf waar ze door kruipt, of is het valt?

Nel Aerts kwam terug van haar atelier naar de houten zaal in Be-Part met twee nieuwe schilderijen: *Floating Puppet, Adieu* (2013) en *Blue Wave* (2013). Deze gaan op subtiel-afstandelijke wijze in dialoog met een van de gaten die ze in de houten zaal heeft aangebracht. De twee werken hebben een volstrekt verschillend kleurenpalet. Van het dobberende figuurtje op een rode zee, een terugkerend motief in de collages en schilderijen van Nel Aerts, wordt met vrolijk gekleurde wolken afscheid genomen. Het haast wanhopige figuurtje dat de arm in de lucht steekt in de blauwe golf wordt in een soberder, complexer kleurenpalet uitgevoerd. Is het een kwestie van (laten) dobberen of verdrinken/redden?

In een interview met Koen Brams en Dirk Pültau in *De Witte Raaf* zei Nel Aerts over haar schilderijen: 'Voor mij is het belangrijk dat het schilderij een heel concrete eigen taal articuleert. De vernieling moet "juist" zijn; de fouten moeten "juist" zijn. Het is heel belangrijk om te zien wat een beeld nodig heeft. Tegelijkertijd mag het schuren geen truc worden.'[25] Haar zotte *mannekes* en *madammekes*, de figuurtjes die ze creëert en opvoert, die uit droedels zijn gegroeid, reflecteren over de realiteit en spotten met de rol die op hedendaagse kunst wordt geprojecteerd. Ze dragen de gevolgen van contradicties: ze drinken, zijn droevig, eenzaam, verlegen en langs de andere kant ook best wel grappig.

Humor, eenzaamheid, verdriet, taboe, escapisme, de (boot)tocht, de reis, optimisme, het masker/de maskerade komen geregeld terug in haar schilderijen, collages, sculpturen en acties. Tegelijk getuigen haar praktijk en werk ook van een hardnekkig geloof in de creatieve, materiële en bewegende kracht van hedendaagse kunst. Nel Aerts' video *Say Something* (2012) vertoont zo'n figuurtje dat tussen twee theatergordijnen komt piepen en bang naar links en naar rechts kijkt. Een stem moedigt het figuurtje aan: '*Allez, zeg iets!*' Handen die een ton omklemmen (*Zeemansneus*, 2013) of in de lucht wuiven en gebaren, komen wel vaker voor in haar collages, schilderijen en sculpturen. Haar schilderij *Op Kop!* (2011), bijvoorbeeld, toont een *High-Fiving-Hand-figuurtje* — zoals ze het zelf noemt — dat ook als dubbele sculptuur bestaat en de aanleiding gaf tot een actie van de kunstenares, waarbij ze bleef bewegen tussen beide verschillend gekleurde handen (*Running in between. (High-fiving hands)*, *Unscene II*, Wiels, 2012). Het was alsof Nel Aerts aan het gedicht *Over mijnheer Cogito's twee benen* van Zbigniew Herbert herinnerde en daarop een variatie voor handen had bedacht. In Watou en in Hoboken, Fort 8 hield Nel Aerts de performance *Traveling after Zbigniew Herbert and Pan Cogito* (2010-2012). In Watou betrof het een denkbeeldige reis, die als een privéperformance werd voltrokken en als een performatieve sculptuur werd getoond. In Hoboken ging het om een 'echte' performance. De kunstenares was in de filmprojectie

25. Koen Brams & Dirk Pültau, 'Met ringen eindeloos regelmatig als kringen in het water', *De Witte Raaf*, 161 (januari-februari 2013), p. 19.

Undisclosed Gathering (2010) in de gelijknamige solotentoonstelling in Croxhapox in Gent te zien met haar met verf beschilderde handen. Ze gaf de bezoekers een uitnodiging bedrukt met vingerverf mee, aangezien elke bezoeker zijn/haar stukje genummerd en beschilderd hout op een andere dag kon komen ophalen. Die stukjes hout waren uitgestald op een houten constructie die als een parcours door de hele ruimte liep. Nel Aerts zet in beweging. Dit doen vanuit de schilderkunst leek niet voor de hand te liggen, maar het is dan toch kunnen gebeuren.

Adriaan Verwée (°1975, Gent) maakt ruimtelijke sculpturale composities met elementaire materialen zoals gebeitst hout, gips, doek, gevonden objecten, afgegoten emmers en glas. De relaties tussen verschillende media, het werk in de atelierpraktijk en het beeld in het tentoonstellingswezen komen samen in zijn sculpturale composities. Deze fragiele sculpturen lijken regelmatig te functioneren als ondersteuning voor een drager en als een rek dat de omgeving (ver)draagt. In de installatie *A Thin Air Spoil Tip* (2011, Zwalm) was bijvoorbeeld een sculptuur op een geconstrueerd platform te zien — een radicaal voorstel voor een sokkel, een podium — dat zich achter een schijnbaar omvergevallen omheining (een 'ultieme' mise-en-scène?) van een tuin bevond. Het (ver)dragende karakter van Adriaan Verwées werk en het functioneren daarvan in een bepaalde omgeving vallen op al hangend en (zich) subtiel (ver)plaatsend: de werken hangen zich letterlijk op in hun omgeving, en hun omgeving wordt ook letterlijk uitgedaagd om zich te verplaatsen in het werk tot aan 'het punt'— letterlijk te nemen als een geboord gat, een gematerialiseerde structuur of een denkbeeldige lijn — waarop het onderscheid tussen werk en omgeving slechts in hun relationele afstand kan worden ervaren, gecreëerd en gedacht.[26] Adriaan Verwées artistieke onderzoek valt te omschrijven als een intuïtieve, op materialen en realiteiten geënte verbeelding die ontwerpen, concepten en evengoed verhalen uitdaagt om zich te verleggen, maar deze niet toelaat zich los te trekken van hun gerealiseerde verbeeldingen, die evenzeer op gefragmenteerde realiteiten, materialen, media en intuïties geënt zijn, noch van hun gerealiseerde en mogelijke praktische in- en uitwerking op de tijd en de (tentoonstellings)ruimte. In Verwées werk valt een genuanceerde en reflectieve dialoog te ontdekken, die voortkomt uit een praktijk als onderzoek naar verhoudingen tussen het abstracte en de realiteit, tussen ruimte en tijd, tussen werk, beeld en object, tussen een sculpturale structuur en het kader van de schilderkunst, tussen het ontbreken van kleur en het kleurdetail, tussen de perceptie van het fotografische beeld, het *objet trouvé* en de omgeving.

    In Adriaan Verwées geïnstalleerde tentoonstelling met verschillende sculpturen, die fotogewijs wordt beschreven als de *In Tipa Installation View* (Tipa, Drongen, 2011), was ook het sculpturale schilderij op hout *Proposition II* te zien, dat als een van de vroege diepgaande dialogen tussen sculptuur, teken- en schilderkunst in zijn oeuvre kan gelden. *Proposition II* hing aan een witte wand met

26. Sofie Van Loo, 'Adriaan Verwées abstract-realistische verbeelding is een vossenhol waar Don Juan te gast is geweest en Doña Juanita zou kunnen ontwaken', in: *Adriaan Verwée, Toca da Raposa*, Posture Editions n°1, 2012, p. 60.

enkele vrijgekomen loodgieterij- en elektriciteitsfragmenten, zoals waterbuizen en bedekte stopcontacten. Een met tegels verhoogde vloer scheidde deze wand af van een lager gelegen betegelde vloer met daarop een sculptuur met enkele mengstokken die schrijlings op elkaar waren gelegd. Het lijkt alsof in *Proposition II* Kazimir Malevitsj' *Black Square* (1915), door Adriaan Verwée met inkt getekend, in een wit kader verzonken is geraakt en deels bedekt wordt door een potloodtekening met lijnen en geboorde gaatjes. De woorden van Dirk Lauwaert indachtig: 'Tekenen is dus tekenen van de achtergrond, daar waar niet getekend wordt'[27], krijgt het schilderij *Proposition II* van Adriaan Verwée een enigszins sculpturale vormbetekenis. Vanuit het met wit omsloten zwarte oppervlak van de hier getekende schilderkunst geeft deze zich rekenschap van haar eigen gedeeltelijk ont-breken in een op dat oppervlak gelegde getekende geometrie van lijnen die zich als tunnels kunnen gedragen en punten die als geboorde gaatjes de relatie met de onder- of achtergrond suggestief of slechts schijnbaar verdiepen. Boven dit in het witte kader verzonken zwarte *schilderij* is de iets grotere tekening bevestigd, zodat er een ademruimte ontstaat die in dialoog kan gaan met een andere sculptuur in de tentoonstellingsruimte, een sculptuur waarin de schilderkunde *ont*-breekt, met in witte verf geroerde zwarte mengstokken die op de grond zijn gelegd. De opgedroogde, in verf gedoopte mengstokken hebben hier niet geleid tot een schilderij. Ze zijn sculptuur geworden. In een ander werk, *Drying Rack for Mixing Sticks* (2011), waren de mengstokken te drogen gelegd op een rek, terwijl in dezelfde ruimte een houten staketsel vastzat in een emmer die in gips was afgegoten als een object. In nog een ander werk heeft Adriaan Verwée de contouren van een mengbak en verschillende emmers afgegoten in gips. Deze verschillende werken oefenen invloed uit op elkaar, maar dragen elk opgehangen en balancerend de onderscheidende sporen van een artistiek proces uit.[28]

Sinds 2010 werkt Adriaan Verwée met zwart gebeitste houten structuren, die lijken te refereren aan bestaande en bepalende kaders, maar tegelijkertijd tonen hoe fragiel die wel zijn en hoe ze ook aangepast, veranderd, herbouwd kunnen worden, bijvoorbeeld in de vorm van een variërende compositie. Adriaan Verwée heeft met *studio allies* (2013) een drievoudige sculpturale installatie gemaakt waarbij elk werk op zichzelf functioneert, maar via een andere invalshoek en een ander gezichtspunt in een ander werk zijn echo vindt. De hierboven beschreven sculptuur met de elkaar steunende rekken lijkt een dubbelportret te zijn; de sculptuur op het terras lijkt op een landschapscompositie met namaakbamboe en een blauwe schietlijn (cf. *Early Outline*, 2012) die op een platform rust, terwijl ze haar schaduw afwerpt op de betonnen muur van een stuk teruggevonden architectuur dat haast als een theaterscène fungeert. Twee kleinere sculpturen zijn met elkaar in een dialoog verwikkeld in de houten ruimte: de ene met een schilderdoek, een verfdoos en een zitje, de andere met een schraag en een turquoise wijnvaatje. Het lijkt haast een ode aan de (dronken) schilder(kunst) als gesculpteerd zelfportret. Het lijkt ook

27. Dirk Lauwaert, 'Telkens Lege Beelden' (1995), in: *Onrust*, het balanseer, Aalst, 2011, p. 125.

28. Sofie Van Loo, 'Adriaan Verwées abstract-realistische verbeelding is een vossenhol waar Don Juan te gast is geweest en Doña Juanita zou kunnen ontwaken', in: *Adriaan Verwée, Toca da Raposa*, Posture Editions n°1, 2012, p. 63.

op een filmset met structuren in plaats van rekwisieten. Deze setting was ook aanwezig in vroeger werk van Adriaan Verwée, bijvoorbeeld in zijn installatie *The Final Speech* (2005), gebaseerd op de film *The Great Dictator* met Charlie Chaplin. Adriaan Verwée was toen verbaasd over de woorden die Charlie Chaplin opschreef in een notitieboekje tijdens de voorbereiding op zijn rol als Hitler: '*reason, beauty, kindness, happiness, adventure and freedom*'. Deze woorden werden in het werk van Verwée als een videoanimatie afgespeeld op een podium. De toeschouwer kon ze hanteren om er een eigen speech mee te maken. Aan de set was ook een bar verbonden om de spreker in de juiste stemming te brengen. Boven die bar speelde de videoanimatie *The Set*, die was gebaseerd op de originele 8 mm-footage van de set waarop de film was opgenomen. *studio allies* lijkt daarentegen een sculpturale set(ting) te zijn waarin drie verschillende schilderkunsten worden gerepresenteerd die elkaar oproepen. Werken zoals *Other People's Trades* in de Arcade Gallery in Londen (2012) en *things postponed* in het Technicum van UGent (2012) voeren evenzeer een diepgaande dialoog met de schilderkunst, zowel door de verwijzing naar een zwart vlak, een kader en een schilderskrukje dat op een rek met een spiegel (reflectie) wordt gelegd als op het vlak van het subtiele kleurdetail. In het bijzonder in *things postponed* in het Technicum van UGent heeft Adriaan Verwée de vloer met zijn repetitieve, scherpe motief, de lavabo, de achterkant van een spiegel, het overblijfsel van een podium dat dient te worden ondersteund door een schraag en een radiator mee in zijn werk betrokken.

Jani Ruscica (°1978, Helsinki) brengt in zijn film *Travelogue* (2010), een loop van acht minuten, verhalen van bezoekers aan Londen, terwijl een lege ruimte in Camden Arts Centre in beeld verschijnt. De verhalen zijn een collage van historische verhalen, reisgidsen en informatie die op blogs wordt gedeeld. Het voornaamste geluid dat je hoort, is het mechanische geluid van de witte rol die wordt gedraaid en die als leeg scherm fungeert, terwijl een *travel schot* de kamer aftast en de ondertitels de verhalen in stilte afspelen voor de kijker. De film begint met de volgende ondertitel, ontleend aan het boek *London Dust* van Lee Jackson (2003): '*Falling is the easiest method. Just choose the location and take one step forward. Always be quick about it.*'[29]

Malin Ståhl schrijft in haar uitgebreide essay annex interview *This Version Begins Here*:

> The title, *Travelogue*, refers directly to a film genre, embedded with information about travelling in the remote places of the world that became popular in the late 20th century. In the mid-19th century the moving panorama was another appreciated form of entertainment featuring landscapes from journeys to exotic places. Painted sceneries were installed on spools that were rolled past an audience. The machinery was often concealed behind a screen

29. Jani Ruscica, *Travelogue* (2010), 16 mm omgezet naar HD, stereo sound, 8'00"loop; Lee Jackson, *London Dust*, Arrow Books, Londen, 2003.

to enhance the illusory effect and a delineator would accompany the imagery, narrating, explaining and dramatising the scene. Yet Ruscica has filmed a moving panorama screen in black and white, creating a screen within the screen where the apparatus, the moving panorama, is the main protagonist. Ruscica's Travelogue is thus pointing at two historically popular forms within the genre of travel of entertainment — the moving panorama and the travelogue film. But where in both these mediums a landscape would appear and a drama unfold, Ruscica leaves the screen blank. The eye scans the plane in search of something to hold on to, only to encounter the materiality of the surface itself: a roughness in the canvas, a knot in the fabric. In a Brechtian manner, what is staged and dramatised is the technique of staging itself. The lens zooms out providing a view of the whole setting — the blank panorama screen in a studio with a row of empty chairs organised in front of it. The panorama is not providing scenery and the chairs are not holding an audience. It is the gap, produced by Ruscica's refusal to provide a window to another world, which allows the viewer to reflect on the function of these objects. Through the use of our experience and knowledge we assign potentiality to the objects — the chairs wait for an audience and the screen for its scenes to begin. […] The piece thus sits in tension between the abstract and the specific. Like a montage, the three elements of the piece, the visual, sound and text, pull in different directions producing gaps where the viewer is invited to reflect on how representation is produced, and to imagine his/her own city.[30]

30. Malin Ståhl, 'This Version Begins Here', in: *Jani Ruscica: Anecdotal*, Galerie Anhava, Helsinki, 2013, p. 44-53 (zie www.anhava.com/gallery.php).

Fascinerend is wel dat deze film over Londen, die gefilmd is in Camden Arts Centre, werd getoond in Be-Part, Platform voor actuele kunst in Waregem, alsof hij daar thuishoort. De film werd getoond in de ondergrondse filmruimte, waarbij de bezoeker de trap diende af te dalen en het werk als een witte vlek tegemoet stapte. Dit was ook het enige werk dat vooraf door de curator geselecteerd was in de groepstentoonstelling TIME SPACE POKER FACE, behalve het werk van Peter Buggenhout, waarbij de selectie echter later kwam. Andere werken van Jani Ruscica zijn: *Batbox/Beatbox* (2007), *Screen Test for A Living Sculpture* (2012), *10 Minute Display of Unparalleled Grandeur* (2013), *The Light is Pale and Thin* (2013) en *Foghorn* (2013).

Adriano Costa (°1975, São Paulo) werkt met gevonden, geleende, gestolen en aangekochte materialen zoals doek, tapijt, T-shirts, handdoeken, vlaggen en gordijnen, kousen en ondergoed. Hij combineert deze tot ruimtelijke constellaties die als scherpe dialogen met de tijd kunnen worden opgevat. Costa combineert alledaagse objecten tot een geïntensifieerd stilleven of portret van hedendaagse thema's zoals geweld, destructie, politiek, globalisme, exotisme/tropicalisme en lokalisme, en ook de positie van hedendaagse kunst en de kunstwereld daarin. Zijn kritische, simpele/simplistische en vaak humoristische ontmaskering van actuele (politieke) thema's balanceert op een boeiende wijze tussen symboliek en esthetiek. Adriano Costa confronteert ons met de hypocrisie in de mens en zijn handelingen, zijn omgang met mensen, objecten en dingen. Langs de andere kant gelooft hij ook in de esthetische, bewegende en kritische kracht en de noodzaak van hedendaagse kunst en de omgang ermee. Recente werken zijn: *Crisis doesn't matter if you love me* (2012), *Working Class Hero* (2012), *International politics ou a arte de empilhar corpos* (2012) en *O Futuro* (2012). Adriano Costa's bekroonde werk *Tapetes* (2010) in Videobrasil (2011), zijn solotentoonstelling *Plantation* (2012) in Mendes Wood DM in São Paulo en zijn constellatie *From my body comes, Through your body goes* op de Frieze Art Fair (Mendes Wood DM, 2012) lijken op het eerste gezicht een abstract en esthetisch spel, tot men de werken van naderbij gaat bekijken.

In 2011 naaide Adriano Costa al vier zachtoranje stofdoeken met rode draad aan elkaar in de vorm van een hakenkruis. Hij gaf het werk de titel *As You Like It*. In *Swing* (2011) maakte hij een sculptuur met zes molotovcocktails. De dialectiek tussen gevaar, geweld, destructie en het stilleven met het verbindende, gekleurde, ritmische van textiel komt al een tijdje samen in het werk van Adriano Costa, en ze verdwijnt er niet uit, zoals duidelijk wordt uit zijn borduurwerkje met de titel *A Place Built To Be Destroyed* (2012), waarin een zwarte strook, een minuscuul stukje geel, een vierkant rood vlak en een overwegend blauw vierkant zijn samengebracht. In 2012 had Adriano Costa zijn derde solotentoonstelling in São Paulo, getiteld *Plantation* (2012). In het grondwerk *O Quadrado Campo* (2012) [Het vierkante veld] combineert hij een roze gescheurd doekje met twee ijzeren wapeningsstaven voor beton waarrond op twee plaatsen stukken stof zijn gewikkeld. De twee staven zijn op een enigszins vreemde manier met elkaar verwikkeld. In de hoek van de tentoonstellingsruimte staat een lange stok, getiteld *Sweet Brasilia* (2012). Niet ver daarvandaan hangt een groene voile met zwarte stippen. Deze geborduurde doek in nylon draagt als titel *Nós Estamos Às Moscas / We Are the Flies* (2012). Op de grond blijken ook 23 dode vliegen te liggen die tevoren met hun pootjes in de nylon verstrikt zijn geraakt. In de kleinere tentoonstellingsruimte is een andere constellatie samengesteld, met name *A Colônia* (2012). *Flamingo* (2012) is er centraal aanwezig gesteld. Dit is een paarse emmer waar turquoise doorschemert, met daarop een roze, met beton gevulde kubus waarin een verfrol met zalmroze verf verstrikt is geraakt. Volgens de kunstenaar staat dit voor Christus, die op de *Tapete Pele* (2012) werd geplaatst, een uitgesneden, wit geverfd stuk beton dat naar de voetballer verwijst. Ook *As Tias* [De tantes] zijn van de partij; dit werk is samengesteld uit een hoorn en een paraplu die op een straattegel steunt. In de buurt ervan ligt *Persian Carpet* (2012), een klein tapijt met Perzisch motief, met een zwarte band waarop het woord *Corinthians* staat en onderaan de rest van een Europese vlag. Ook het werk *A Mãe* [De moeder] is

aanwezig. Op een houten krukje is een hoorn gezet waarop een omgekeerde geopende paraplu is geplaatst. Een houten plank op een betonnen ondergrond wordt opgemeten door een lintmeter die met de
plank verbonden blijft (*O Sertanejo*, 2012). Een beetje verwijderd van
deze sculpturen ligt het werk *A Place Built To Be Destroyed* (2012).

Adriano Costa's werk heeft op het eerste gezicht iets verlucht-
tends, speels, elegants, subtiels en esthetisch, dat bij een tweede blik
een complex beeld van de wereldpolitiek geeft. Esthetiek wordt hier
niet gebruikt om het politieke te verdoezelen, maar ingezet om over
te brengen wat op figuratieve, zelfs conceptuele en thematische wijze
haast niet meer gecommuniceerd geraakt. Costa deelt zijn gedachten en bedenkingen met zijn publiek, tenminste als dat publiek zijn
verluchtend werk een tweede blik gunt. Hij wendt esthetiek aan om
zijn kritische bedenkingen te communiceren.

Voor TIME SPACE POKER FACE maakte Adriano Costa verschillende nieuwe werken: *Rosa* (2013), een krans van mannen-
ondergoed, het abstracte werk *Constelaçao* (2012), dat bestaat uit
een gestreept tapijt waarop in elkaar genaaide kousen zijn gelegd
als waren het ballen, *1, 2, 3, 4 Little Indians ou Geometria Popular*
(2013), met vier aan elkaar genaaide Boliviaanse tapijten die Costa
op de *Mercado de las Brujas* in La Paz kocht en in de vorm van een
(haken)kruis naaide, *Red Marble – Monumento* (2013), met een hand-
doek, een laken en een sok. Adriano Costa confronteerde de verschillende werken met een paarse vilten maan, *O Astro* (2012), die
hij centraal op een witte muur hing. In de ondergrondse ruimte van
Be-Part, die bij de vorige eigenaar bestemd was om onder meer juwe-
len te tonen, wordt hierdoor ook ingespeeld op de dubbelzinnigheid
van het begeerde 'ding'.

Bij Laurent Dupont-Garitte (°1976, Brussel) is het dichtklappen van/
in het object een subjectieve beslissing geweest. Er zijn de verschillende vormen van de verschillende objecten geschilderd in een verschillende kleur en er is de constellatie van verschillende objecten
in verschillende kleuren, wat zich 'anders' opent naar een kijker dan
pakweg een subliem werk: het geeft zich zonder zich weg te geven
of te pakken/te worden gepakt. De titel van het werk in Be-Part is
Objets de Bruxelles (2011-2012-2013). Dit kan als een uitbreiding
maar ook als een verlegging worden gedacht van het vorige werk
met dezelfde titel. Het werd in september/oktober 2012 in de alterna-
tieve ruimte SIC in Brussel getoond op een tafel als een maquette of
miniatuur(stads)landschap.

Er ging een ander werk aan vooraf, getiteld *American Objects*,
dat in maart 2012 in ACP (Visiting Artist Curated Projects) in Los
Angeles werd getoond.[31] Laurent Dupont-Garitte toonde op een
tafel verschillende huishoudelijke objecten die in één kleur waren
geschilderd, zoals keukengerei, flessen, glazen, een asbak, maar
bijvoorbeeld ook een *Rubik's Cube*. Er is geen enkel object dat dezelfde vorm of dezelfde kleur heeft. En er zijn verschillende objecten die op het eerste gezicht niet direct thuis te brengen zijn, of die

31. www.artistcuratedprojects.
com/filter/PROJECTS#
AMERICAN-OBJECTS

wel herkenbaar zijn maar waarvan de huishoudelijke of decoratieve functie volledig lijkt te zijn verdwenen. Laurent Dupont-Garitte houdt ervan rommelmarkten af te schuimen en schilderijen en objecten te kopen, die hij vervolgens overschildert en omtovert tot een re-modernistische maquette van een (stads)landschap. Hij kiest enkel objecten die hem echt bevallen en die hij echt wil hebben. Door ze volledig te overschilderen doet hij ook afstand van zijn eigen aangekochte verzameling(en), van de dingen die hij verlangde te hebben. Elke geschilderde sculptuur of sculpturale schilderkunst, elk object heeft een certificaat gekregen, om in te spelen op het idee van de zogenaamde 'echtheid' van het object. Dupont-Garitte verwijst hiermee onrechtstreeks ook naar de hang naar 'authenticiteit' in onze tijd, maar evengoed naar de prijzen van 'oude' en iets minder oude kunst, waarbij het certificaat de onzekerheid van de potentiële koper dient weg te nemen dat het wel degelijk om een 'echt' werk van de desbetreffende kunstenaar gaat. Op elk certificaat is dus een schilderkundig merk aangebracht, een afdruk die wordt gerelateerd aan een specifiek object en een nummering of een code, bijvoorbeeld *American Object #X LA 2012*. Het werk gaat nog verder. De tentoonstelling zelf voltrok zich in de woonkamer van de curatoren/organisatoren. Elke persoon die een object wilde kopen, kon dat ook, zolang hij of zij een foto naar de kunstenaar stuurde om hem te tonen waar het object in een voor de kunstenaar vreemd huis werd geplaatst. In dit geval is het niet de verzamelaar die de kunstenaar controleert, maar de kunstenaar de verzamelaar. Dupont-Garitte speelt hiermee in op de vraag hoe je als kunstenaar je werk kunt terugkrijgen en wat dat 'terug' dan wel zou kunnen betekenen. Hierdoor lijkt de kunstenaar Laurent Dupont-Garitte zowel een verzamelaar als een verzamelaar van zichzelf. De kijker kan het object met zijn blik niet penetreren en het object staat niet in zijn blootje in de kijker.

Er is nog een volgende laag. In SIC in Brussel lag ook een stapel uitnodigingen. Wanneer men die doorbladerde, waren er twee volledig overschilderde uitnodigingen te vinden. Deze verwezen naar twee tentoonstellingen die de kunstenaar geheim wilde houden, omdat hij ze zo goed vond. Bij de andere uitnodigingen van tentoonstellingen die hij niet goed vond of niet heeft gezien, is vaak de naam nog zichtbaar aanwezig. Wat Laurent Dupont-Garitte dus doet, is datgene waarvan hij houdt verbergen — het overschilderen, er een object van maken. Alles wat aan anderen wordt meegedeeld, alle informatie, wordt het object ontnomen, wordt getransformeerd, vernietigd. Hij draait de spelregels dus om. Hij deelt niets mee. Hij overschildert wat hij wil meedelen. Hij doodt zijn eigen verlangen en zo ontstaat een nieuw verlangen. Degene die de werken koopt, de (potentiële) verzamelaar, wordt ook verlost van zijn statuut van 'verzamelaar'. Dupont-Garitte wil zijn 'werken' (of zijn collectie) in feite terug en heeft beslist de foto's van zijn werken evenzeer werken te noemen, waardoor het statuut van het aangekochte kunstwerk enigszins wordt aangetast.

De kunstenaar deed iets vergelijkbaars met zijn grote atelier in Luik, dat hij ondertussen heeft verlaten voor een atelier in Brussel.

Hij filmde zijn atelier over een lange periode (*Atelier*, 2007-2008) door een kringelende rookbel, die niet afkomstig leek te zijn van een sigaret — ze is namelijk vrij groot — maar er toch naar verwijst. De camera volgt de rookbel, maar als kijker zie je haar nooit volledig wegdeemsteren. Het is alsof je een uur en twintig minuten verdwaald geraakt in het atelier van de kunstenaar. De rookbel maakt geen onderscheid tussen zijn verzamelingen en zijn (kunst)werken, beide geraken vermengd in de *Collection Dupont-Garitte*. Laurent Dupont-Garitte reflecteert dus over de plaats van de kunst(enaar) en hoe die zich tot de maatschappij en de kunstwereld verhoudt en zich er eventueel anders toe zou kunnen verhouden. De breuklijnen en verbindingsmogelijkheden tussen sculptuur, schilderkunst en film spelen een belangrijke rol in zijn onderzoek.

Laurent Dupont-Garitte onderzoekt ook de relatie tussen het atelier, de tentoonstellingsruimte en de leefomgeving van de verzamelaar, de galerist, de kunstenaar, enzovoort. In TIME SPACE POKER FACE heeft hij zijn *Objets de Bruxelles* uitgebreid en er houten kisten voor ontworpen. Hierdoor verschuift zijn werk van een maquette van een gekleurd(e) (stads)landschap(sarchitectuur) naar een suggestief beweegbaar gegeven. Dit wordt nog versterkt door een filmisch element toe te voegen, dat lijkt te verwijzen naar zijn *smoke-films*, waarin hij urenlang rook door zowel zijn atelier als de tentoonstellingsruimte liet zweven. Wanneer de credits van de film van Alex Reynolds, die in dezelfde ruimte te zien is, zijn afgelopen en het beeld gedurende ongeveer acht minuten zwart is, springt een rij neonlampen met een timer aan die de verschillende objecten op hun kist van de duisternis in een helverlichte situatie brengt. Doordat de objecten dicht tegen de muur staan in de ondergrondse videoruimte van Be-Part kan men er ook langs de achterkant niet langslopen. Hetzelfde gebeurt met de objecten op de eerste rij, waarvan de voorkant zich lichtjes in de schaduw bevindt, en waarachter zich nog verschillende niet-rechtlijnige rijen met kisten bevinden waarop objecten worden getoond. Het lijkt eerder een zich verplaatsende constellatie. Men kan mensen en objecten wel bezetten, maar ze vallen blijkbaar niet te bezitten, zelfs niet door of onder het 'juiste' licht.

Alex Reynolds, *Le Buisson St. Louis (2007)*, fragmenten van een film getoond op vijf monitoren:
> Jeanne: Maybe… But… the house is not straight. […] This house really represents what my family 'tried' to do.
> Maud: It was like we were somewhere else […] For me it is like a childhood thing. You know, I will always have it in my heart, but it's kind of gone… For me it is kind of over…
> Benoit: Yes, we lost something…

De Spaans-Britse kunstenares Alex Reynolds (°1978, Bilbao), die momenteel in Berlijn woont, presenteerde de nieuwe film *Spinario* (2012), een coproductie van Be-Part en de Miró Foundation in Barcelona. Reynolds maakt zowel performances, geluidswerken als films met een documentaire/filosofische ondertoon, waarin beeld en taal het ene moment uitgebalanceerd, het andere moment intensief tegen elkaar aan schuren. In Be-Part werd het werk *Spinario* getoond alsof de trap, als een mysterieuze sculptuur in het midden van de muur in de ondergrondse ruimte, in het verlengde lag van de mise-en-scène van de film, en alsof de architectuur die als filmdecor functioneerde deel uitmaakte van de tentoonstellingsruimte. Dit was ook het laatste werk op het parcours van de groepstentoonstelling TIME SPACE POKER FACE en met de blik hierop zag de kijker — naar alle waarschijnlijkheid wellicht, misschien, eventueel of niet — de andere werken opnieuw. *Spinario* is het enige werk in de tentoonstelling waarin de menselijke figuur daadwerkelijk aanwezig is gesteld. De film reflecteert over ego, identiteit, dwangmatige controle en het verlies daarvan, aan de hand van een bizar, quasifuturistisch verhaal met in de hoofdrol een personage zonder kortetermijngeheugen. *Spinario* is geïnspireerd op het kortverhaal *Second Winter* van Vanessa Able, waaruit dit fragment komt:

> STOPs are not permitted to leave the Compound without first spending four weeks inside a decompression chamber. For each day of my confinement there, I was administered three injections by a U-NIK to help deactivate my cirge sensors and erode the details of my memory banks, a process intended to reward us with at least a modicum of normalcy for the last few years of our lives. At the end of the four-week tenure, a blacked-out vehicle came to collect Elisa and myself and drove us for four hours out here to our refuge in the wilderness.[32]

In een tijd waarin men voortdurend wordt geconfronteerd met het idee dat er 'te veel ego' zou zijn, blijkt veeleer dat er te weinig 'ik' is. Het 'ik' is ofwel bezig met de uitbeelding van de/het andere, ofwel met een dwangmatige inbeelding in de andere. Dat heeft een substitutie van zichzelf en de ander tot gevolg, waarbij de ander met charme, agressie of narcisme wordt gedwongen zichzelf weg te geven of over te geven. Dat heeft dan weer consequenties voor de omgang met andere mensen, en ook met objecten en dingen. Reynolds toont de gevolgen van de ultieme grens van inlevingsvermogen, empathie, en onverschilligheid. De film *Spinario* vangt aan met de vermelding van een zelfmoord van haar broer, verhaald door de protagoniste Clara, die net door een chauffeur is afgezet aan haar werk, dat zich in een windturbinelandschap blijkt te bevinden. Daar aangekomen wordt haar kortetermijngeheugen gewist, opdat ze haar werk naar behoren zou kunnen aanvatten. Op het moment dat ze het verschil niet meer ziet tussen wie ze is en wie de ander is, loopt het fout en wordt haar gevraagd om haar werk te verlaten en niet meer terug te komen. Een dooltocht begint. Een nog diepgaandere vervreemding zet zich door.

    In het werk van Alex Reynolds wordt de diepgewortelde neiging tot psychologie/psychoanalyse in de mens/de wereld, die onder-

32. Alex Reynolds, 'Spinario/Second Winter by Vanessa Able', in: *The End Is Where We Start From*, Fundació Joan Miró, 2012, p. 80. (tent.cat., Espai 13, 30.09.11– 08.07.12).

tussen lijkt te zijn uitgegroeid tot een politiek, militair wapen en tot terreur, van antwoord voorzien. In *Le Buisson St Louis* (2007), bijvoorbeeld, haar documentaire voor 5 monitoren, wordt een familie opnieuw samengebracht in een huis dat de ouders gebouwd hadden in de nasleep van de revolutie van mei '68. Nadat de ouders uit elkaar gingen, werkte de relatie met het huis voor elk gezinslid steeds meer vervreemdend. Verschillende andere werken van Alex Reynolds reflecteren over het gegeven van het 'ik': de installatie met diaprojectoren *When Smoke Becomes Fire, My Love Reveals Things Unknown Were Mine All Along* (2010) en de solotentoonstelling *But They Are Not You* (MAP, Stockholm, 2012).

Johann Sebastian Bach, ICH HABE GENUG (1727),
BWV 82, *BC A169a*

Ich habe genug.

Schlummert ein, ihr matten Augen,
Fallet sanft und selig zu!
Welt, ich bleibe nicht mehr hier,
Hab ich doch kein Teil an dir,
Das der Seele könnte taugen.
Hier muss ich das Elend bauen
Aber dort, dort werd ich schauen
Süßen Friede, stille Ruh.

Mein Gott! Wann kommt das schöne: Nun!
Da ich im Friede fahren werde
Und in dem Sande kühler Erde
Und dort bei dir im Schoße ruhn?
Der Abschied ist gemacht,
Welt, gute Nacht!

Ich freue mich auf meinen Tod,
Ach, hätt er sich schon eingefunden.
Da entkomm ich aller Not,
Die mich noch auf der Welt gebunden.

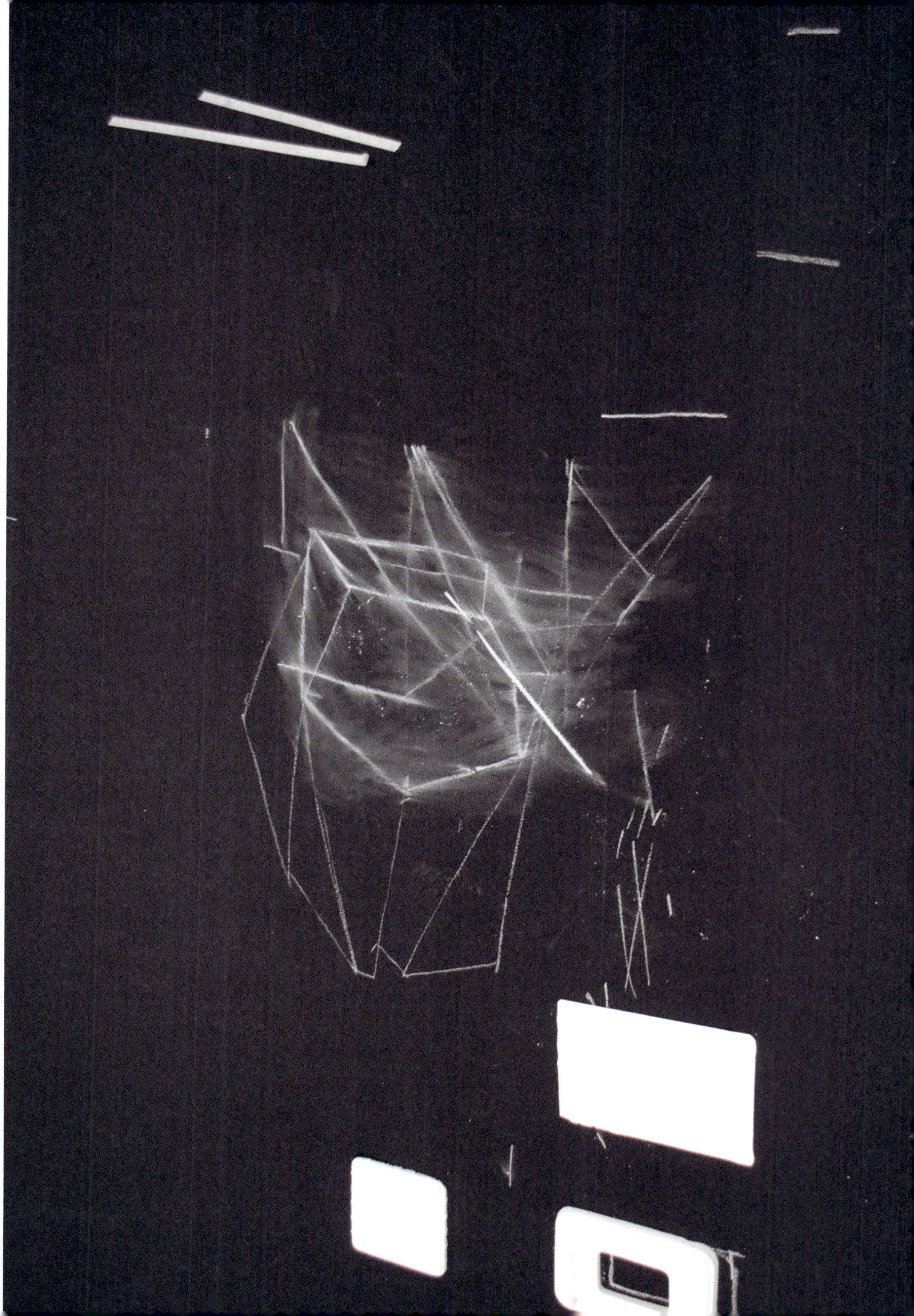

Remember, it's only a story it doesn't mean it's happening now (detail), 2013

JOKE VAN DEN HEUVEL

With both the cattle tracks and his sandals Hermes similarly confuses or erases polarity. It is as if, lost in the woods, you took out a compass and the needle spun aimlessly instead of pointing north. You could not then get oriented or find a path; you could not proceed. In this way, confounded polarity makes the world unpassable and is a kind of aporia. It blocks all passage by destroying the orientation that passage requires. When Apollo comes upon the tracks that Hermes and the cattle leave, he is stopped in his own tracks, unable to move:

There and then, Maia's son, the keen-eyed slayer of Argus,* cut fifty loudly lowing cattle from the herd and drove them zigzag across the sandy place. He thought to drive them backward, too, another crafty trick, mixing up their footprints—the front behind and the hind before—while he himself walked straight ahead.

And when the Great Archer made out their footprints, he cried out: "Well, well! This is remarkable, what I'm seeing. Clearly these are long-horn-cattle tracks, but they all point backward, toward the fields of daffodils! And these others, they are not the tracks of a man or a woman, nor of a gray wolf or a bear or lion. And I don't think the shaggy-maned centaur leaves such prints. What swift feet took these long strides? The tracks on this side of the path are weird, but those on the other side are weirder still!"

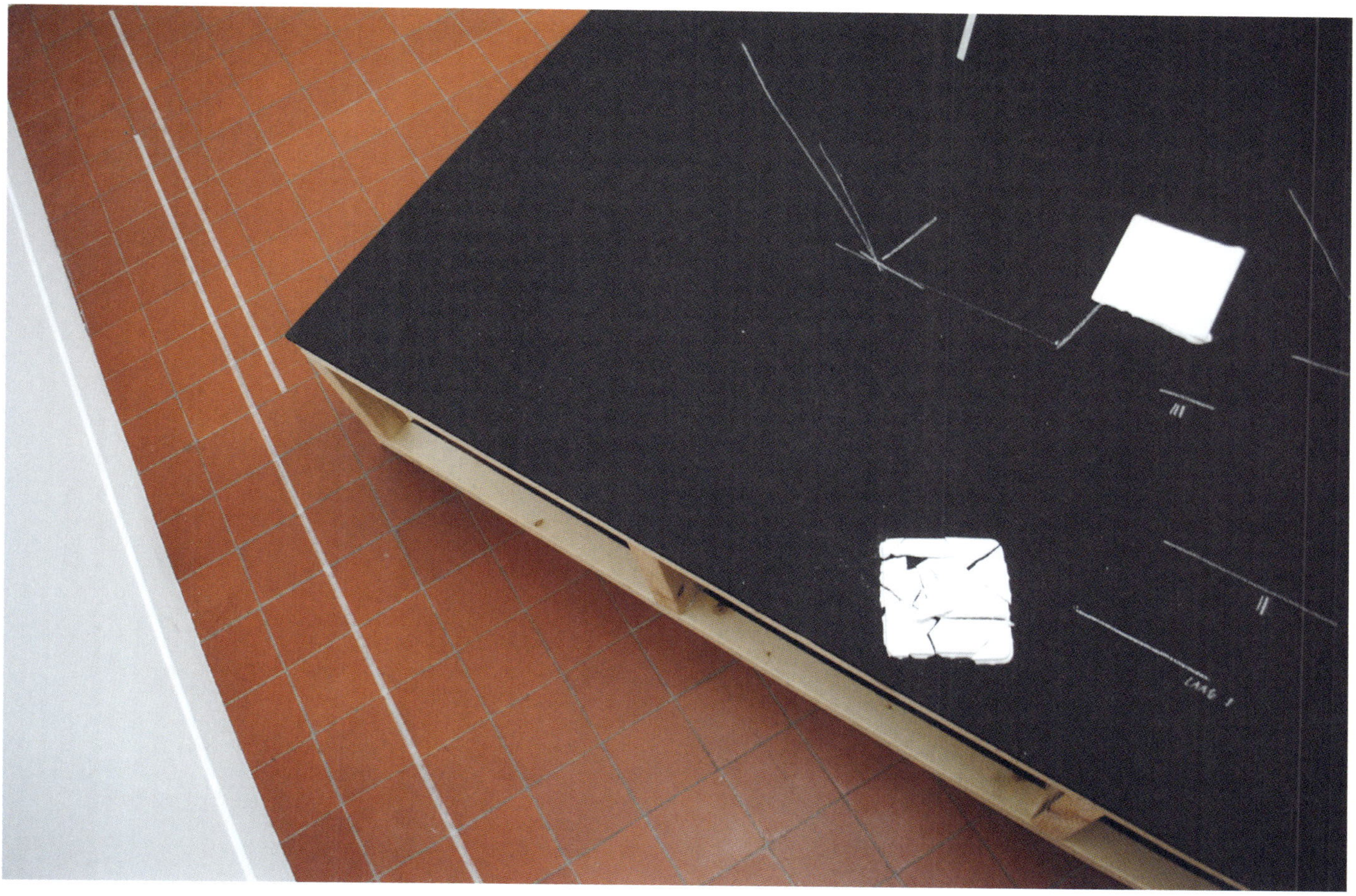

Remember, it's only a story it doesn't mean it's happening now (installation views), 2013

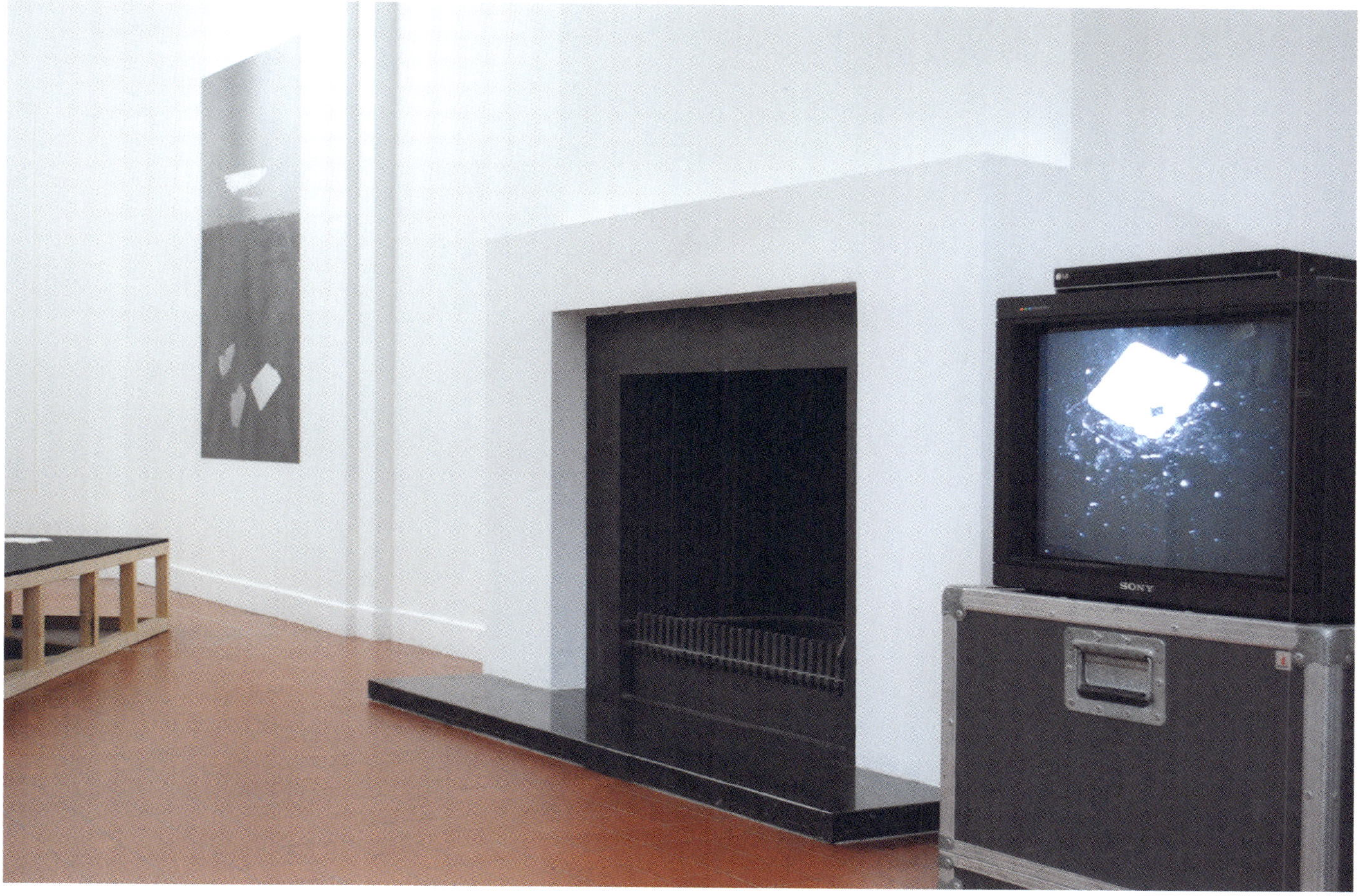

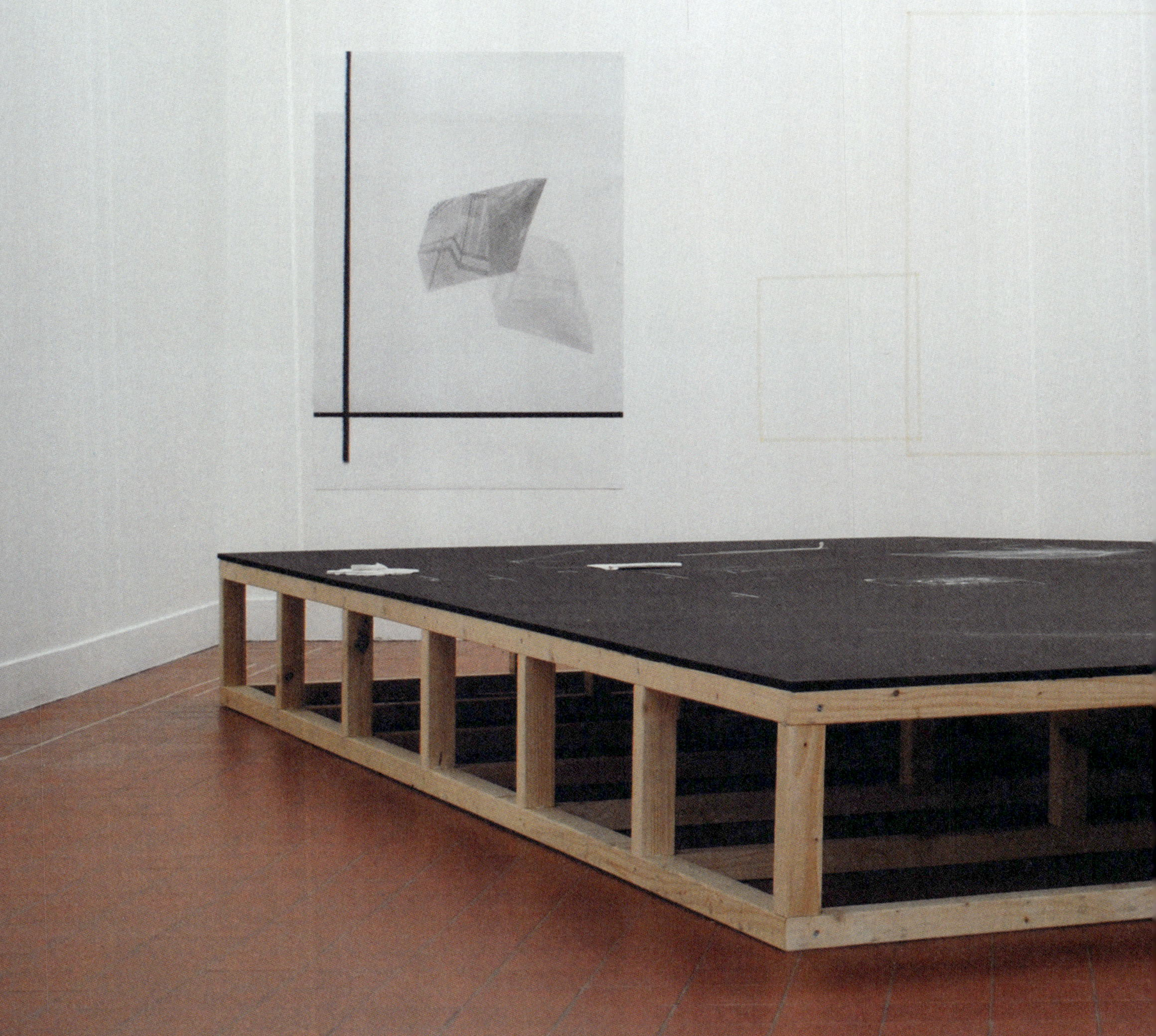

Remember, it's only a story it doesn't mean it's happening now (installation view), 2013

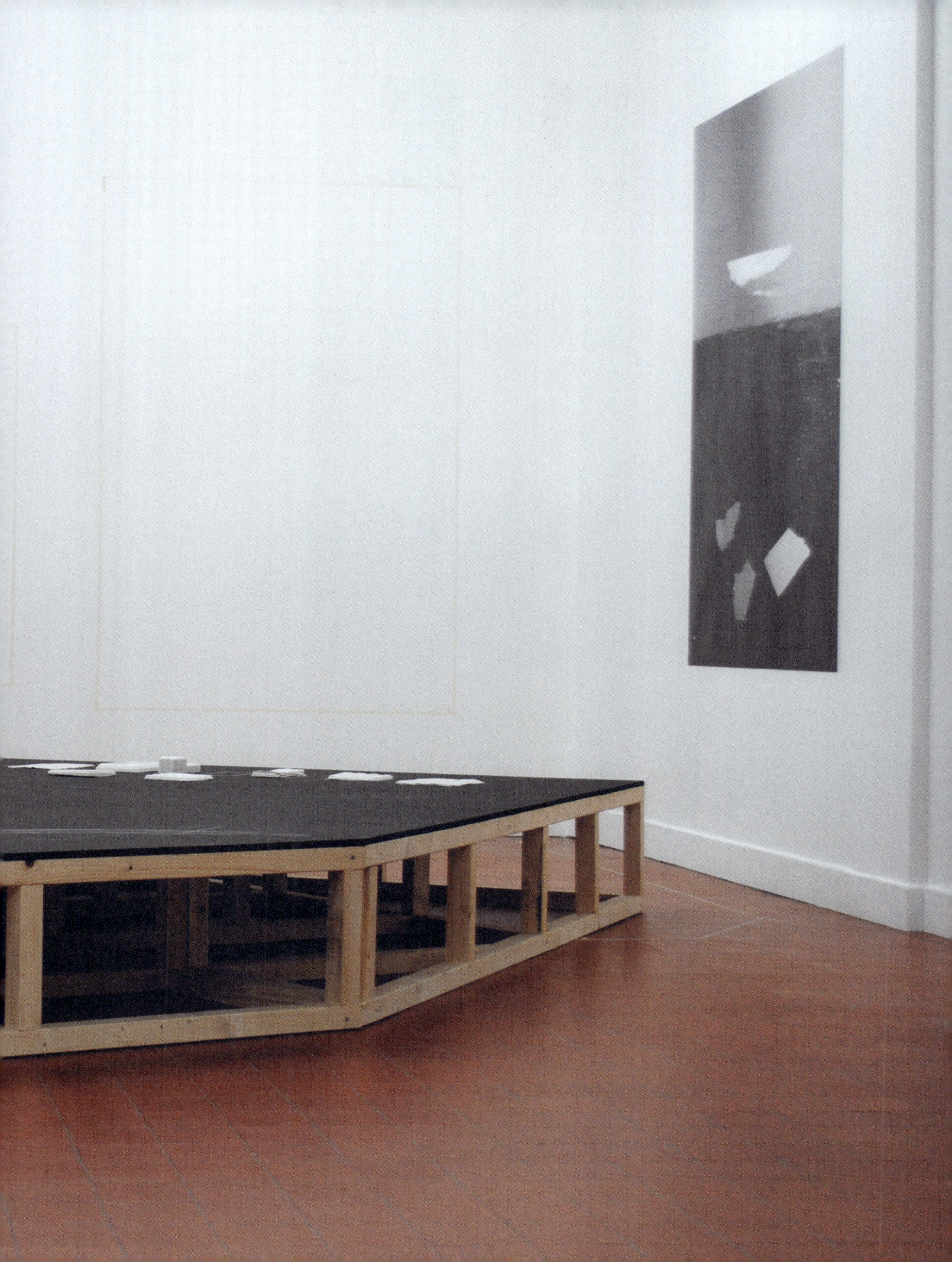

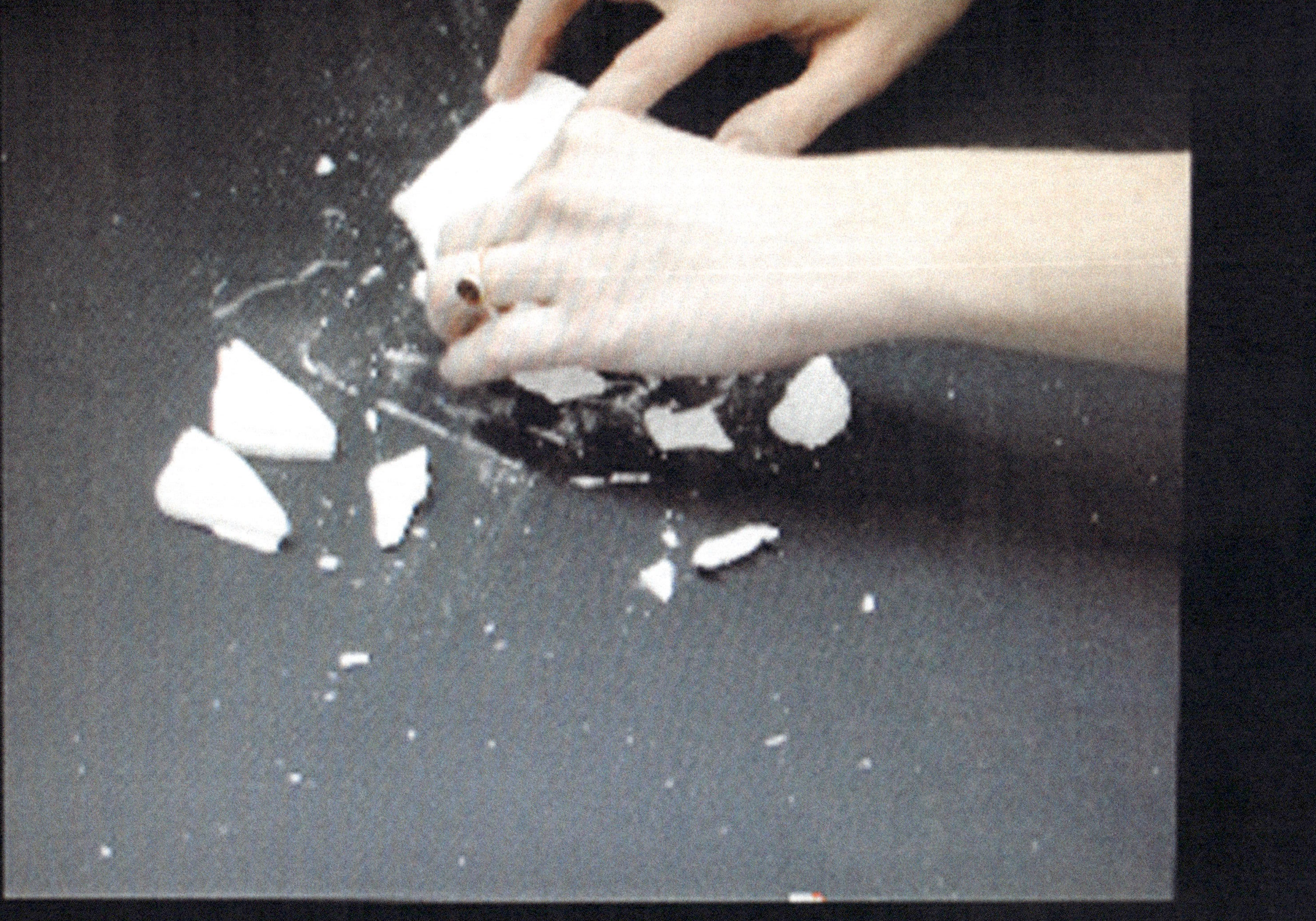

Remember, it's only a story it doesn't mean it's happening now (video stills), 2013

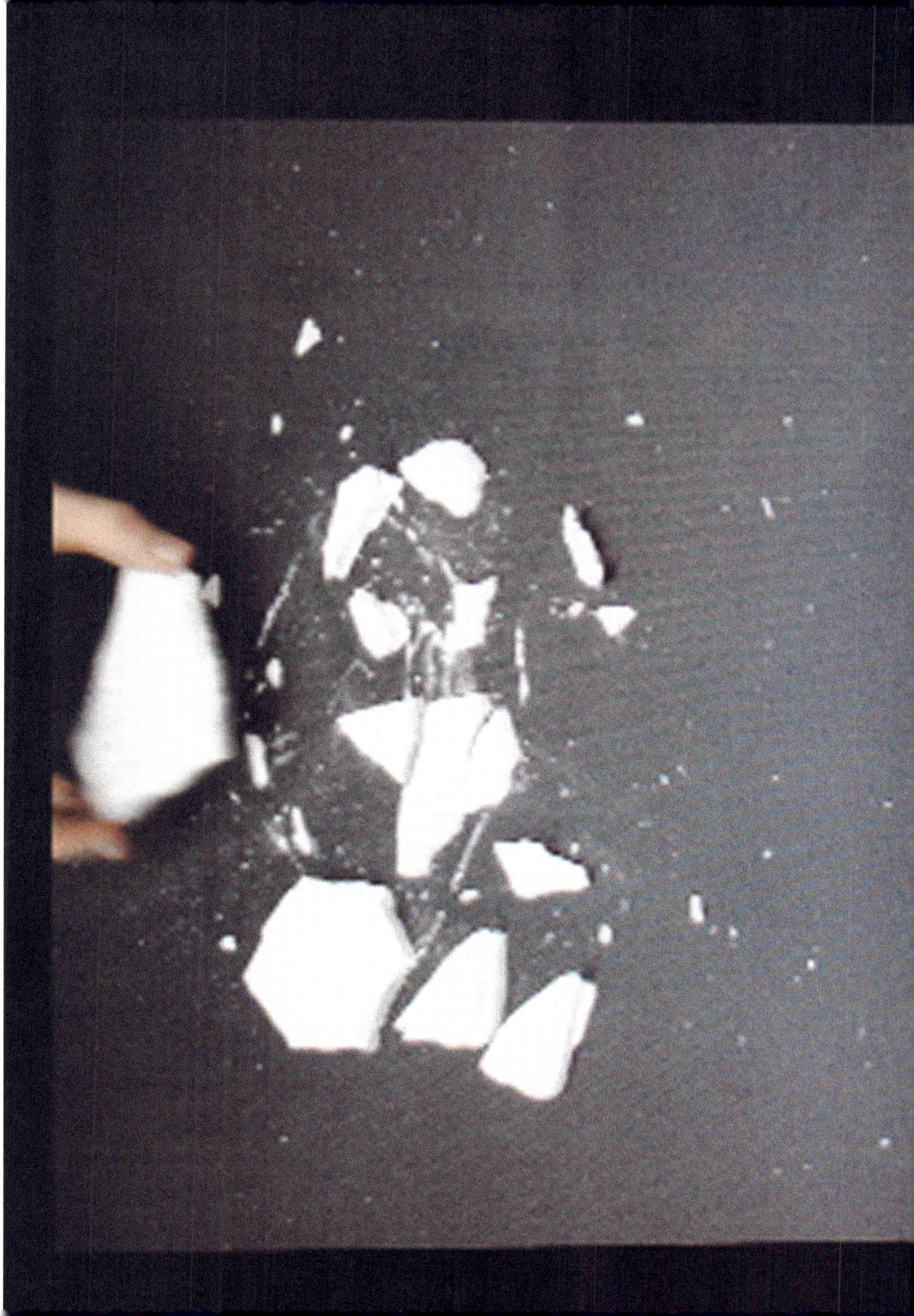

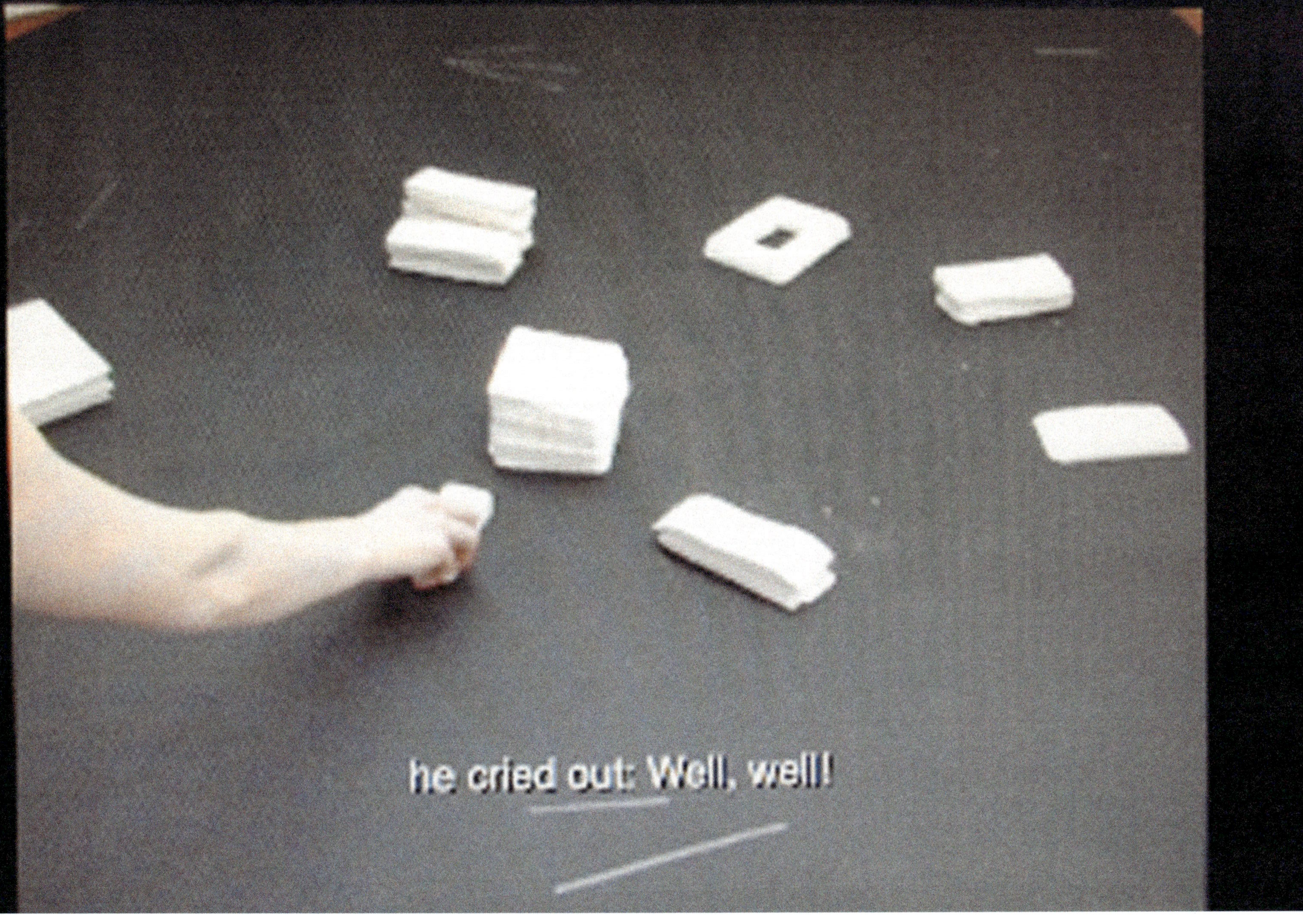
he cried out: Well, well!

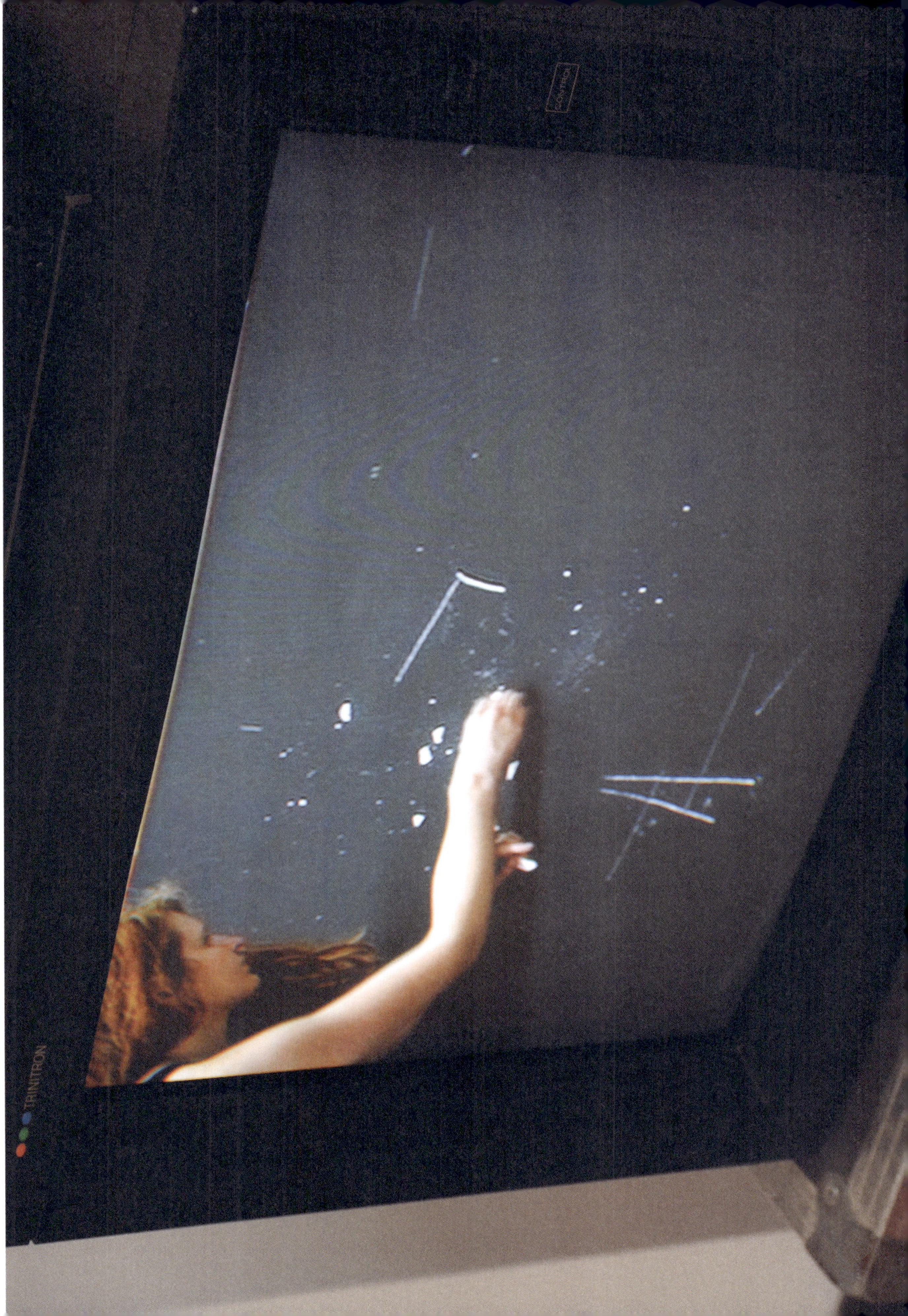

TRINITRON

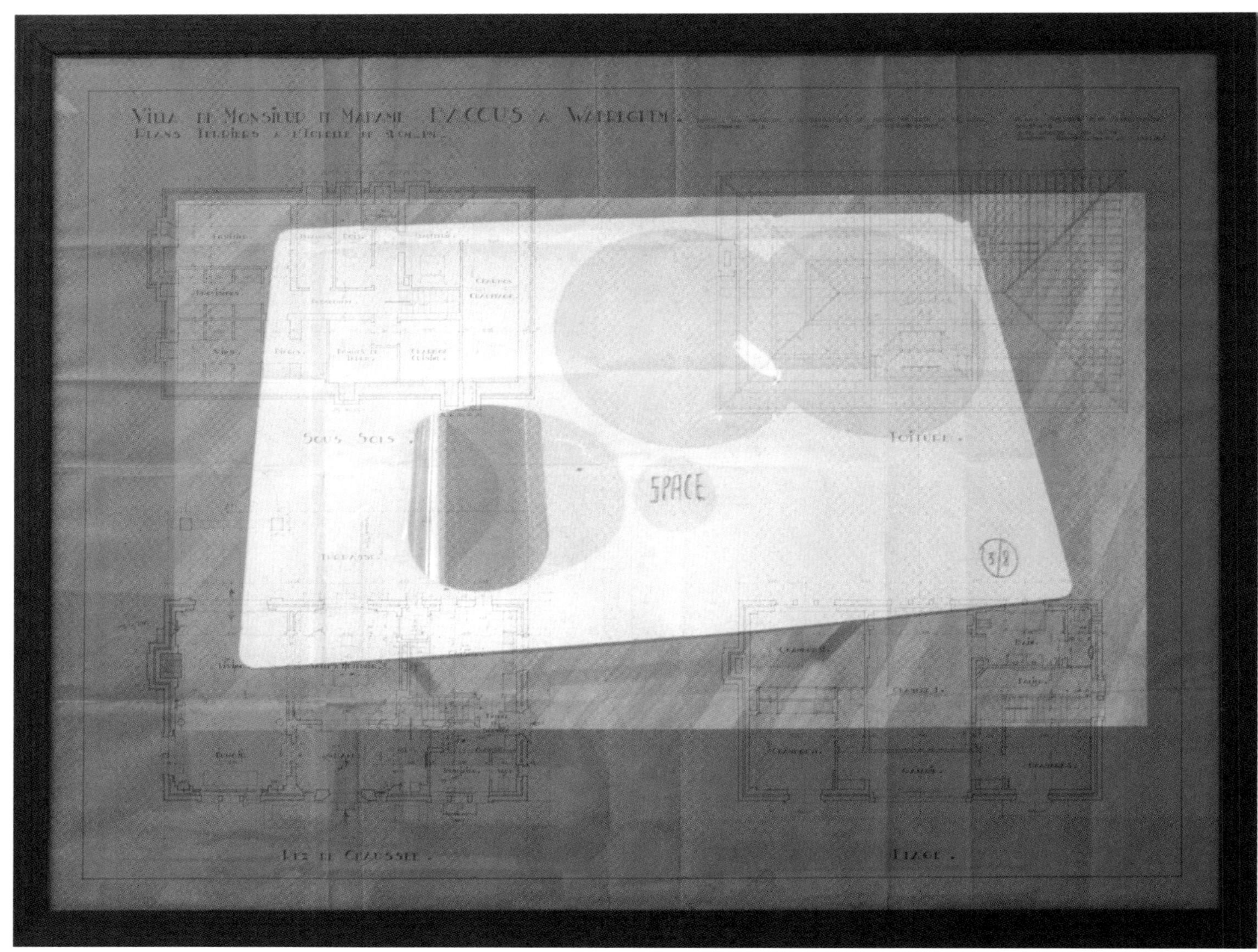

Figure Time Table, 2013

JOËLLE TUERLINCKX

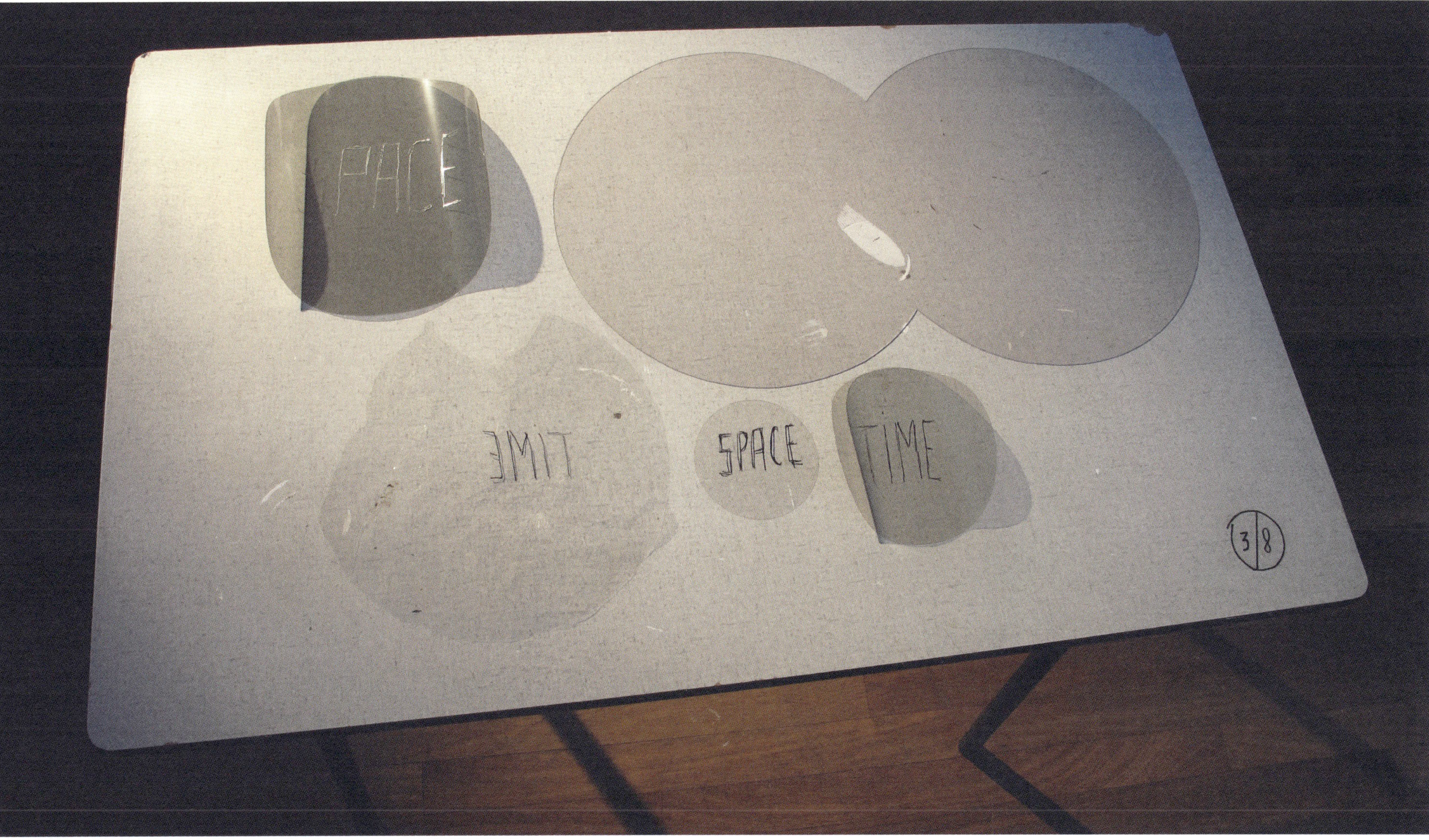

Time Table (SPACE/EMIT/Time (SPACE)/...) (installation views), 2013

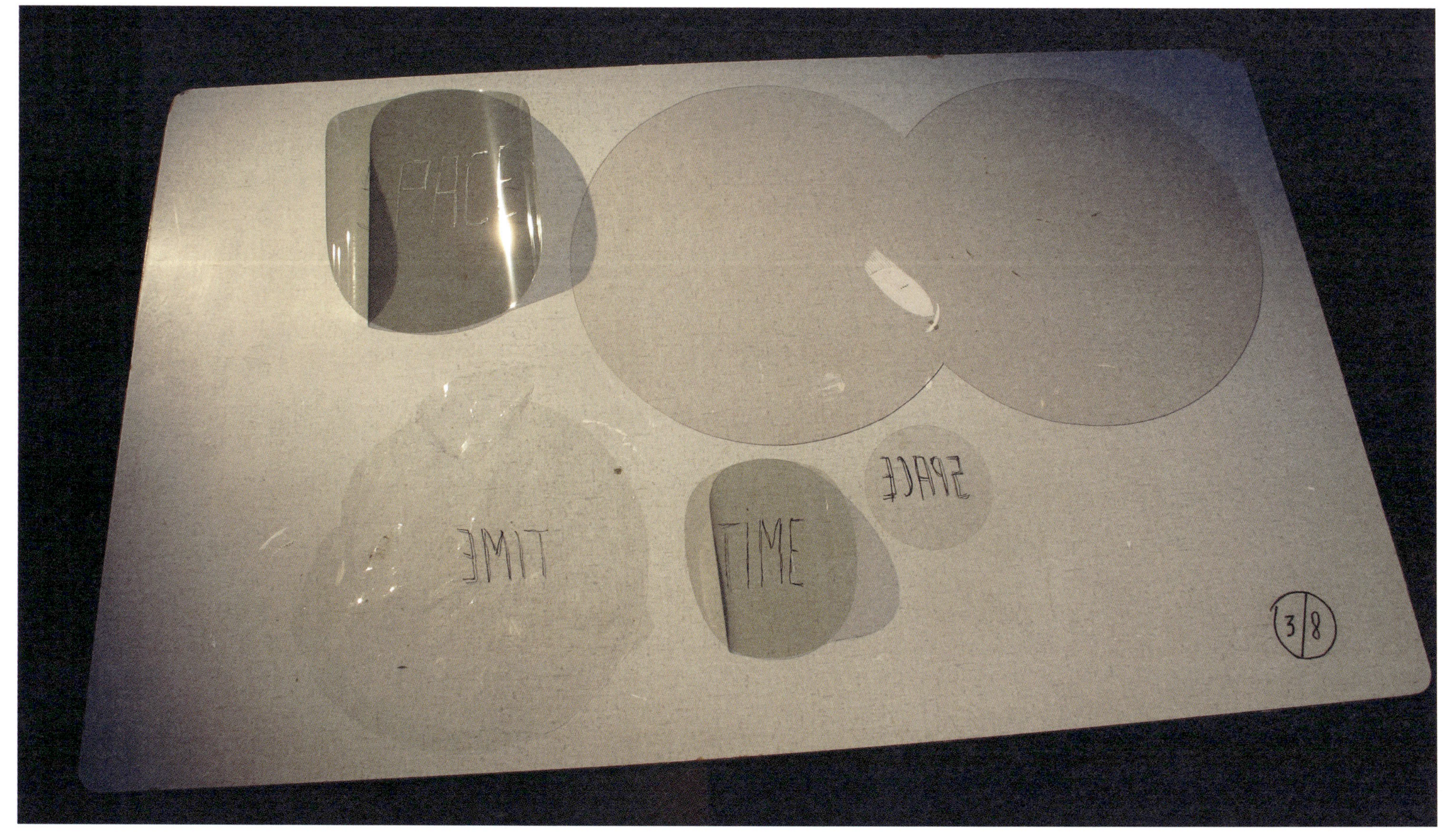
PACE
TIME
TIME
SPACE

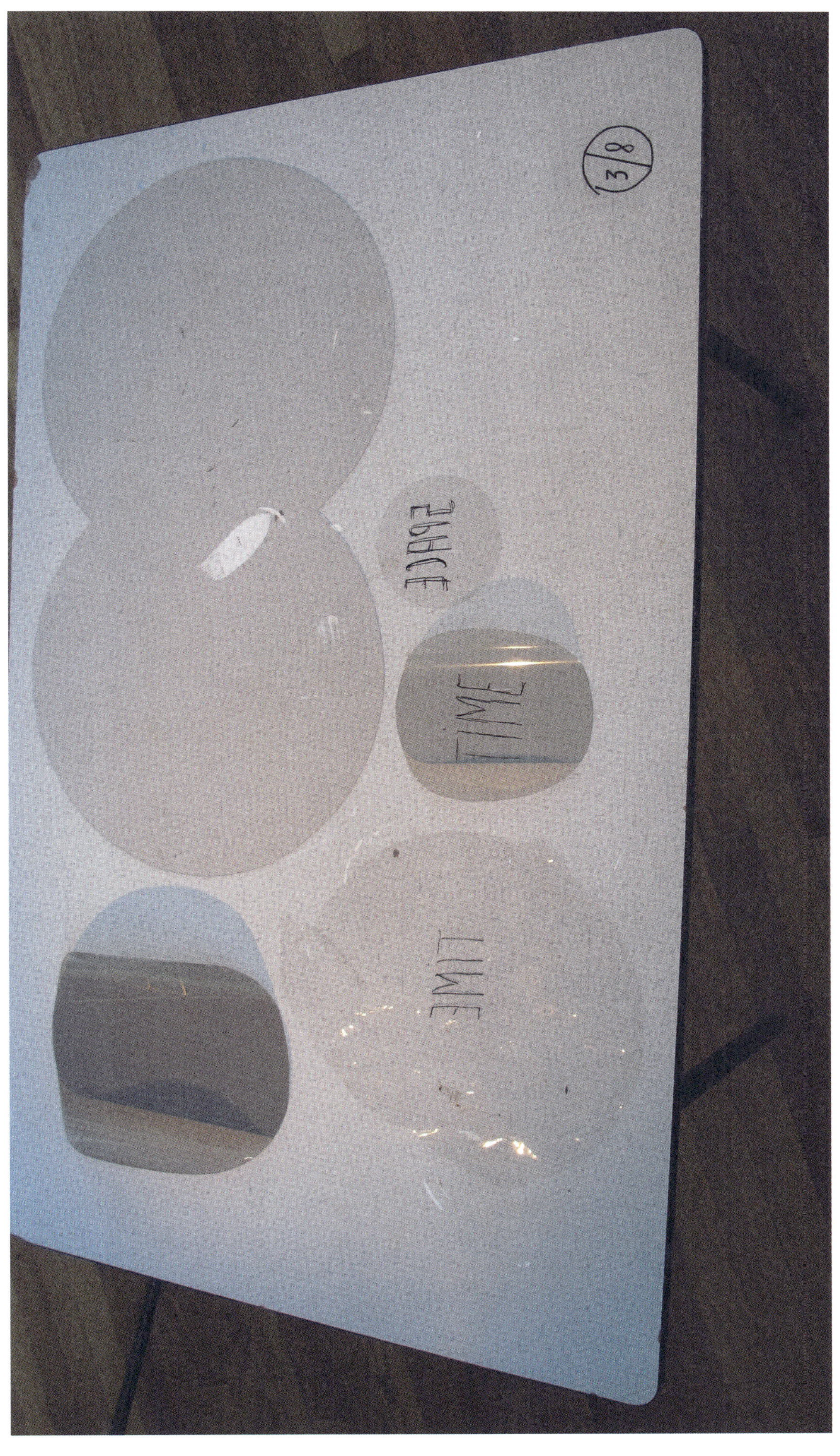
SPACE
TIME
TIME

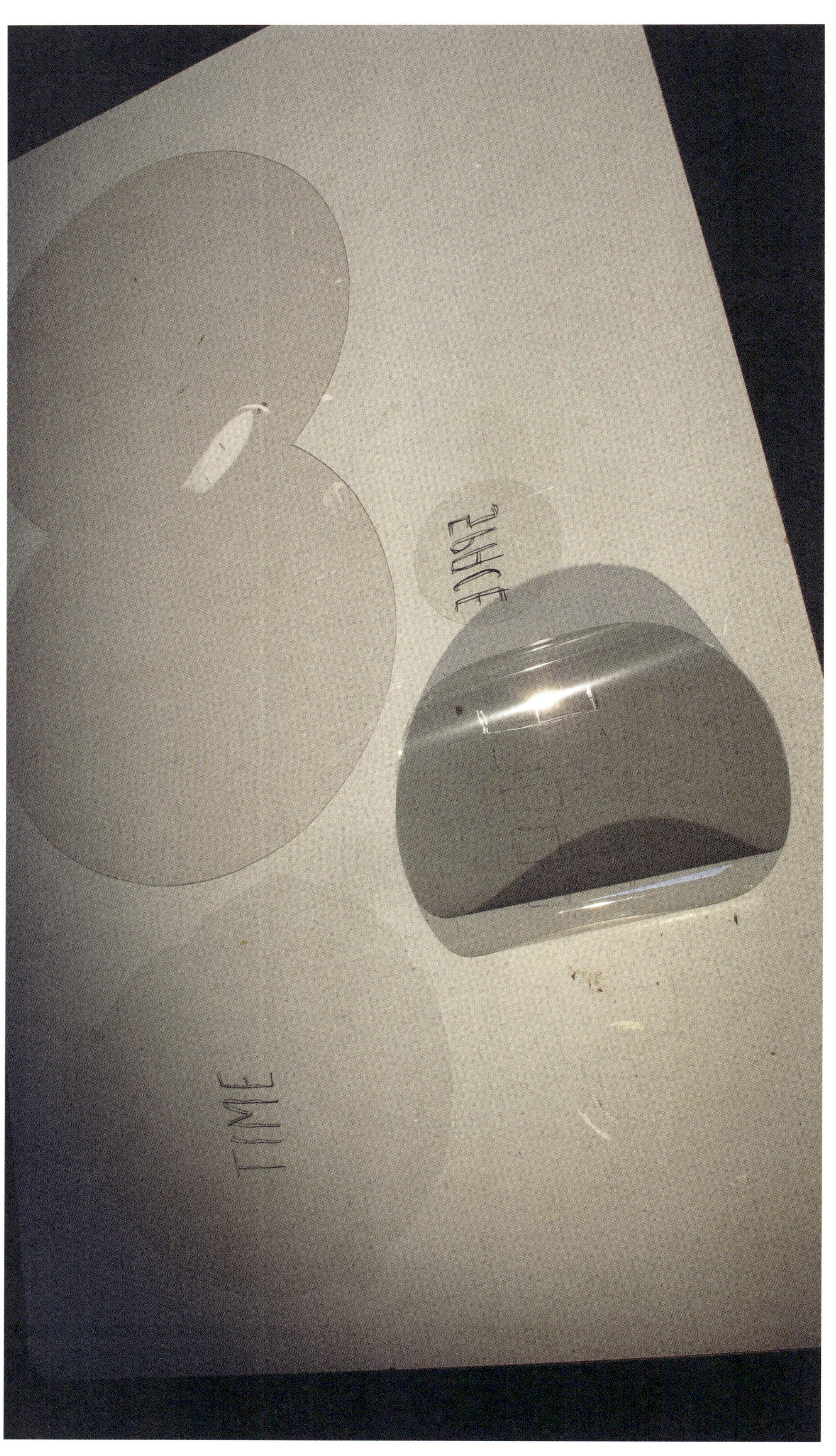
SPACE
TIME

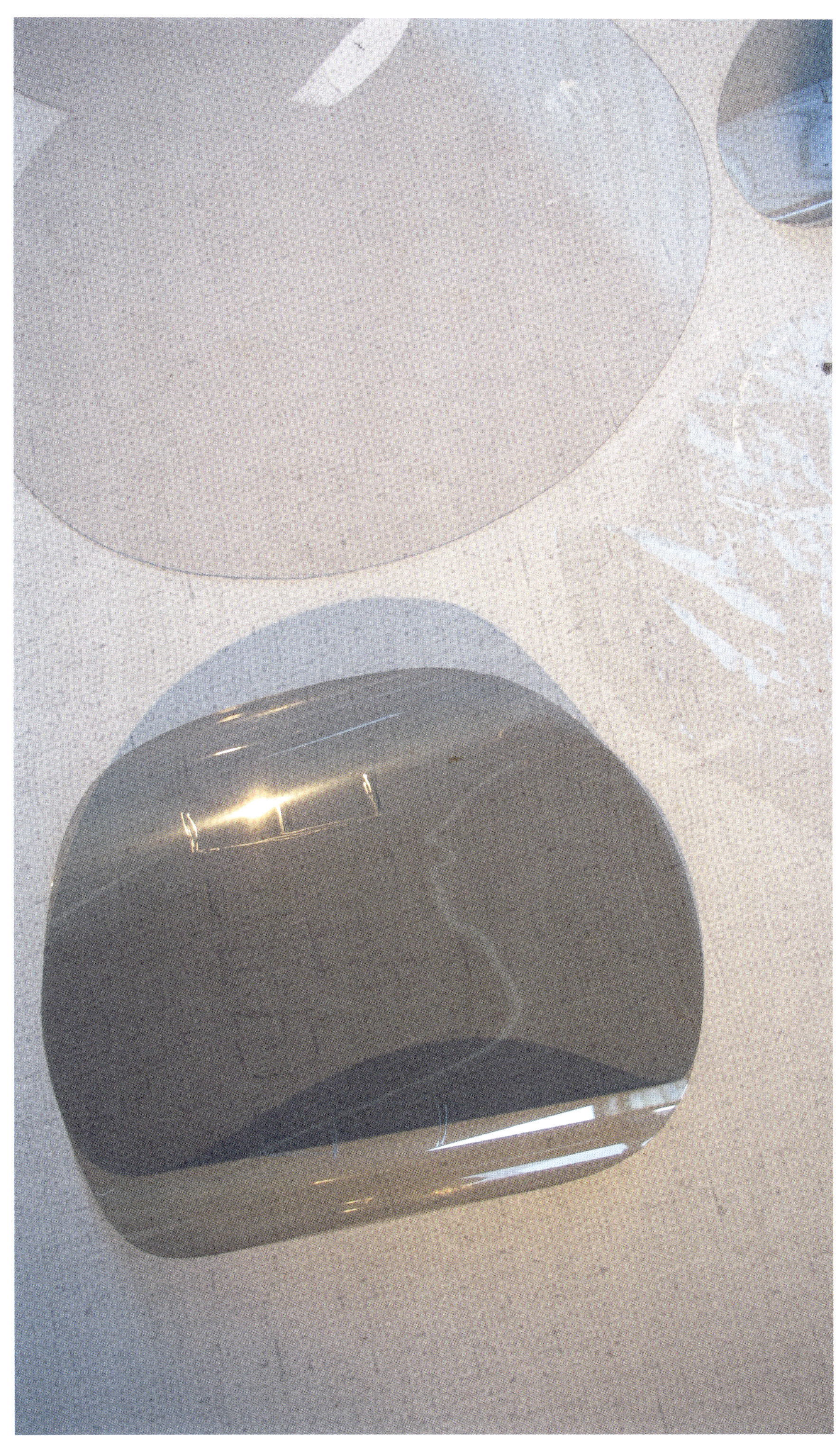

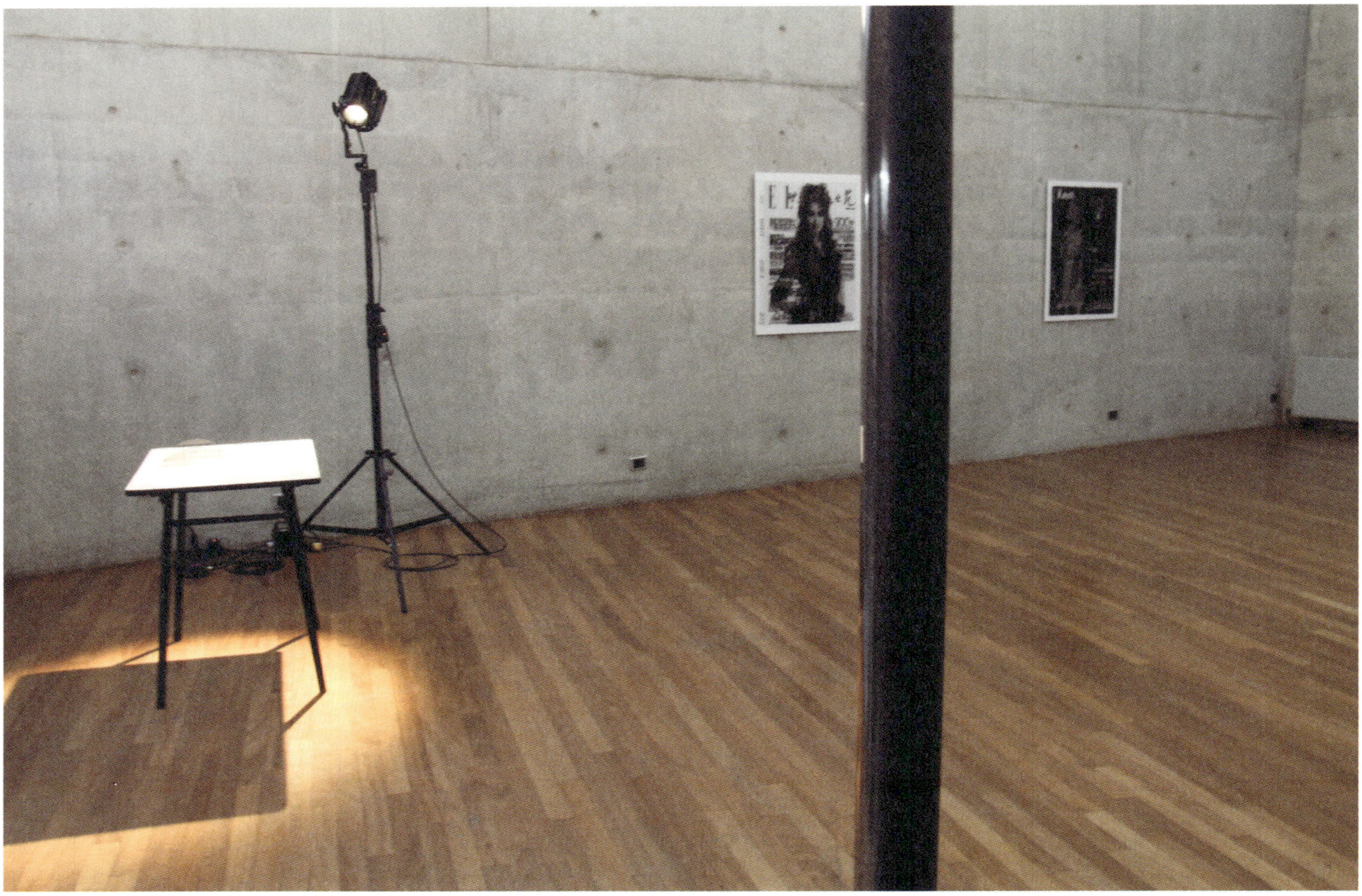

Time Table (SPACE/EMIT/Time (SPACE)/…), 2013 and Volume d'Ombre, 2013 (in the background: Willem Oorebeek, MORE ELLE (Chinese), 2011 & Willem Oorebeek, Instant oublier, 2012)

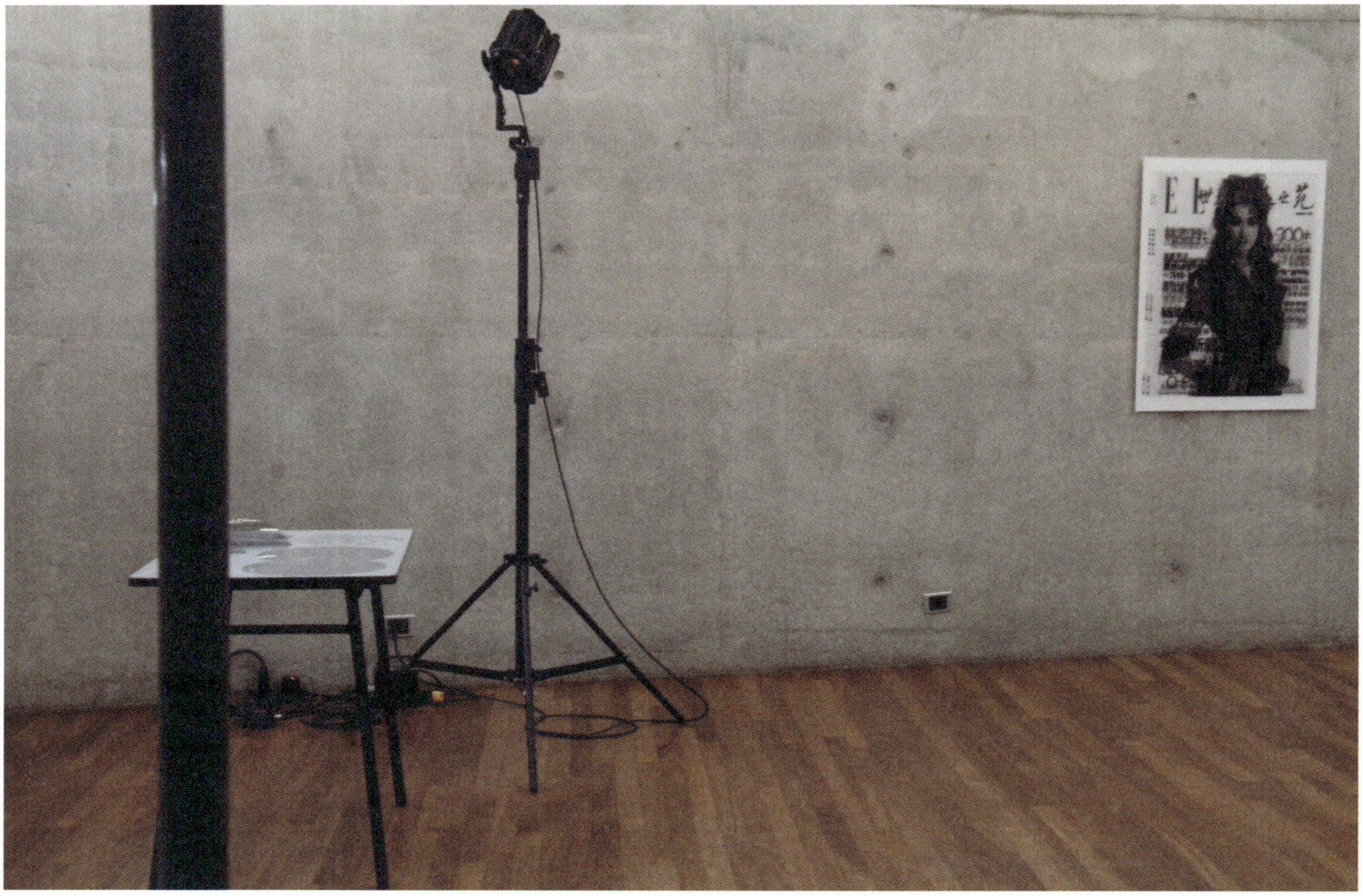

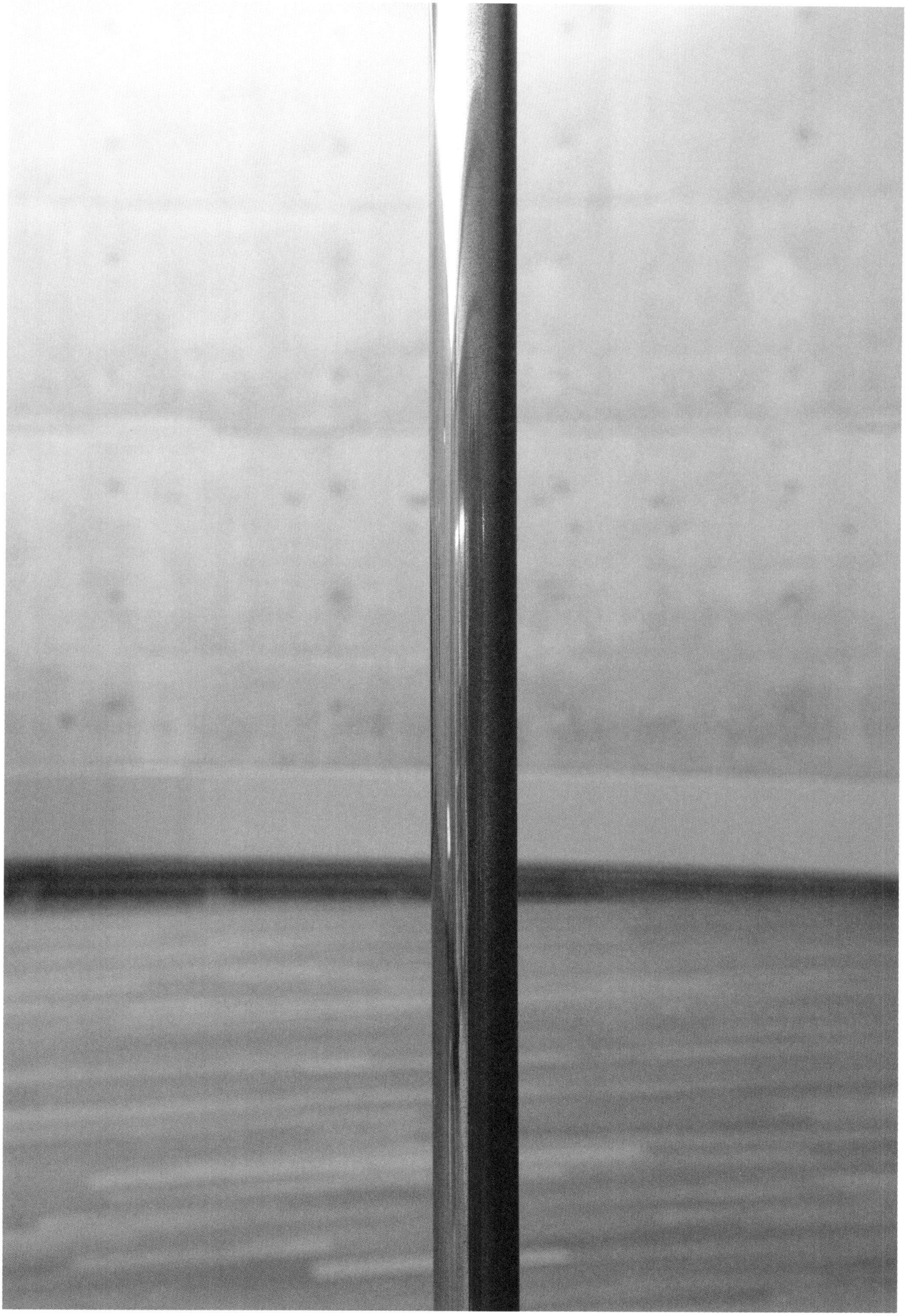

Volume d'Ombre (detail and installation view), 2013

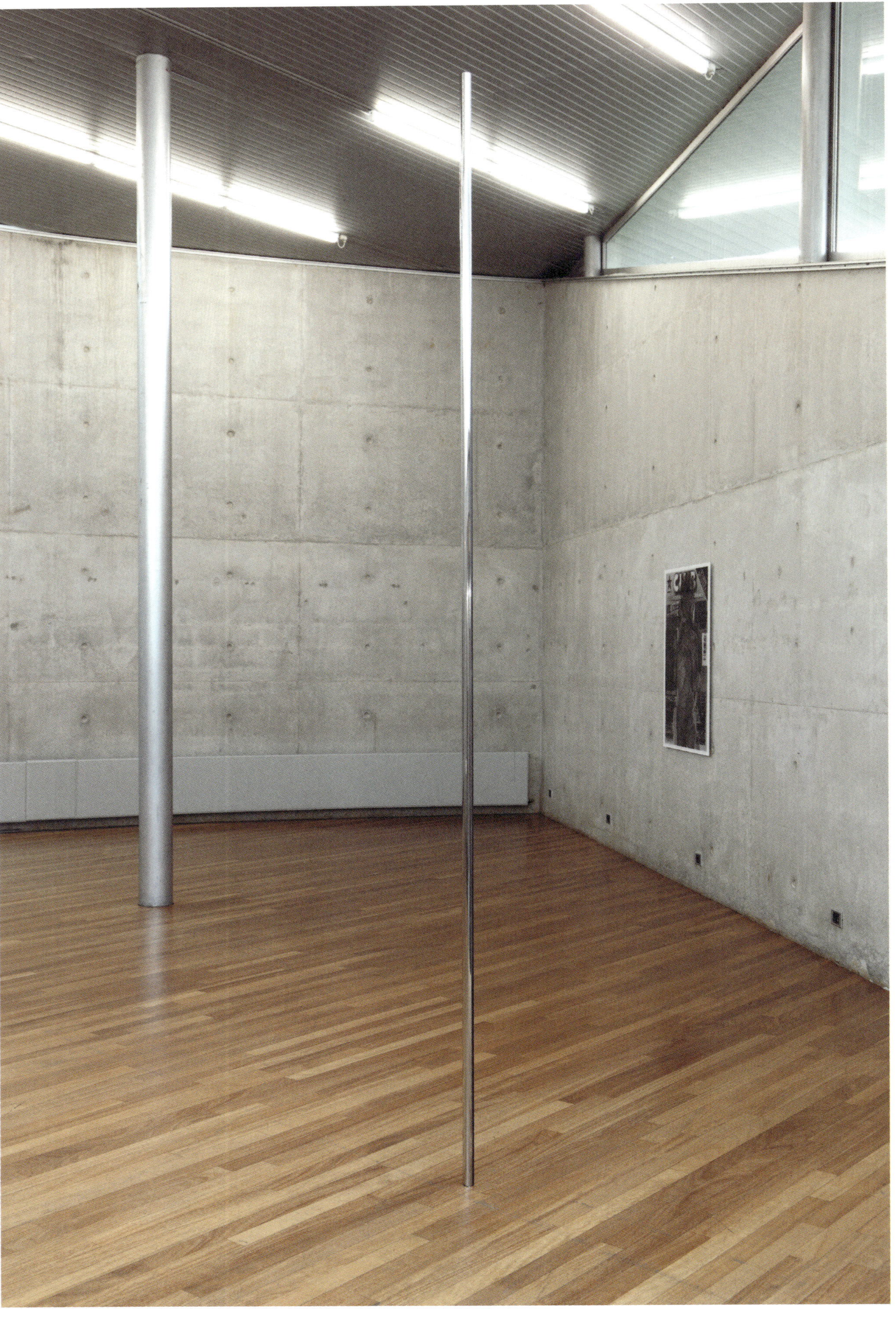

VOLUME D'AIR: je travaille jusqu'au moment où on ne peut plus couper dans l'espace. d'où les 'promenades-proofing' pour restituer l'exposition, et non l'image d'un point de vue unique. d'où le nom de 'volume d'air' des sculptures ou de 'blocs de réalité' des moments filmés.

…FILM-BLOC de réalité, STUDY Films: il s'agit de moments où me parvient une conscience du temps, soit qu'il dure et s'étire au-delà de sa métrique soit qu'il s'épaississe en plusieurs couches et sens de couches allant dans plusieurs directions, tantôt proches, tantôt opposées
cela forme des blocs ou des boules d'espace/temps.
ces moments sont filmés tous avec la même fascination pour une densité pleine d'événements qui se croisent, apparaissent, disparaissent autour de moi, ils sont tous filmés avec la même attention portée sur la complexité de ce moment-bloc auquel j'assiste, et qui m'englobe et se développe autour de moi dans la durée réelle du temps du film.
car en effet, je considère ces moments filmés comme des sortes d'exercices pour voir comment la vie me parvient: j'allume la caméra et plus tard, je l'éteins. il n'y aura pas de montage.
…

comment je compte 'précipiter le temps': c'est dire, qu'il y aura intention de comprimer en un volume de salle une illusion d'un temps condensé. comme comprimé au futur ou perdu en son passé, (à la recherche d'un temps perdu, non vécu, imaginé)

ici sur une table, un sol, la compression du temps évoqué, suggéré peut prendre une autre forme encore: une réunion de temps distincts aux espaces déployés, exposés sur leur tangente.

agir au bord et en dernières limites (intention)

précipiter le temps: une illusion. tout comme il en va du cinéma qui lui aussi nous donne illusion, celle d'un mouvement pour faire son histoire.

où commence alors ce présent qui ne cesse absolument 'd'accumulater'* ses états.(t^1, t^2 t^3) où marque-t il son bord, le présent? comment tire et trace-t-il ses limites…

(*accumuler plus tard (later)/ compression de langage)

cette propulsion de couches de temps artificiellement superposées en une série d'expositions, de faits, *ayant eu lieu* et lisiblement énoncé comme telle. salle, collage, espace de sol, table sans image et cependant parlante, disant:'ici', 'un jour', 'soudain'
un ici ouvert au futur.

une table éclairée montrant ses sujets exposés: le temps tue. Il tue l'espace, inévitablement, le sujet est altéré.

l'expérience: une expérience d'espace totalement pleinement 1:1, traverser ce volume de réalité, et du fait de sa traversée, voire même du regard, fendre son volume d'air (de salle)

à chaque pas trancher l'espace, marquer ses bords, d'où la nécessité de couper dans le 'réellement', un réel autrement sans trou ni fin.

(à chaque avancée, d'une main, d'un papier sur une table, marquée de temps…)

(pour désigner la chose du présent, stratégie pour freiner le regard, s'appliquer à faire le tour de sa question.)

une pierre trouvée marquée -naturellement- d'une croix et jetée-posée-roulée-tombée ici juste ici dans cette espace-ci. un disque de verre, un rond de plastique (extrait de -)posé-jetée ici sur cette table.
ici, là, ici il se passe quelque chose: il se passe le temps qui passe

prendre du temps: (impossible), prendre le temps: juste le 'temps nécessaire absolument'

une vision d'espace: quand on regarde quelqu'un marcher…
une caisse en carton ouverte et vide: l'air qui occupe son volume: il rentre et ressort de la caisse

(quand on me propose une exposition c'est l'image d'un colis d'air qui me parvient et qu'il me faudra effectivement déballer)

l'espace: lorsqu'on dépose un objet sur le sol, disons une longue tige de bois, disons un disque de plastique, une découpe ronde de verre, et qu'ensuite on la fixe pour un temps du regard, il se peut que l'espace se mette à vaciller sous nos pieds. c'est notre espace intérieur qui par là manifeste son immense étendue. c'est une vision d'une seconde, d'une minute, c'est un moment,

une pointe d'espace.
l'espace: 'a interior vision' qu'il est possible de ressentir malgré nos yeux ouverts (…)
l'espace: à partir d'un: beaucoup. à partir de '1, 2, beaucoup'

l'espace:traversable - transparent - transportable
un black out un knock out un white door une chose blanche une sortie noire

l'espace: visible sur ses bords. exemple simple de bordure d'espace: l'horizon d'un sac en papier
exemple de bloc de quelque chose qui peut être de l'espace: un glaçon
exemple de bloc de quelque chose qui ne peut pas être de l'espace: une brique
exemple de bloc de quelque chose qui permet l'espace: un tas de brique

l'espace: comme une main de géant… l'espace: une énonciation, qui je suis est
l'espace d'une pile plus ou moins haute, ou plus ou moins épaisse de moments: un moment + un m

volumes transparents: une vision 'inhumaine' (l'espace vu à vol d'oiseau, la perspective cavalière), d'un rêve impossible d'exposition transparente - mais comment?-, d'y voir clair au travers les murs (décret)(utopie*)

peint sur place, local, bocal, aquarelles certifiées faites d'eau du 'beau Danube bleu': tout cela aura été le présent un jour absolument

un pari: 'tout sera abstrait, il n'y aura ici rien de langage et cependant tout ici sera parlant: une pierre à croix marque ici naturellement le sol, un bâton d'ombre artificiel touche là le mur: l'objet marque la pause.

une tentative de revisiter le réel, de renverser le temps, d'aller à l'envers -révolte contre 'la flèche du temps' la fameuse: cette pierre ici et toi qui la regarde, tous, au même moment allons dans… ensemble… dans la même… absolument la même direction…

révolution: volonté d'avancer à rebours:

(réunion exceptionnelle de 2,3,4… momentanés d'espace)

quand on commence à travailler dans l'espace, on peut dire qu'on devient cet espace. on est dans l'espace, englobé et englouti, formant bloc avec lui. l'exigence

est là: de concorder à ce moment-
là.

on est à cet égard sans limites,
tout entier dans l'exigence du
projet, non plus de nous-mêmes,
(le nous, le sentiment d'identité
d'un moi disparaissant dans ces
moments-là), mais bien du projet
de faire tenir quelque idée ou
chose debout.
(…) parfois, c'est un sentiment
que le bloc se fend.
et qu'on peut tomber tout entier
et liquide dans ses failles.

le corridor: un pur moment d'architecture. pas de décoration,
pas d'applique murale, pas(de lumière?) pas de couleur. un projet
à échelle 1/1. et la possibilité
de circuler dans ce projet 1/1

j'observe comment le jour tombe,
j'essaye de suivre à l'œil nu
l'évolution de son déclin, les
changements de teintes de l'air.
j'allume parfois les lampes le
plus tard possible.
certains autres jours je n'ai
rien vu.

(exemple d'objet-espace: un verre
d'eau)
(exemple d'objet qui n'est pas de
l'espace: une brique)
(exemple d'objet-espace: un tas
de brique)

le réel: impossible de couper
dans le réel
la réalité: sans trou, ni fin

l'enregistrement des sons dans le
parc de Ljubljana ou la preuve de
la densité du réel:
une fois de plus alors que nous
sommes occupés à enregistrer un
moment de cet espace je me rends
compte à quel point la quantité
d'informations qui nous parvient
est riche de variétés d'énergie,
de sens, de vitesse. il fallait
profiter d'un vide de son pour
finir la séance et toujours d'un
silence jaillissait une nouvelle traversée, tantôt c'était
le bruit d'un vélo sur les gra-
viers, tantôt le train, tantôt
tout proche de nous sur l'arbre,
le chant scandé d'une mésange
petit à petit la réalité s'épais-
sit formée de ce qui la traverse
et au hasard d'un croisement, de
noeuds de densité encore plus
épais, au point qu'il nous était
impossible de trancher et clore
la séance.
c'est dans ce parc à Ljubljana,
et cependant dans le silence
d'une heure creuse du jour, que
la réalité m'est apparue sans
trou ni fin
d'où l'invention des plans, des

séquences, des actes, des cha-
pitres, des 'fin', des temps et
des pauses

le faisceau de lumière blanche se
divise, c'est la réalité orga-
nisée en particules de couleurs
(les gens, les feuilles de papier, les plantes de bureau…
les voitures, le parc, la ville)
la réalité semble soudain extra-
ordinaire de sensation
lorsqu'elle entoure, précède,
complète poursuit un objet blanc
quand on troue un mur c'est en
général pour voir au travers ou
pour aller de l'autre côté.
on peut aussi trouer un mur pour
savoir de quoi il est fait,
quelle est sa consistance, son
épaisseur

du dedans vu comme de dehors, ce
qui se passe sans les murs et
sans le sol: plus la salle est
close plus je travaille l'espace
dans l'idée d'un hors d'elle imaginé
d'où le fait sans doute d'une
perception comme étirée, propor-
tionnelle à son agrandissement
virtuel imaginé
(…) d'où l'exercice imaginé d'un
contexte du plein air, pour for-
cer de nouveaux rapports
car sans les murs, les faces,
angles de vues, points de vues,
vitesses d'approche se multi-
plient

la pierre ne décore pas la terre
décoration, décoratif, décora-
tive: une fabrication du regard,
une invention humaine
le caillou n'est pas sur terre
pour décorer le sol

(…) il y a sans doute à l'heure
actuelle un problème de surpro-
duction de discours mais:
L'ART N'EST NI UN OBJET DE DÉCO-
RATION, NI UN OBJET D'ILLUSTRA-
TION (de discours)

pourquoi j'appelle sculpture un
tas de farine: je le pense comme
une architecture: en termes de
fondement, assise et élévation

l'objet d'art est un objet engagé
dans des mouvements de désirs, il
évolue entre ce qu'il est et ce
qu'il n'est pas, ce qui le fas-
cine et ce qu'il dénonce: ce sont
ses mouvements d'être
c'est dans la comparaison, qu'il
trouve sens et raison: il est
comme une architecture
et c'est le désir de comparaison qui le légitime comme oeuvre
d'art

l'oeuvre d'art dure. comme le
plan d'un film

je cherche à marcher comme dans
des ordres de grandeurs différents…

je vais tenter d'exposer de
quelque manière cette sensation
d'avancée sur plusieurs terrains
à la fois alors qu'un seul est
réellement traversé

'joëlle tuerlinckx, que faites-
vous et si vous n'êtes pas char-
pentier qui êtes-vous?'-texte du
carton d'invitation '
je traverse des espaces et j'explore des portions de temps
spécifiques à chacune de ces
avancées, j'observe comment ces
espaces -ici le Musée Dhondt-
Dhaenens - me parviennent (…)
au fond j'observe comment l'espace traverse l'humain, et comment l'humain contient ces blocs
de temps eux-mêmes contenus ou
débordants de ces espaces
je travaille à comprendre le phé-
nomène de la métrique du temps,
plus qu'à mesurer ou évaluer ces
espaces
bien entendu plus je travaille à
cette dimension, et moins l'étude
est probante de compréhension; il
est donc logique que je continue
dans cette direction

on a tendance à croire qu'il y a
d'un côté la réalité réelle et de
l'autre, plus loin en dessous ou
au dessus d'elle les mots pour
désigner cette réalité -ce sentiment perçu provenant des modes
d'utilisation des fonctions du
langage sous les formes les plus
couramment véhiculées telles
que le sous-titrage de film, le
texte de catalogue, la critique
d'œuvre, la photographie de
presse et sa légende etc.
dans les faits, la réalité est
bien plus confuse, fragmentée et
rebondissante d'imprévisibles, il
y a dans l'air des va-et-vient
incessants de portions de mots
organisés en lettres, phrases et
même romans
toute cette littérature volante
se développe librement et s'orga-
nise parfois en rengaine d'espace: ce sont là les 'leitmotifs'
des lieux.
j'essaye d'apprendre le plus
possible de leur liberté d'être,
jusqu'à l'erreur, le non-sens
partiel ou même total

si voir et marcher est un travail, alors je travaille à marcher et à voir, le plus difficile
étant de s'arrêter, je m'arrête,
je développe des formes de visi-
bilités, je continue dans l'espace, jusqu'au moment où le sol
devient le mur, et le mur doute
de ses qualités ou de son nom
de 'mur', je travaille jusqu'à
ce que l'inverse des apparences
apparaisse juste sous l'apparence et que ce soit la main et
le corps tout entier qui le dise,
c'est à ce moment-là, quand je
deviens le bâtiment, quand je
deviens cette brique-là, et cette

53 vitre-ici, quand je deviens le
musée et probablement son jardin
tout entier - c'est à ce moment-
là que je m'arrête et c'est là
que commence l'exposition.

soudainement la tradition 'surréaliste belge' se développait,
prenant forme d'une dimension
nouvelle, faites d'espace, de
couleur, de temps, bref d'une
volonté d' abstraction qui 'me'
faisait sens: depuis ce jour, je
comprenais mieux cette position
inconfortable et bancale que visi-
blement je recherche toujours,
face à toute situation comme dans
le désir de faire quelque chose,
n'établissant de camp ni surréaliste ni chez les abstraits, je
définissais davantage comme un
pari plutôt que comme tentative
impossible, absurde… cette volonté de 'faire tenir' en paradigme,
réunir en une forme d'exposition
ou d'architecture par exemple,
ces extrêmes esthétiques incompa-
tibles (minimal-kitch-narratif-
surréaliste… pop), ces contraires
historiques inconciliables (sur-
réalisme-abstraction…) alors que,
cependant, vu à distance, ils nous
viennent tous d'une même période
de notre propre histoire!

*extraits de notes sur « Le présent
absolument », mars 2008*

*Manifesta-texte du catalogue,
notes de mai 2000 + notes sur mes
expositions 1996-1997*

*notes d'exposition au départ d'un
catalogue d'exposition A STRETCH
MUSEUM SCALE 1/1
par/by/door joëlle tuerlinckx*

*invitation/uitnodiging/invitation
to A STRETCHED WALK 1/1 in a compact museum
notes regroupées sur l'espace-en
réponse à la question posée par
Moritz Küng pour le catalogue de
l'exposition Lost in Space- Kunstmuseum Luzerne (S) 1996
+ notes d'exposition 'stukjes
stukjes and dingen dingen dingen
en stukjes'cahier #2 Witte de With
quand on regarde quelqu'un marcher, …*

*UNE VISION D'ESPACE
p.7 notes regroupées sur l'espace-
en réponse à la question posée
par Moritz Küng pour le catalogue
de l'expositione Lost in Space-
Kunstmuseum Luzerne (S) 1996
+ notes d'exposition 'stukjes
stukjes and dingen dingen dingen
en stukjes' cahier #2 Witte de
With*

*- extrait d'une lettre à un jeune
étudiant, 2007*

*utopie:

(IMAGE-PROJET): UNE IMAGE, UN
PROJET N'EST PAS UNE ILLUSION
ils (les projets, les images)
tiennent de l'utopie, dans le
sens qu'ils sont à ce jour ima-
ginaires
ils ne tiennent pas de l'utopie
dans le sens qu'ils correspondent
à une vue politique, sociale,
esthétique qui tient compte de la
réalité.
ils ne tiennent pas de l'utopie
dans le sens qu'ils ne paraissent
pas réalisables
ils ne sont pas des chimères
ils ne sont pas des illusions
ils ne sont pas des mirages
ils tiennent de l'utopie dans le
sens qu'ils paraissent irréali-
sables
ils sont comme des mirages
ils tiennent de l'utopie dans le
sens qu'ils sont comme une rêve-
rie (d'inventeur)ils sont imagi-
nés-imaginables-inimaginables en
quelque sorte, mais beaux d'ima-
giner réalisés
ils ouvrent l'esprit vers de nou-
velles possibilités de travail et
de vie

** UTOPIE
(FERRARIS - HET WITTE MOMENT -
notes 3.)

la fonction même du "witte
moment" ne sera jamais explicité,
puisqu'elle est informulable
à la question: "à quoi sert 'het
witte moment' ? "et au-delà de sa
réponse: "- a rien", il reste que
cette proposition est visible et
physique, on la traverse, on s'en
approche, on la voit de loin, du
bout du corridor
4. l'idée ou le projet d'inté-
gration de l'art dans les sites
publiques est une utopie
ce qui ne signifie pas que ce
projet de société-là est vain:
l'utopie est nécessaire, avoir
des projets est nécessaire
le travail de faire quelque
chose, d'agir d'une certaine façon, en nommant cette façon 'art'
ne se laissera par nature jamais
totalement intégrer à un système
donné, quelqu'il soit

Joëlle Tuerlinckx

AIR VOLUMES: i work till i can no longer cut through space. hence the "proofing walks", which are intended to reconstruct the exhibition—not the image-from a single point of view. Hence also the term 'air volumes' to refer to the sculptures, and 'reality blocks' for the film fragments.

…reality FILM-BLOCK, STUDY films: the term refers to moments when i am overwhelmed by an awareness of time. in these moments time either lasts or stretches beyond its standard of measurement, or alternatively, it condenses into several layers and a sense that these layers sprawl out into several directions that either have something in common or somehow conflict.
thus blocks or lumps of space/ time are formed.
these moments are all filmed with the same fascination for a density that is full of events that clash with each other, or appear and disappear around me. they are all filmed with the same heedfulness for the complexity of the moment-block i am witnessing and which engulfs me and wraps itself around me for the real time of the film.
indeed, i consider these filmed moments as a sort of exercises to find out how life envelops me. i turn on the camera and then, some time afterwards, i turn it off. no editing.
…

how i want to 'precipitate time'— i.e. i want to pack an illusion of a condensed time into a room. as if it were condensed in the future or lost in its past (in search of a time lost, not a time lived—an imaginary time)

here on the table, a floor, the compression of the time evoked, the time suggested, may be embodied in a different form: distinct times meet in the spaces shown— an exhibit of their interface.

reacting on the border, at the last moment (intention)

precipitating time: an illusion. like film brings us the illusion of movement to relate a story.

where then does this present begin, a present that never stops "accumu-lating"* its states (t^1, t^2 t^3). where does it mark its border, the present? how does it establish or trace its limits…
(*accumulating later; compression of language)

this propelling of layers of time that are artificially superimposed in a series of exhibitions, of

facts *that have taken place*, legibly announced as such. room, collage, floor space, table without image, yet speaking, saying 'here', 'one day', 'suddenly', a here open to the future.

a lighted table reveals its object on display: time kills. it kills space, and inevitably, the object is transformed.

the experience: the experience of a space completely, entirely on a scale 1:1, crossing this volume of reality, and by crossing it seeing things with the glance itself, cleaving its volume of air (the volume of the room)

with each step cutting space, marking its borders, hence the necessity to cut in the "really", a real that is boundless and without gaps for that matter.

(with each step forward, with a hand, with a sheet of paper on a table, marked by time…)

(in order to refer the thing of the present, strategy to slow down the glance, to make an effort to explore one's question.)

a found stone marked —of course— with a cross and thrown-put— rolled—fallen here, precisely here in this space.
a glass disc, a plastic circle (extracted from -) put-thrown here on this table.
here, there, here something happens: what happens is the time passing.

taking time: (impossible)
finding time: just 'the time that is absolutely necessary'

a view of space: when we look at someone walking…
a cardboard box, open, empty: the air that occupies the volume: it goes in and goes out again.

(when people propose that i make an exhibition, the image of a parcel of air comes to my mind— a parcel that i really have to unwrap)

space: when we put an object on the ground, let's say a long wooden pole, a plastic disc, a circle cut from a sheet of glass, and when we then fasten it for the time required to glance at it, it is possible that the space starts to wobble under our feet: thus our inner space manifests its vastness.
it's a vision that lasts a second, a minute. it's a moment, a point in space.
space: 'an interior view' we can feel despite our eyes being wide open (…)

space: traversable - transparent - transportable
space: starting from: a lot. starting from '1, 2, a lot'
space: traversable - transparent - transportable
a blackout a knockout a white door something white a black exit

space: visible at its edges.
simple example of an edge of space: the horizon of a paper bag
example of a block of something that could be part of space: an ice cube
example of a block of something that cannot be part of space: a brick
example of a block of something that makes space possible: a pile of bricks

space: like the hand of a giant…
space: a statement, who i am is the space of a pile that is more or less high, or that is more or less dense with moments: a moment + an m

transparent volumes: an 'inhuman' vision (space from a bird's eye view, cavalier perspective) of an impossible dream of a transparent exhibition—but how?—of seeing clear through walls there (decree) (utopia*)

painted on the site, local, jar, certified watercolours made with water of the 'beautiful blue Danube': all this will have been the present, some day, absolutely

a bet: 'all this will be abstract, there will be absolutely no language here and yet all will be talking: of course, a stone with a cross marks the floor here, a line of artificial shadow touches the wall there: the object marks the break.

the construction is installed: Asia, in the news, the Asia of China, the Asia of Tibet (a mixture of Chinese ink and the local water 'the beautiful blue Danube') black Africa, Istanbul, Reina Sofia, the Topkapi Palace, recent souvenirs, the construction starts to take shape, thoughts build up. in the reconfigured ensemble, a standard model imposes itself: a map of the world turned upsidedown (revolution).
a map of a worn-out world.

an attempt to revisit reality, to topple time, to go against the current-revolt against 'the arrow of time'; the famous: this stone here and you who behold it, everyone, let's enter at the same moment… all of us… in the same… absolutely the same direction… revolution: the will to advance backwards:

(an exceptional meeting of 2, 3, 4… brief instants of space)

when one starts to work in space, it could be argued that one becomes this space. one is inside the space, engulfed, ingested, forming a block with space. the demand is there: to coincide at that very moment.

in this respect we are without boundaries, we completely merge with the demands of the project, we no longer belong to ourselves (the us, the sense of identity, the sense of an i, all disappear in these moments), but we belong to the project of holding up some idea or thing.
(…) sometimes, there is the feeling that the block is splitting. and that we could plunge completely, liquidly, in its crevices

the passage: a moment of pure architecture. no ornaments, no wall lights, no (light?), no colour. a project on a scale 1:1. and the possibility to move around in this project 1:1.

i notice the day falls, i try to follow with my naked eye the evolution of its eclipse, the changes in the tonality of the air. sometimes i light the lamps as late as possible. on other days i haven't seen anything.

(example of an object-space: a glass of water)
(example of an object that does not belong to space: a brick)
(example of an object-space: a pile of bricks)

the real: impossible to cut into the real
reality: without gap, without boundaries

recording sounds in the park in Ljubljana or the proof of the density of the real:
once more we are busy recording a moment of this space.
i now realize to what extent the amount of information that reaches us is full of all sorts of meanings, energy, speed. we had to take advantage of a sound void to put an end to the session, but every silence resulted into a new crossing, now the sound of a bike on the gravel, now a train, now the chant of a titmouse, quite near us in the tree. gradually reality thickened, consisting of what moved through it, of a haphazard intersection, of nodes of a density that was even thicker, to the extent that it was impossible to bring the session to a conclusion. it was in this park in Ljubljana, in the silence of an empty hour somewhere during the day, that reality seemed to me to be without gap or boundary.

hence the invention of plans, sequences, actions, chapters, 'ends', time, pauses.

the beam of white light is refracted, that is reality organised in particles of colours (people, sheets of paper, office plants… cars, the park, the city). suddenly reality seems full of extraordinary feelings as it envelops, precedes, completes, pursues a white object.

when we make a hole in the wall, it is usually to see through or to go from one side to the other. one can also make a hole in a wall to know what it is made of, what its consistency is like, how thick it is.

seen from the inside like from the outside, that which happens without walls, without floor: the more the room is closed, the more i work on the space imagining it as something outside itself. hence without doubt its perception as being stretched, proportionate to its virtual, imagined enlargement
(…) hence the imagined exercise of an open-air context to force new relationships.
for without the walls, the surfaces, the viewing angles, the points of view and the approach speed multiply

stone does not decorate the earth decoration, decorative: something made up by the glance, a human invention
pebbles are not there to decorate the floor

(…) doubtlessly at present we are facing a problem of overproduction with regard to discourse, but:
ART IS NEITHER AN OBJECT OF DECORATION, NOR AN OBJECT OF ILLUSTRATION (of the discourse)

why i call a pile of flour a sculpture: i consider it to be architecture, in terms of foundation, course and elevation.

the object of art is an object involved in the movements of desires: it moves between that which it is and that which it is not, between that by which it is fascinated and that which it denounces: these are the movements of its being.
art discovers meaning and reason by comparing: it is *like* architecture. and it is the urge to compare that justifies it as a work of art
a work of art lasts. like the blueprint of a film
i try to move about in orders of a different size…

i will try to show somehow this feeling of progressing on different levels simultaneously, whereas we actually cross only one.

'joëlle tuerlinckx, what is it that you do, and if you're not a carpenter, who are you?'—text on the invitation card
i cross spaces and i explore specific parts of time
on each occasion, i study how these spaces—in this instance the Museum Dhondt-Dhaenens—come to me (…)
in fact i study how space crosses the human and how the human contains these blocks of time, which are themselves contained in or which protrude from these spaces
i want to understand the phenomenon of the metrics of time, instead of measuring or assessing these spaces
of course the more i am preoccupied with this dimension, the less my research leads to understanding; it is therefore logical that i continue in this direction

we tend to believe that on the one hand there is the real reality, and on the other hand, further below or above it, there are the words to refer to this reality. that feeling is the result of the way language is used in common forms such as subtitles of films, texts in catalogues, art reviews, captions of press photographs, etc.
in actual fact, reality is more confused, fragmented, full of unpredictable events, there is an incessant coming and going of fragments of words that are organised with letters, phrases and even novels
this ephemeral literature develops freely and sometimes structures itself as a hackneyed refrain of space: these are the "leitmotifs' of places.

i try to learn as much as possible from their freedom of being, even from the errors, the partial or complete non-sense

if seeing and walking is a job, i'm busy working as i walk and see. the most difficult thing to do is to stop. i stop, i develop forms of visibilities, i continue in space, until the floor becomes the wall and the wall questions its qualities or its name 'wall'. i work till the opposite of appearances appear just beneath the appearance, and whether it is the hand or the entire body that says so, it is precisely in this moment when i become the building, when i become that brick over there and this window pane over here, when i become the museum and probably the entire garden around it, that i stop and that is when the exhibition starts.

suddenly, the 'belgian surreal-
ist tradition' unfolded before me,
taking the shape of a new dimension, consisting of space, colour,
time—in short of a will towards
abstraction that made sense 'to
me'. ever since that day, i have
better understood the uncomforta-
ble and shaky position i obviously
seem to seek in every situation
and in my longing to do something.
without taking sides with the sur-
realist or the abstract painters,
i would rather define in terms of
a bet instead of as in terms of an
impossible, absurd attempt… this
will to 'uphold' as a paradigm, to
reunite in a sort of exhibition or
architecture, these extreme aesthetic incompatibilities (mini-
mal-kitsch-narrative-surrealist…
pop), these historical, irrecon-
cilable opposites (surrealism-ab-
straction…), whereas, seen from a
distance, they come to us from the
same period of our own history!

*excerpts from notes on "The Abso-
lute Present", March 2008*

*text of the Manifesta catalogue,
notes from May 2000 + notes on my
exhibitions 1996-1997*

*notes for the beginning of the
exhibition catalogue A STRETCH
MUSEUM SCALE 1/1
by joëlle tuerlinckx*

*invitation to A STRETCHED WALK
1/1 in a compact museum*

*collected notes on space—as a
response to the question posed by
Moritz Küng for the catalogue of
the exhibition Lost in Space in
the Museum of Art Lucerne (1996)*

*+ exhibition notes 'stukjes
stukjes and dingen dingen dingen
en stukjes' cahier #2 Witte de
With*

when we looks at someone walking,…

*A VIEW OF SPACE
p.7 collected notes on space—as a
response to the question posed by
Moritz Küng for the catalogue of
the exhibition Lost in Space in
the Museum of Art Lucerne (1996)
+ exhibition notes 'stukjes
stukjes and dingen dingen dingen
en stukjes' cahier #2 Witte de
With*

*- excerpt from a letter to a young
student, 2007*

*utopia:

(IMAGE-PROJECT): AN IMAGE,
A PROJECT IS NOT AN ILLUSION

they (projects, images) are utopian, in the sense that up to
date, they are imaginary
they are not utopian in the sense
that they correspond to a political, social and aesthetic view
that takes account of reality.
they are not utopian in the sense
that they do not seem feasible
they are not chimaeras
they are not illusions
they are not mirages
they are utopian in the sense
that they seem infeasible
they are like mirages
they are utopian in the sense
that they are like a daydream (of
an inventor)
they are somehow imagined-imag-
inable-unimaginable, but it is
nice to imagine them realized
they open up the mind for new
possible works and a new possible life

** UTOPIA
(FERRARIS - HET WITTE MOMENT -
notes 3)

the function as such of the
'witte moment', the white moment,
will never be clarified, as it
cannot be expressed
there is the question 'what is
the purpose of "het witte moment"' and the answer 'it serves
no purpose'. apart from this
question and its answer, there is
the fact that this proposition is
visible and tangible. it can be
crossed, it can be approached, it
can be seen from a distance, from
the end of the passageway

4. the idea or the project of
integrating art in public places
is a utopia
that does not imply that this social project is useless: utopias
are necessary, having projects is
necessary
the act of doing something, of
acting in a certain way we call
art, will never be entirely inte-
grated in any given system

Joëlle Tuerlinckx

(translated from French
by Dirk Verbiest)

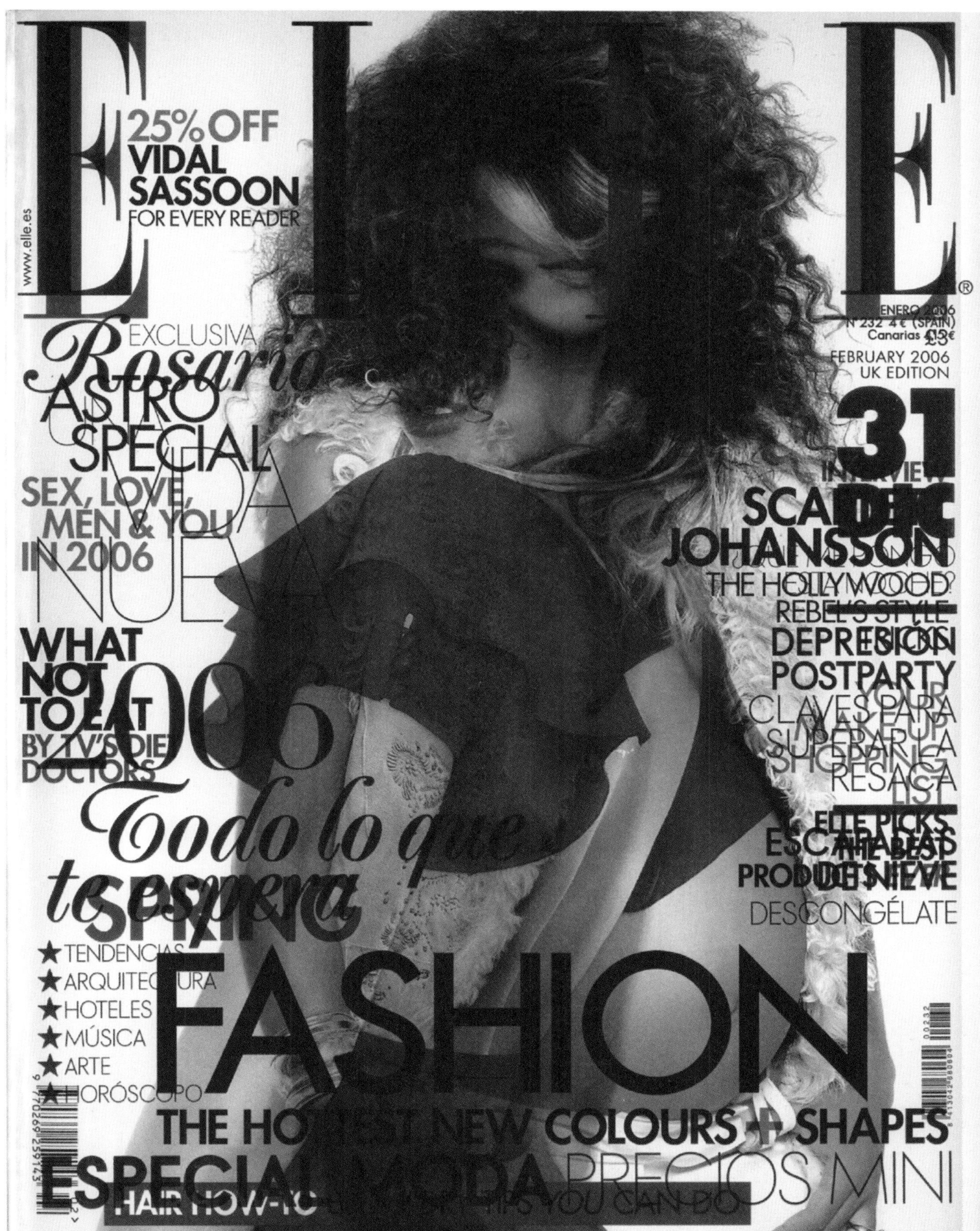

More ELLE-ELLE, 2009

WILLEM OOREBEEK

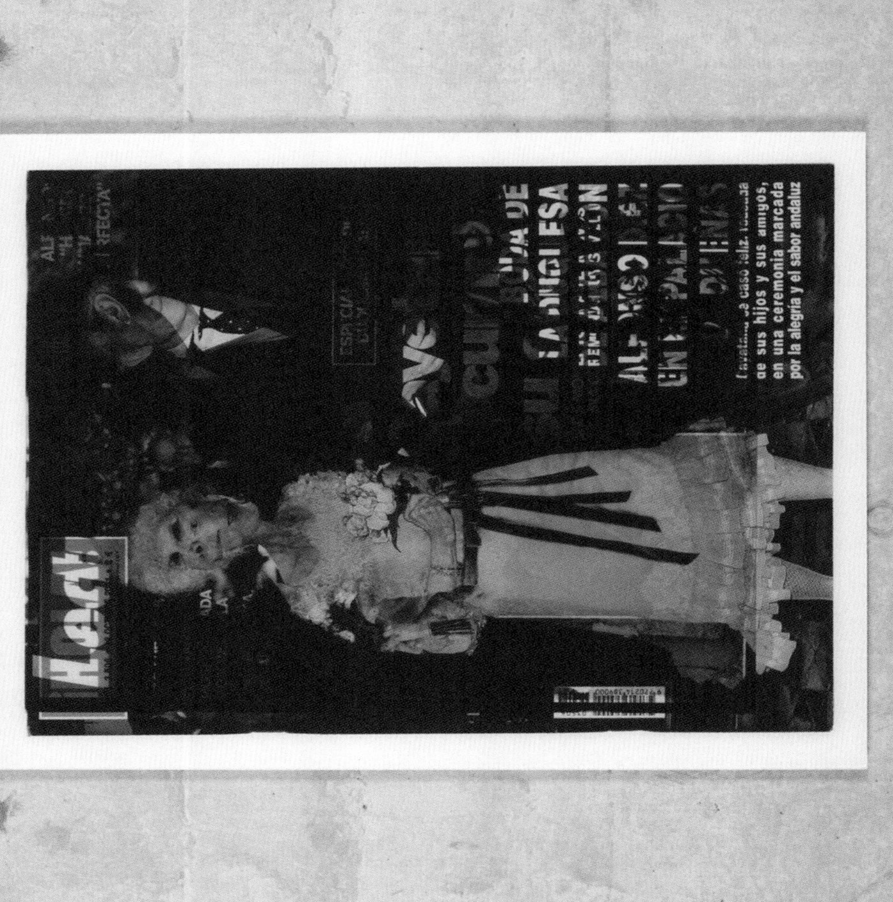

Instant oublier, 2012

MORE ELLE (Chinese), 2011 & Instant oublier, 2012

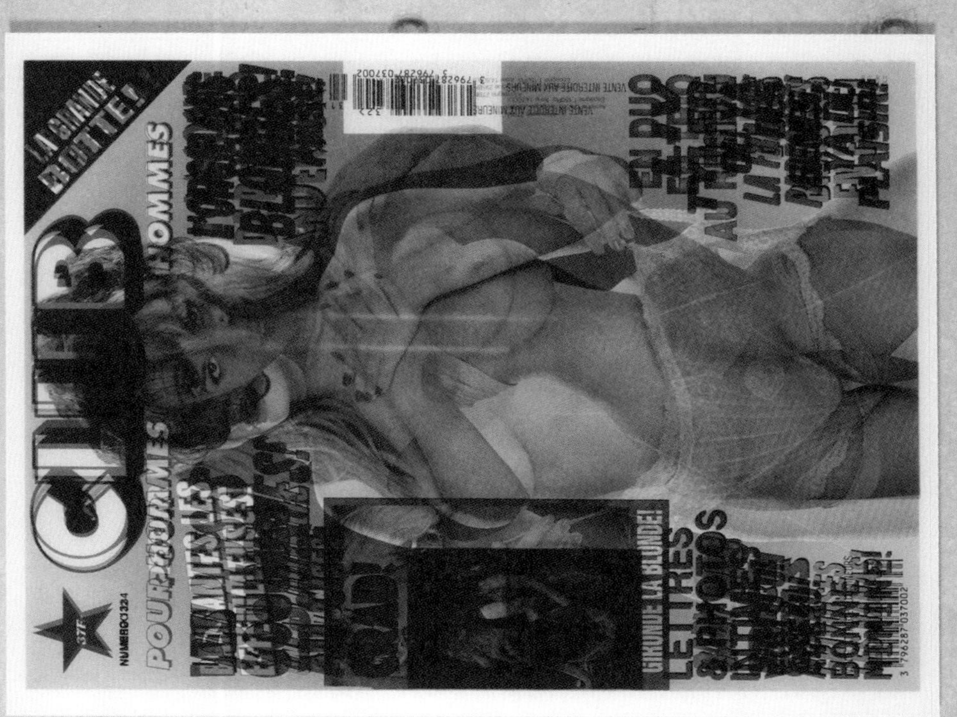

MORE CLUB, 2011

Peter Buggenhout, The Blind Leading The Blind #44, 2011 and Willem Oorebeek, MORE TIME, 2011

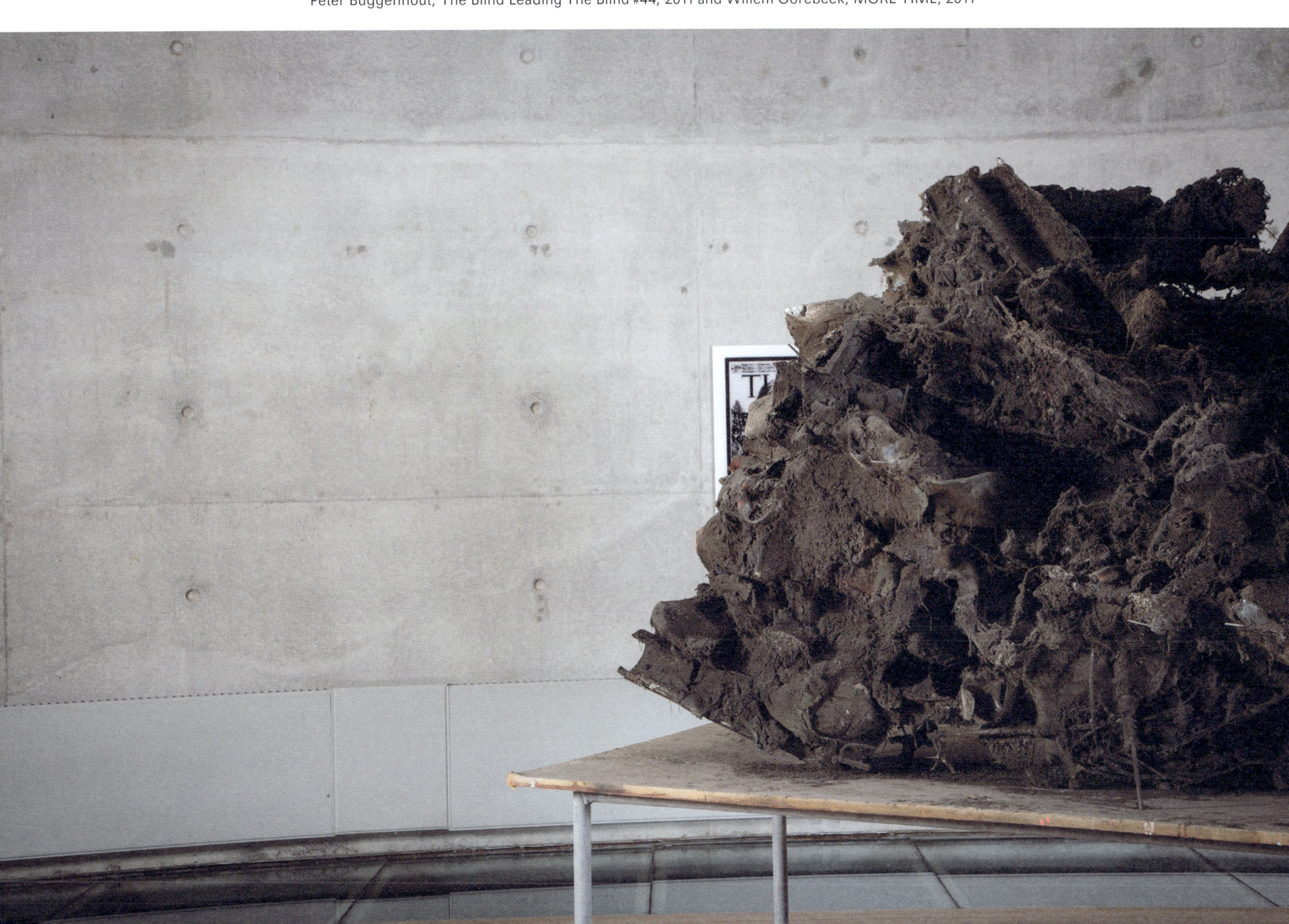

TIME

The Fragile Progress in Afghanistan

She's a global celebrity, but can Secretary Clinton make a more peaceful world?

BY JOE KLEIN

WHAT RECOVERY?

The Five Myths About the U.S. Economy

BY RANA FOROOHAR

The State Of Hillary

Myth #4
We can move where the jobs are

$4.95US $5.95CAN

MORE TIME, 2011

PETER BUGGENHOUT

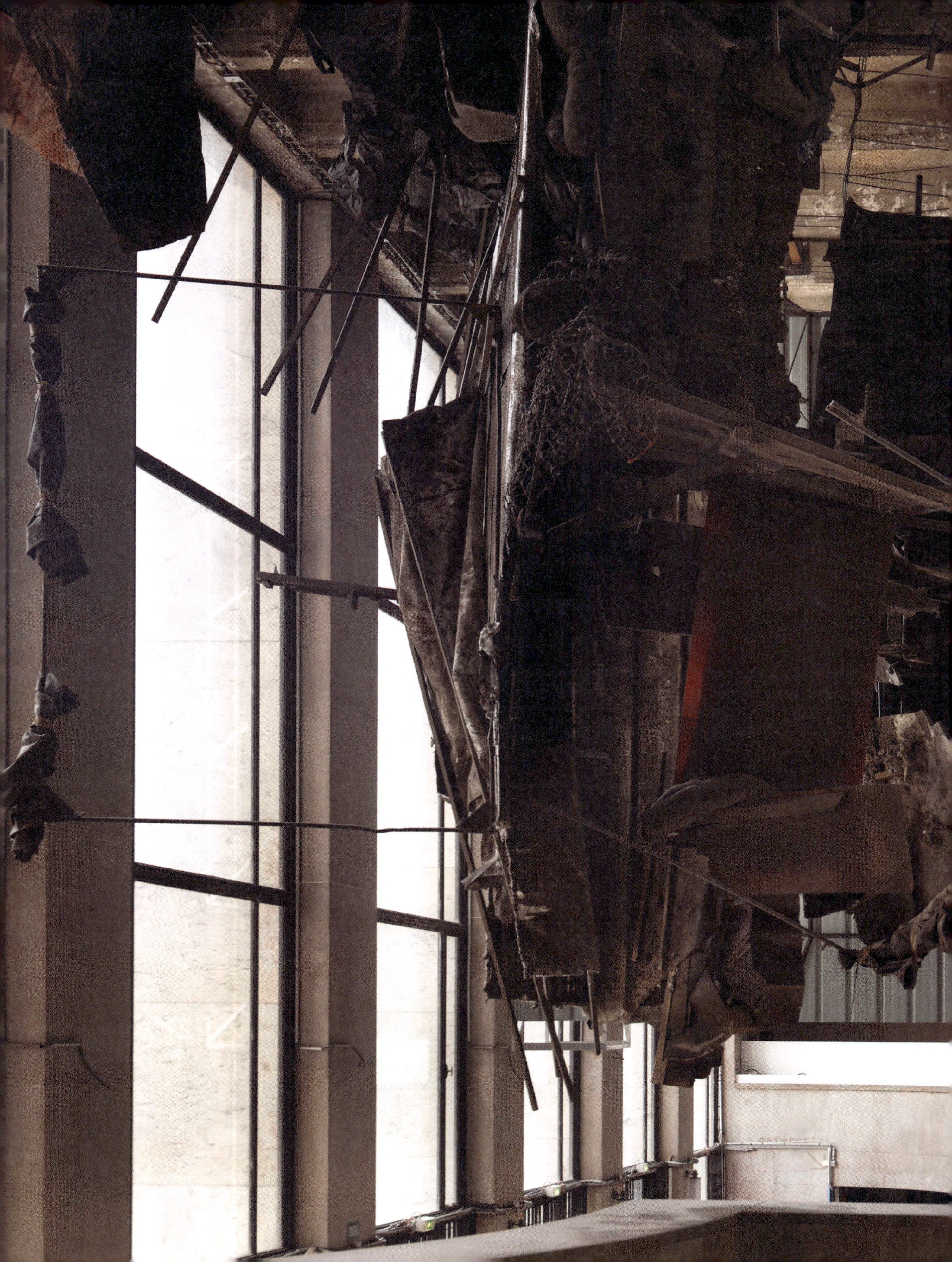

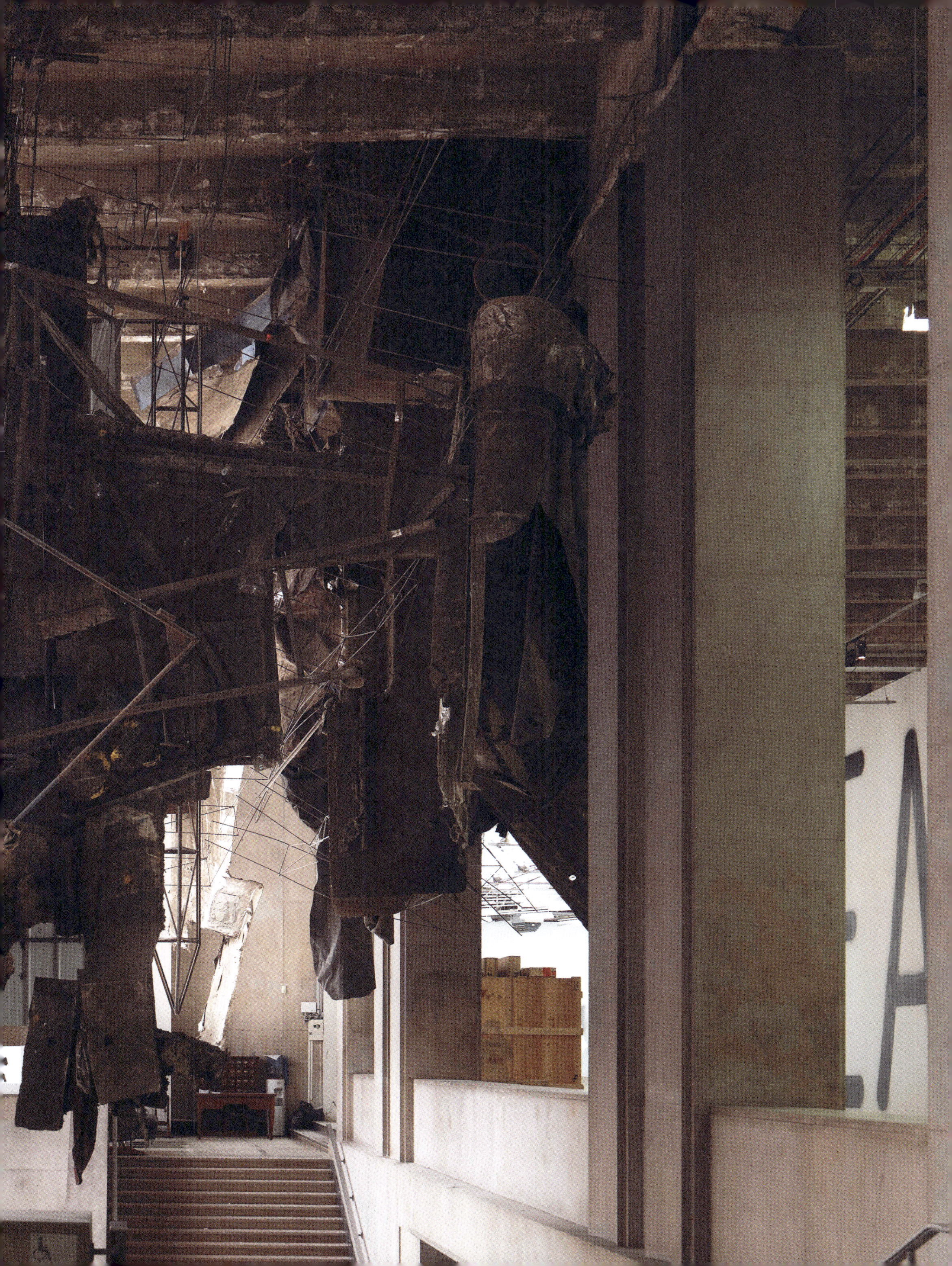

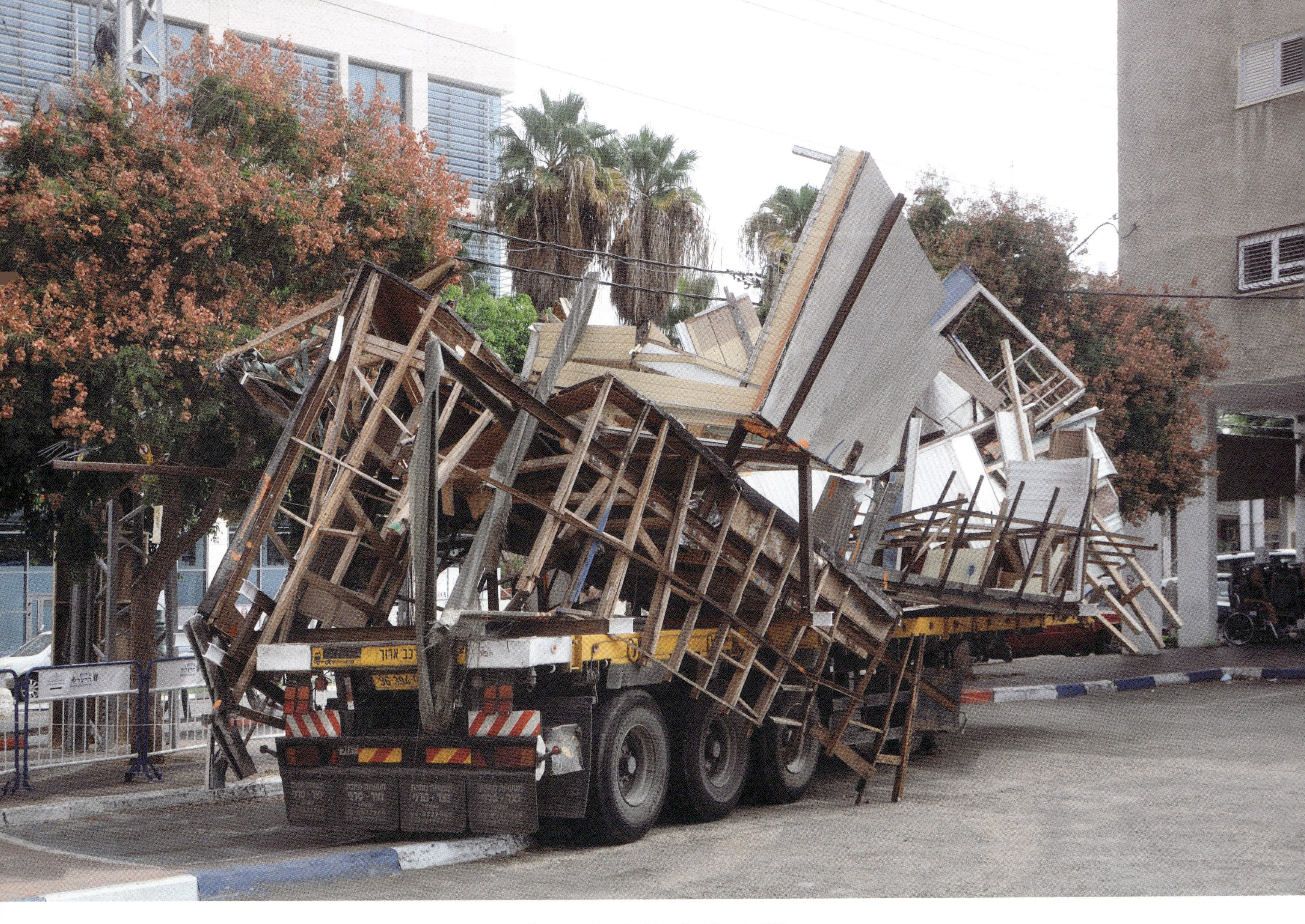

The second strike (Herzliya Piece), 2011

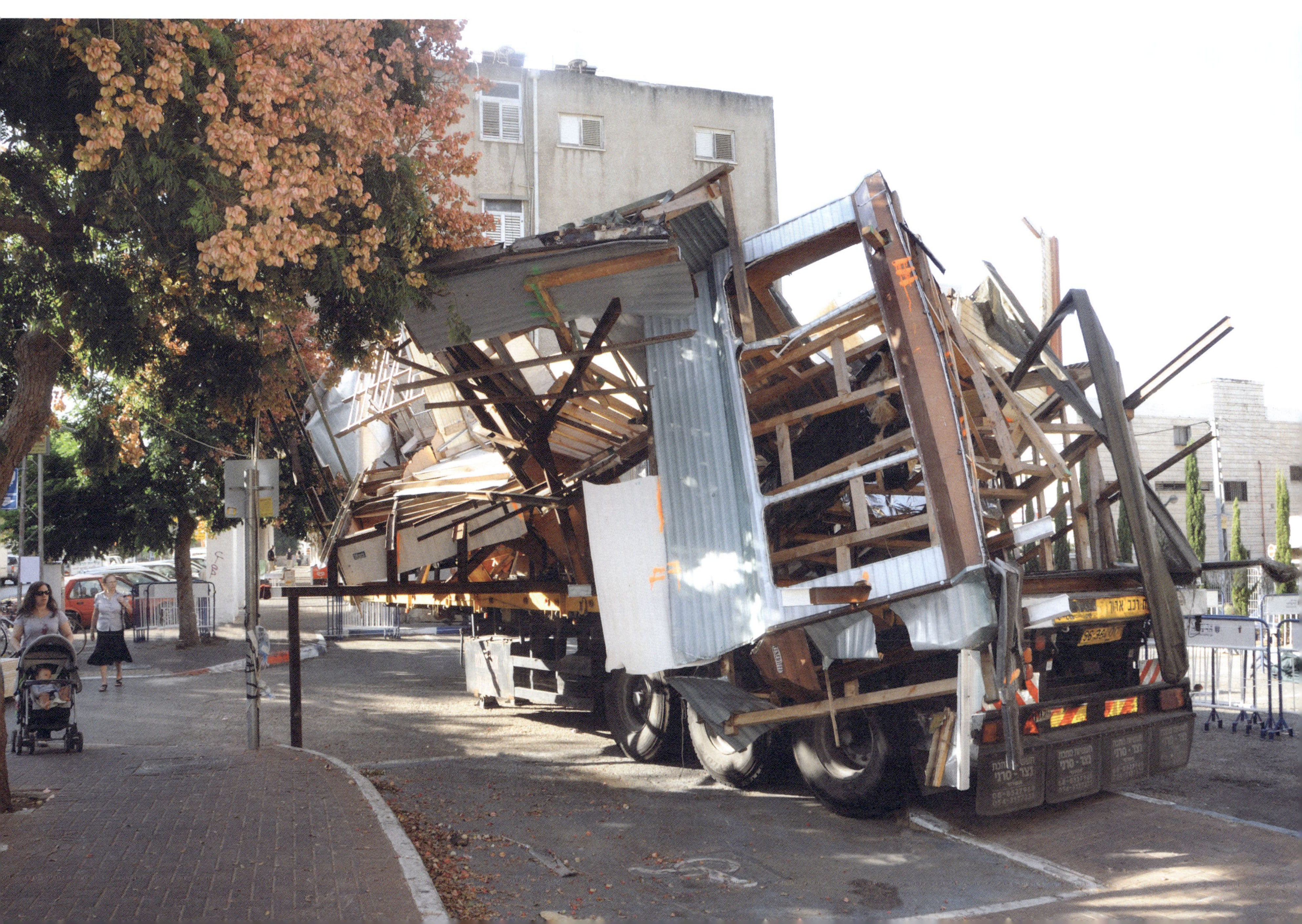

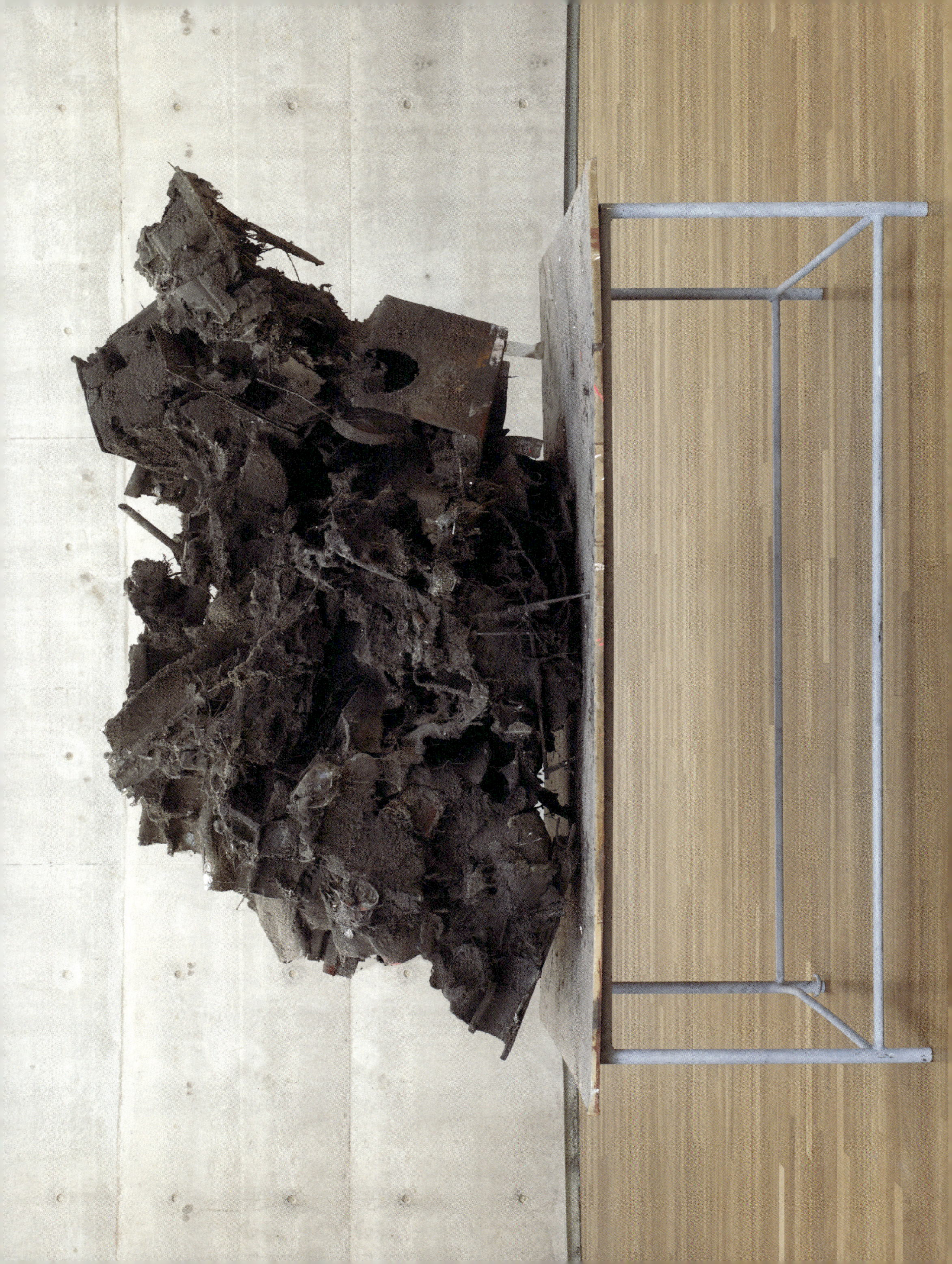

The Blind Leading The Blind #44 (installation view and detail), 2011

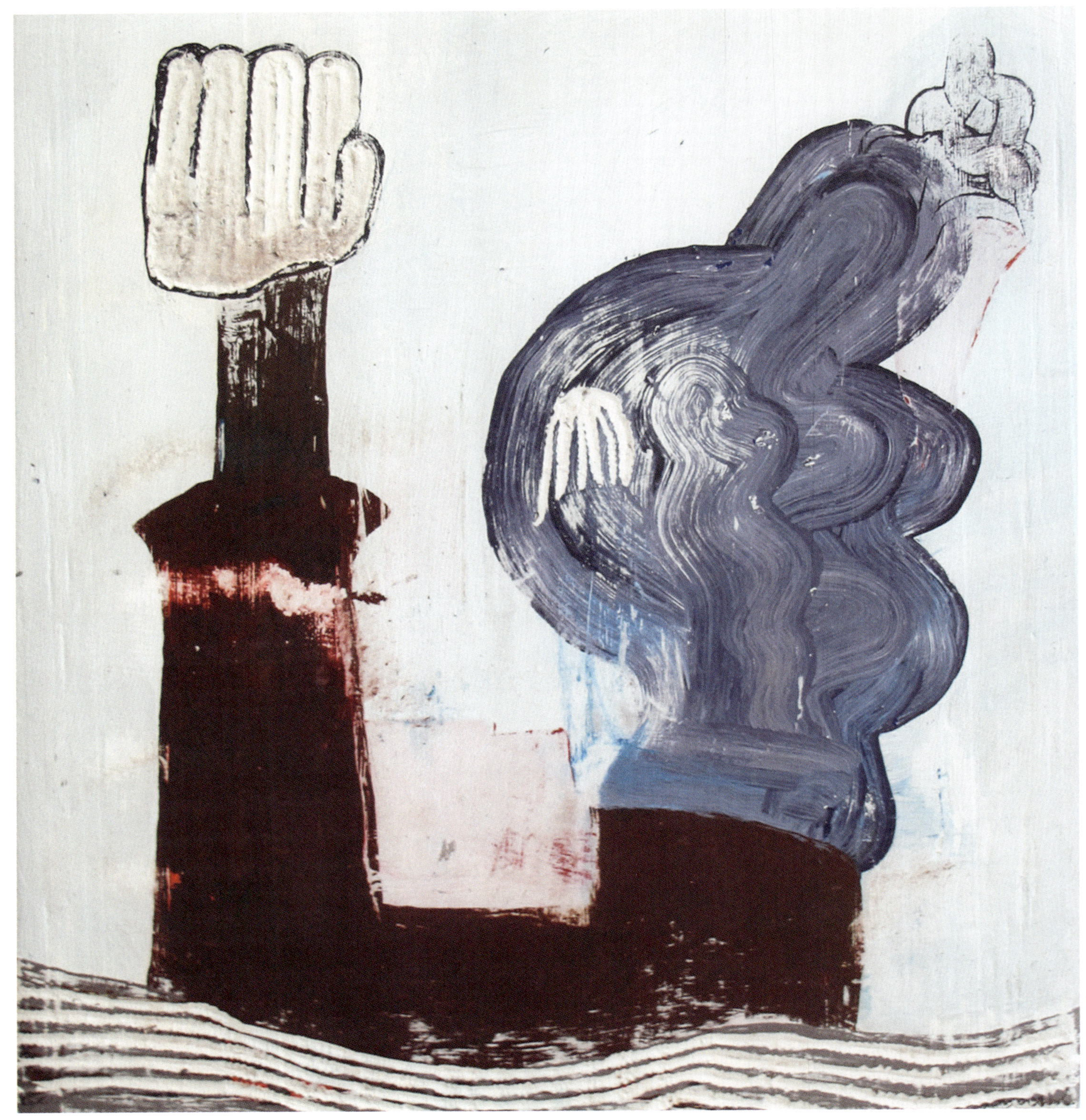

Op Kop!, 2011

NEL AERTS

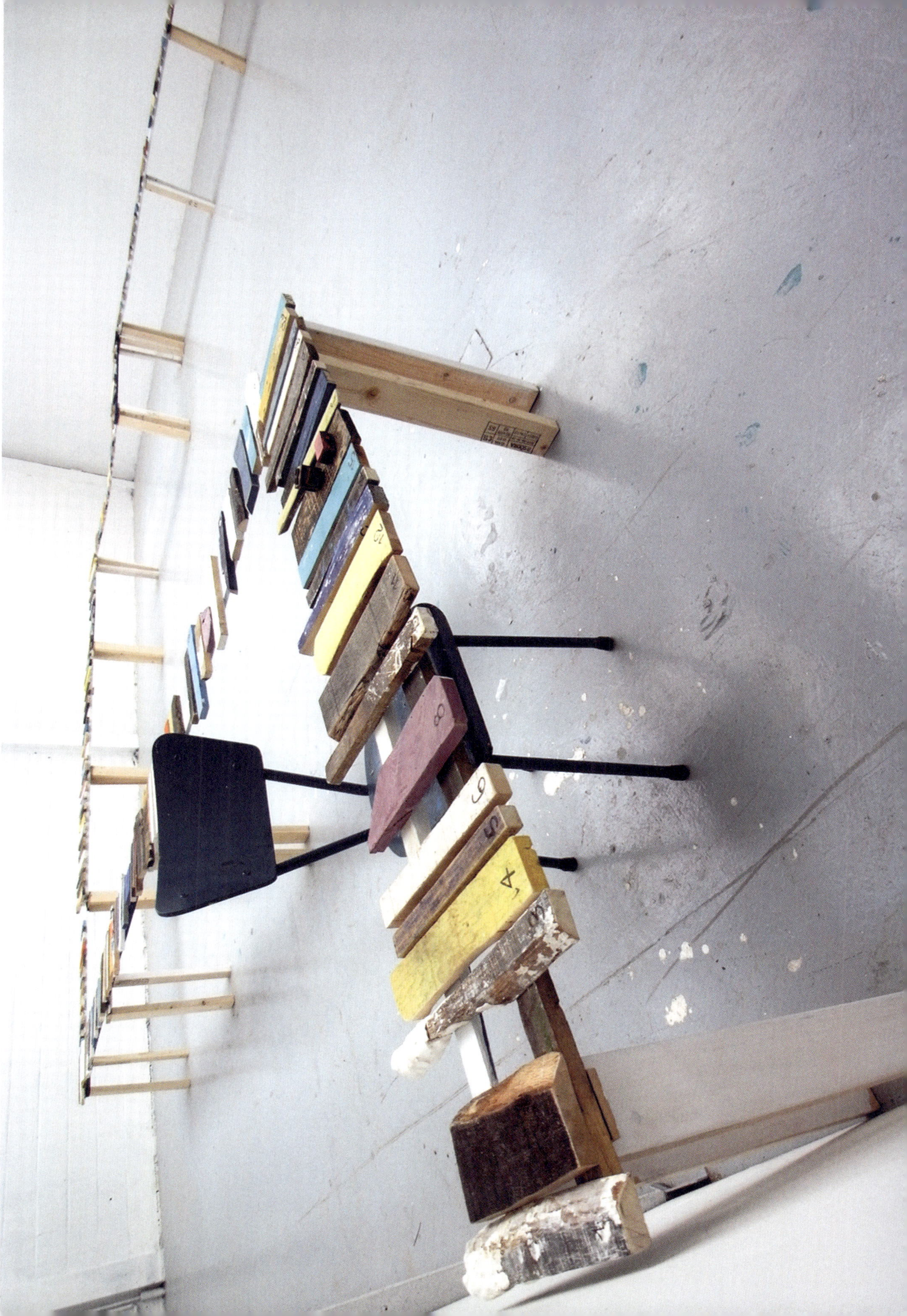

Undisclosed Gathering (installation view), 2010

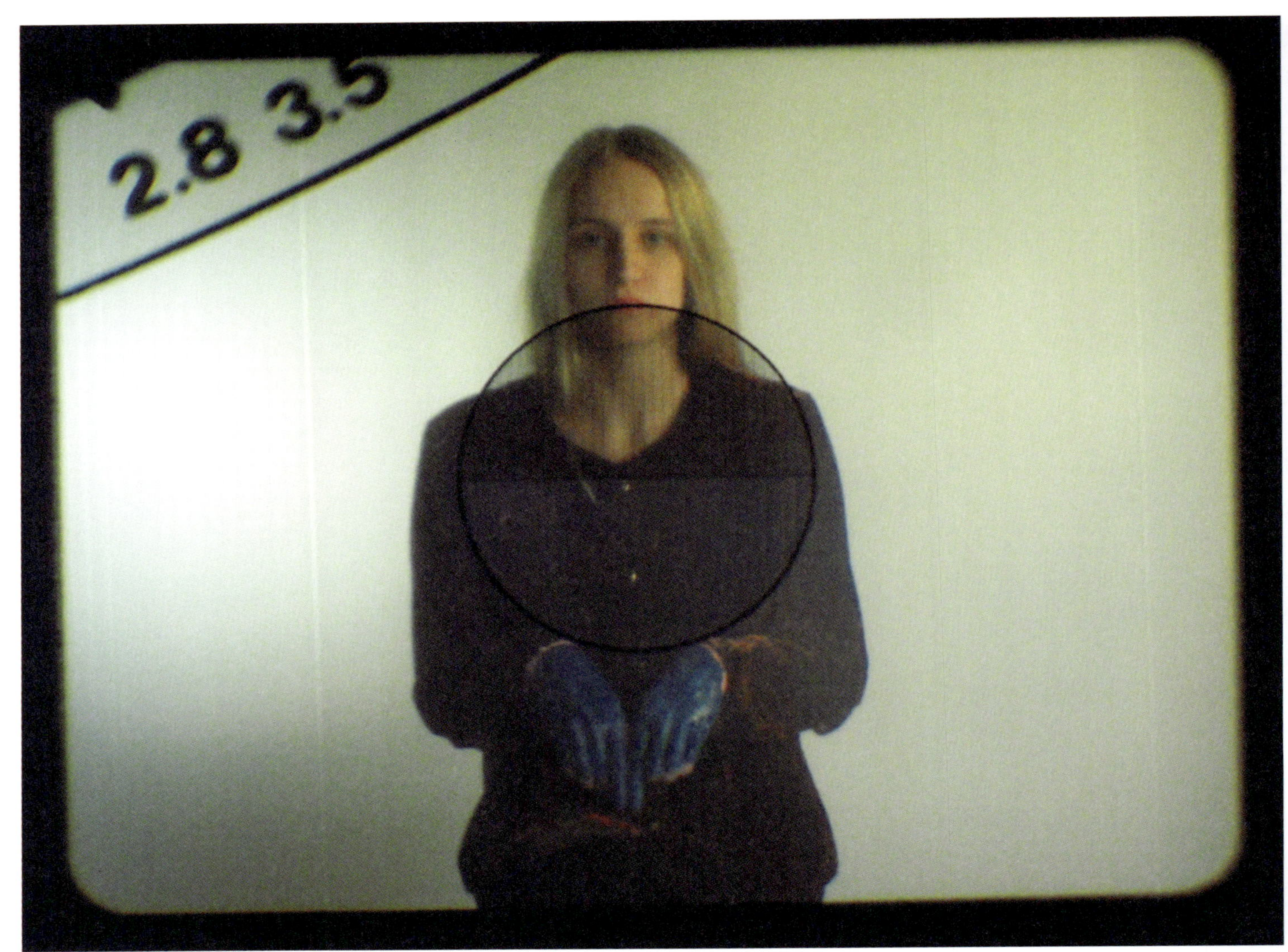

Undisclosed Gathering (film still), 2010

Traveling after Zbigniew Herbert and Pan Cogito, 2010

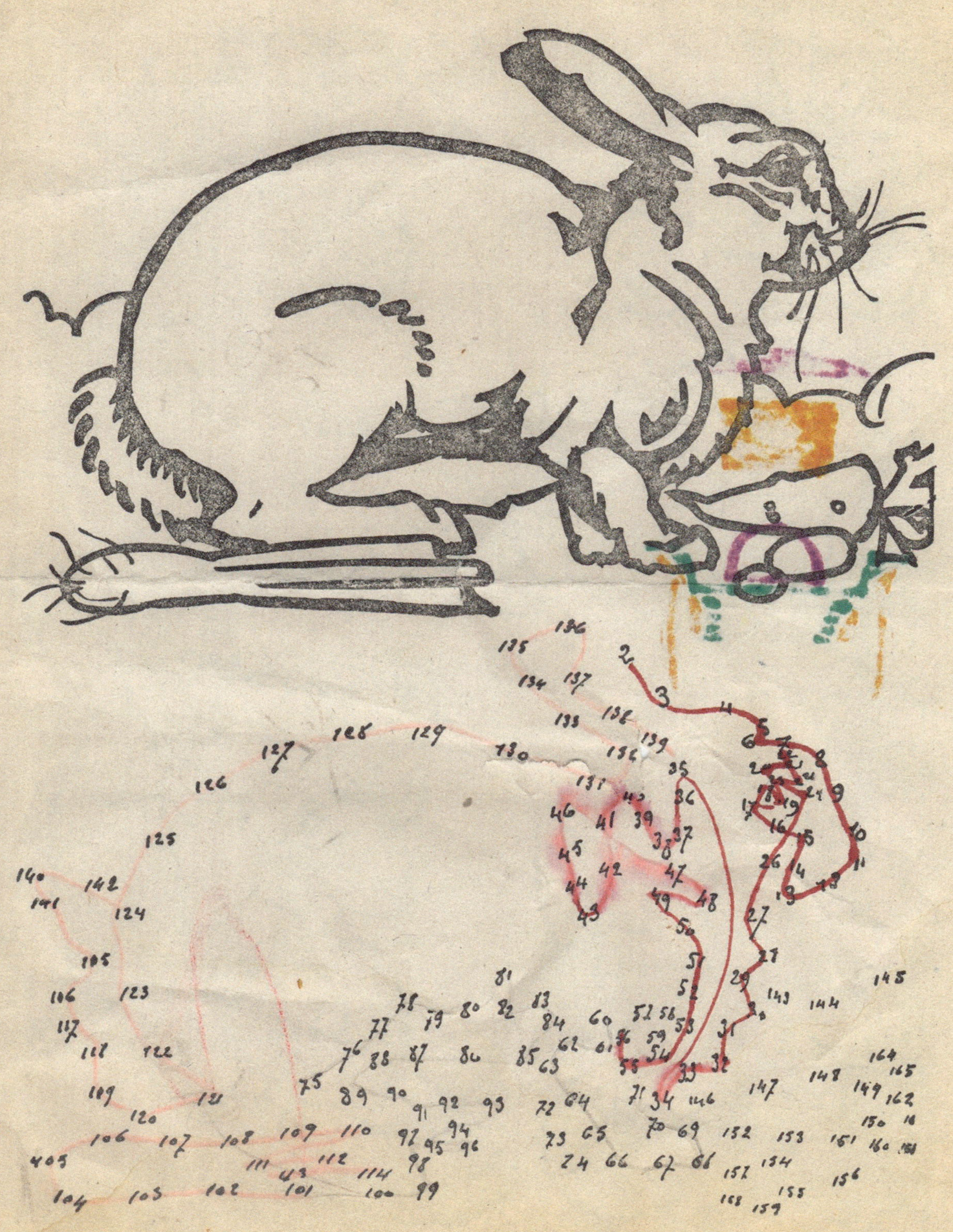

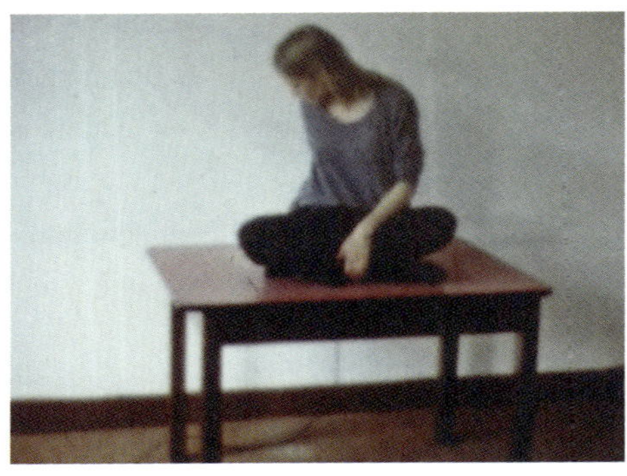 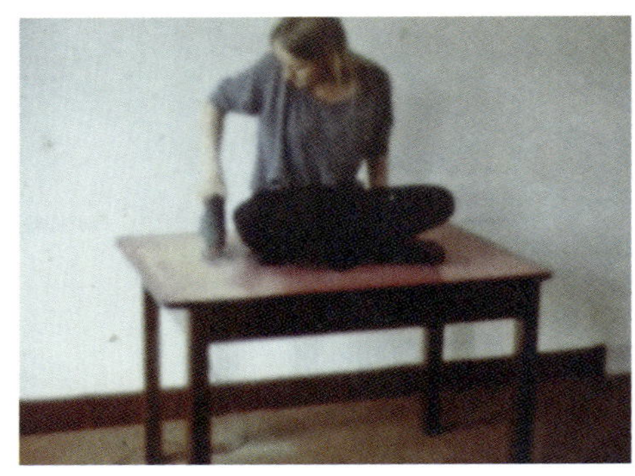 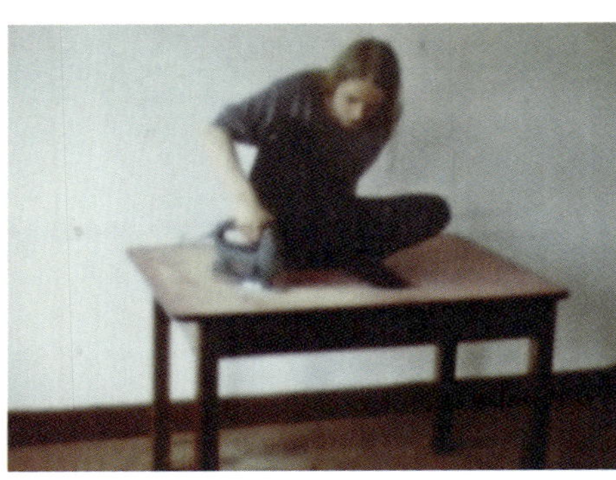
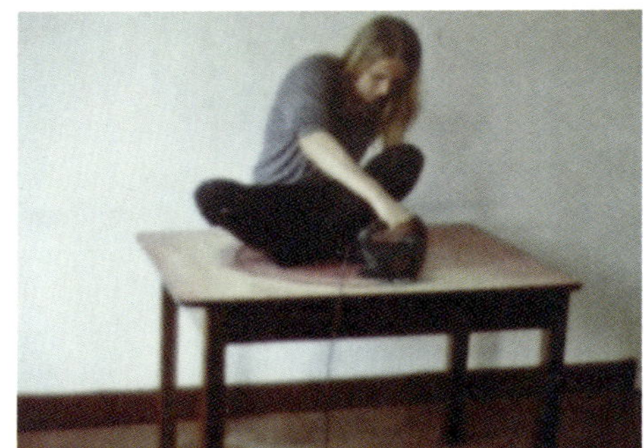 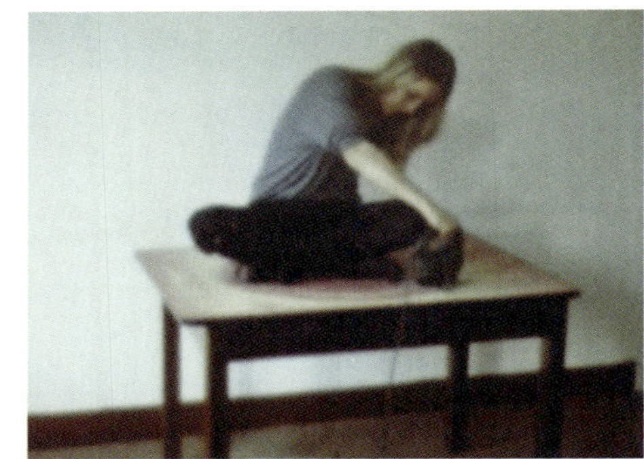
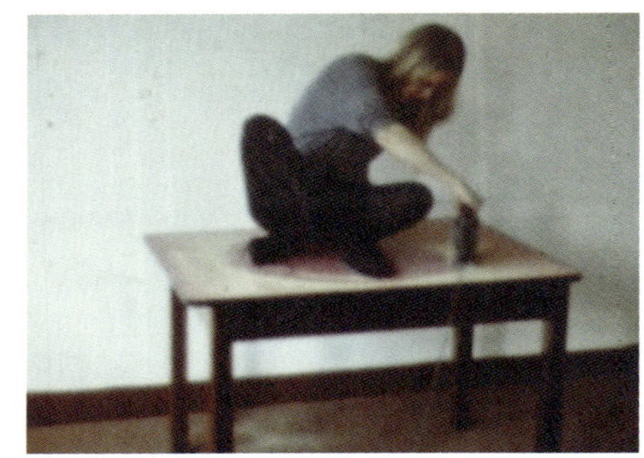 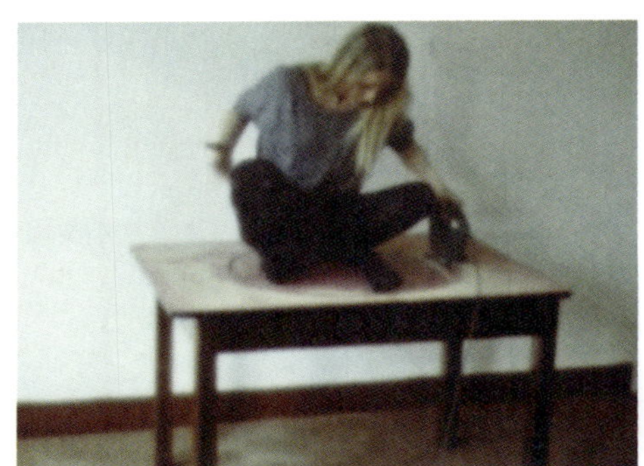
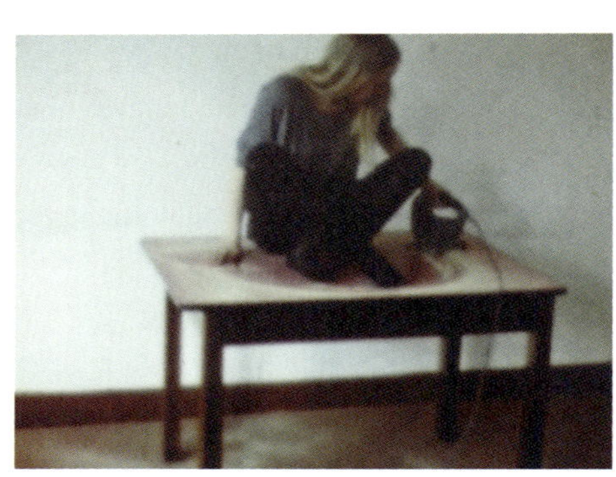 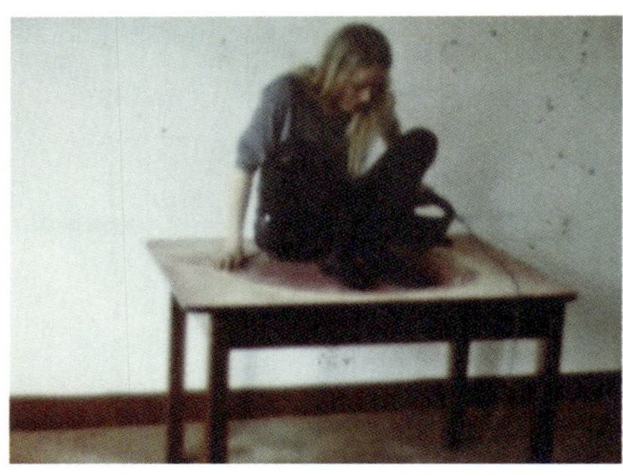
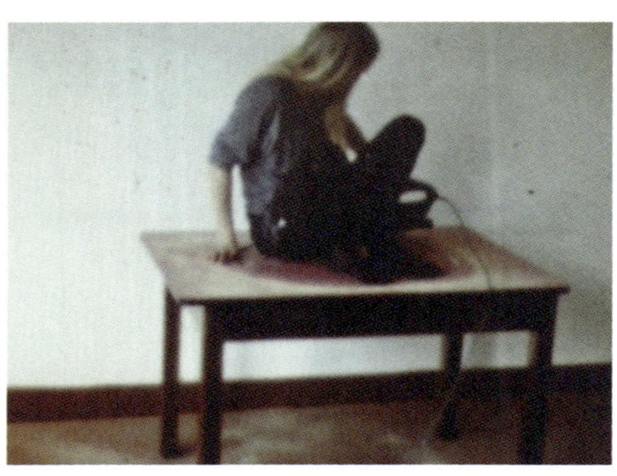 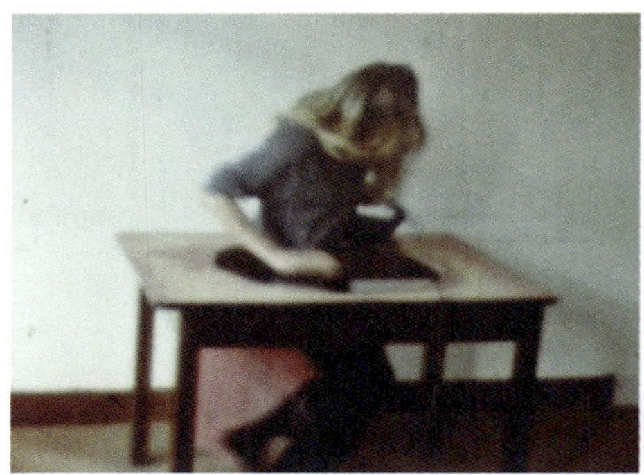

Tafelmanieren, 2012

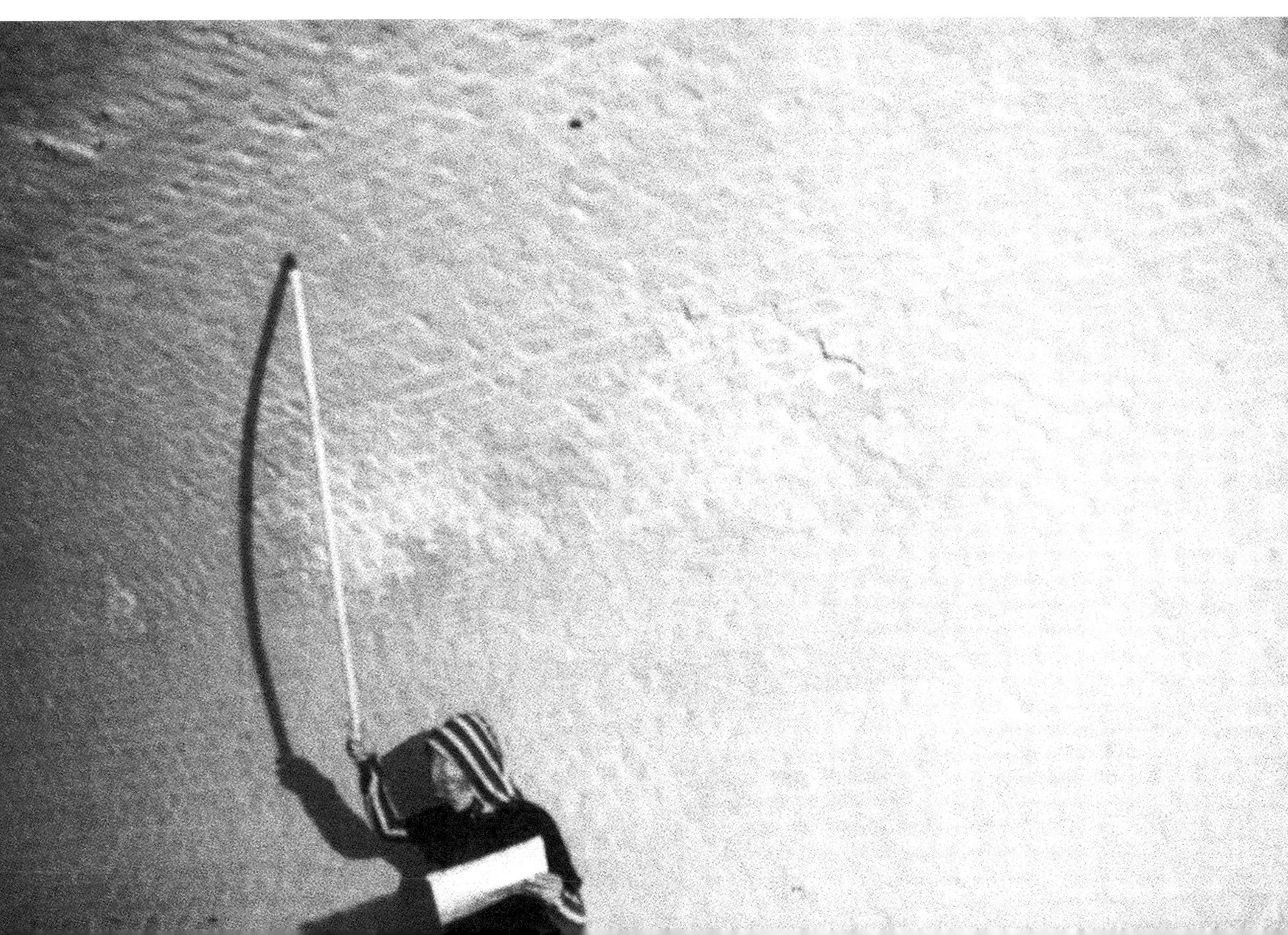

Traveling after Zbigniew Herbert and Pan Cogito (2), 2012

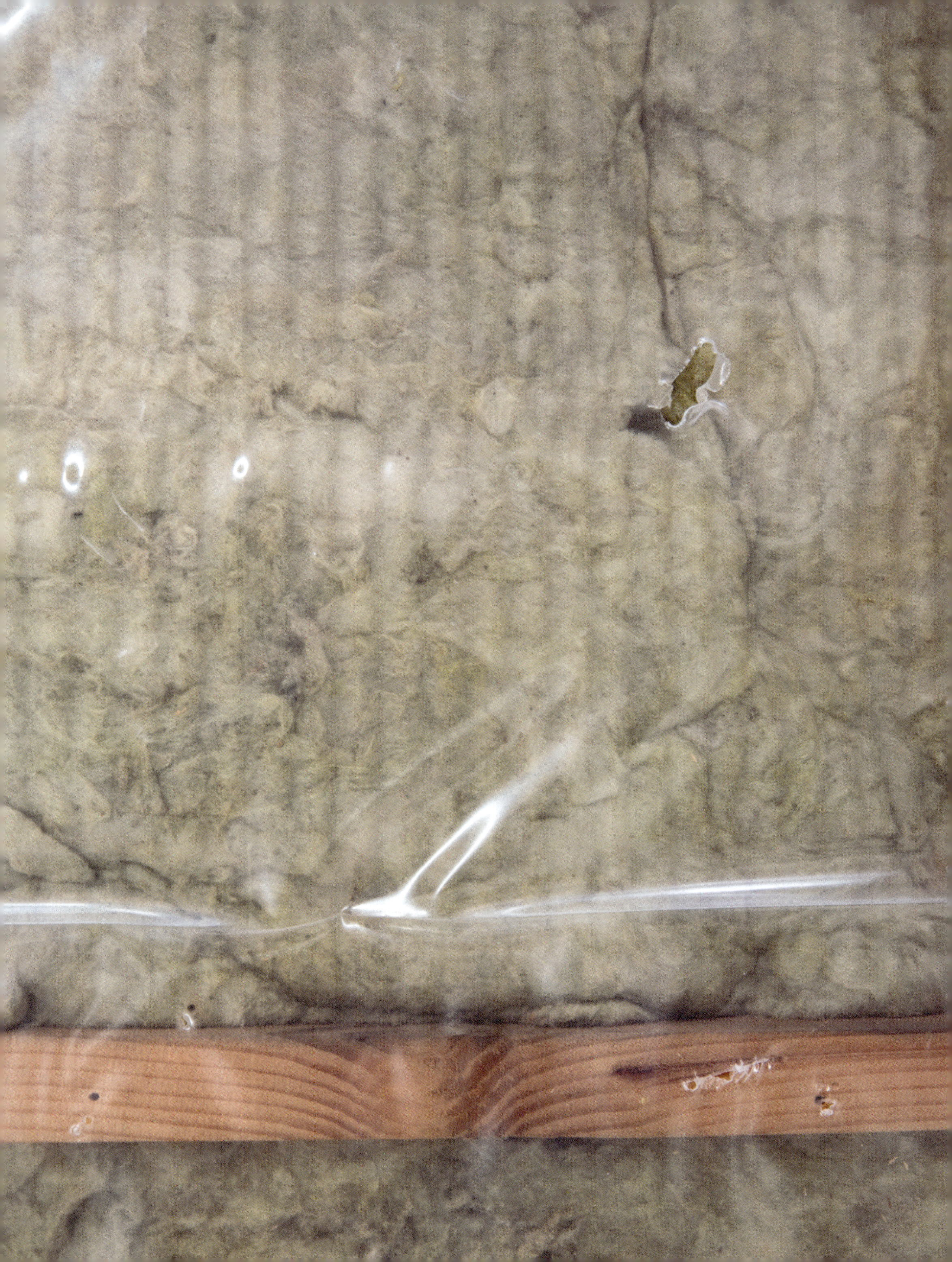

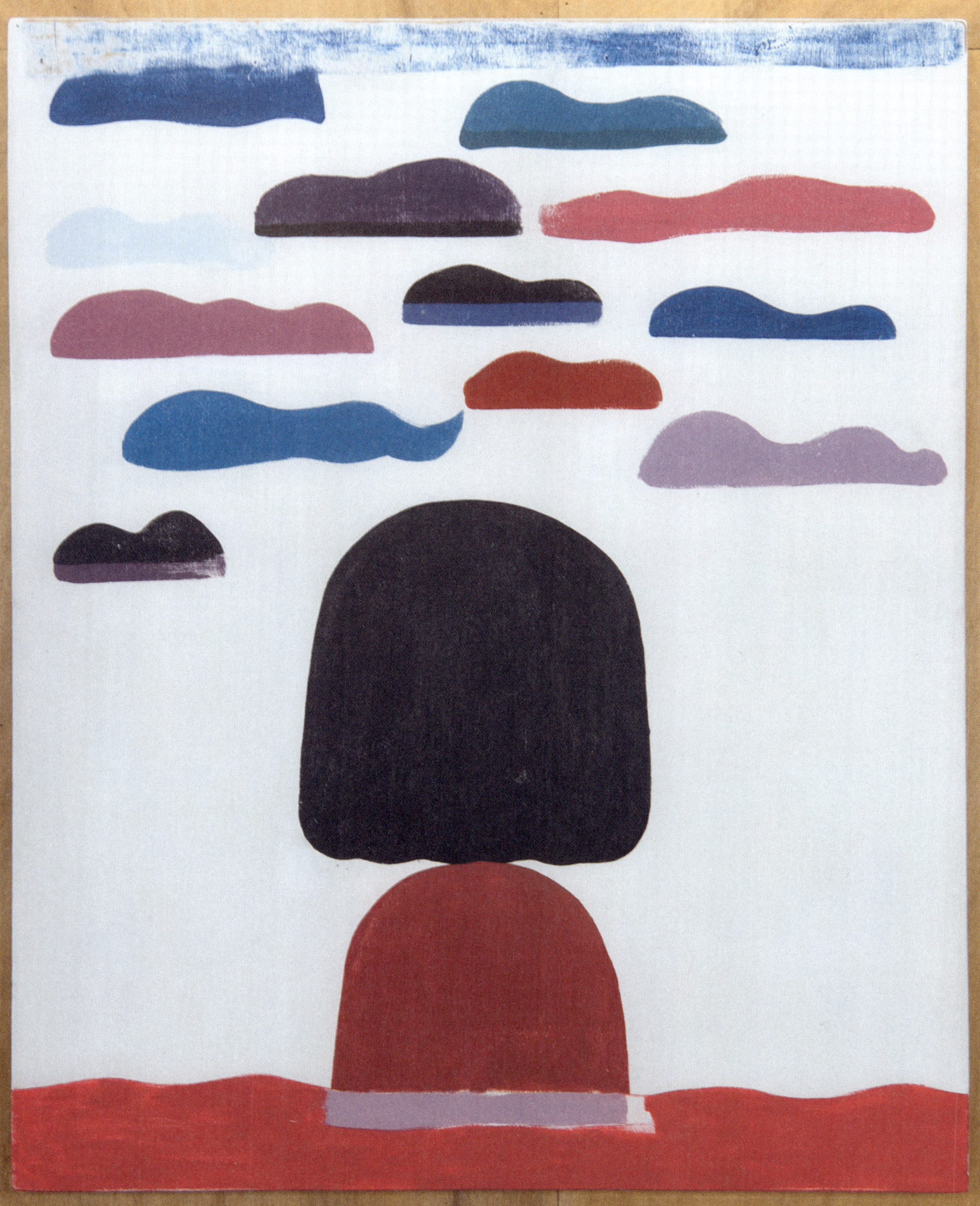

Floating Puppet, Adieu!, 2013

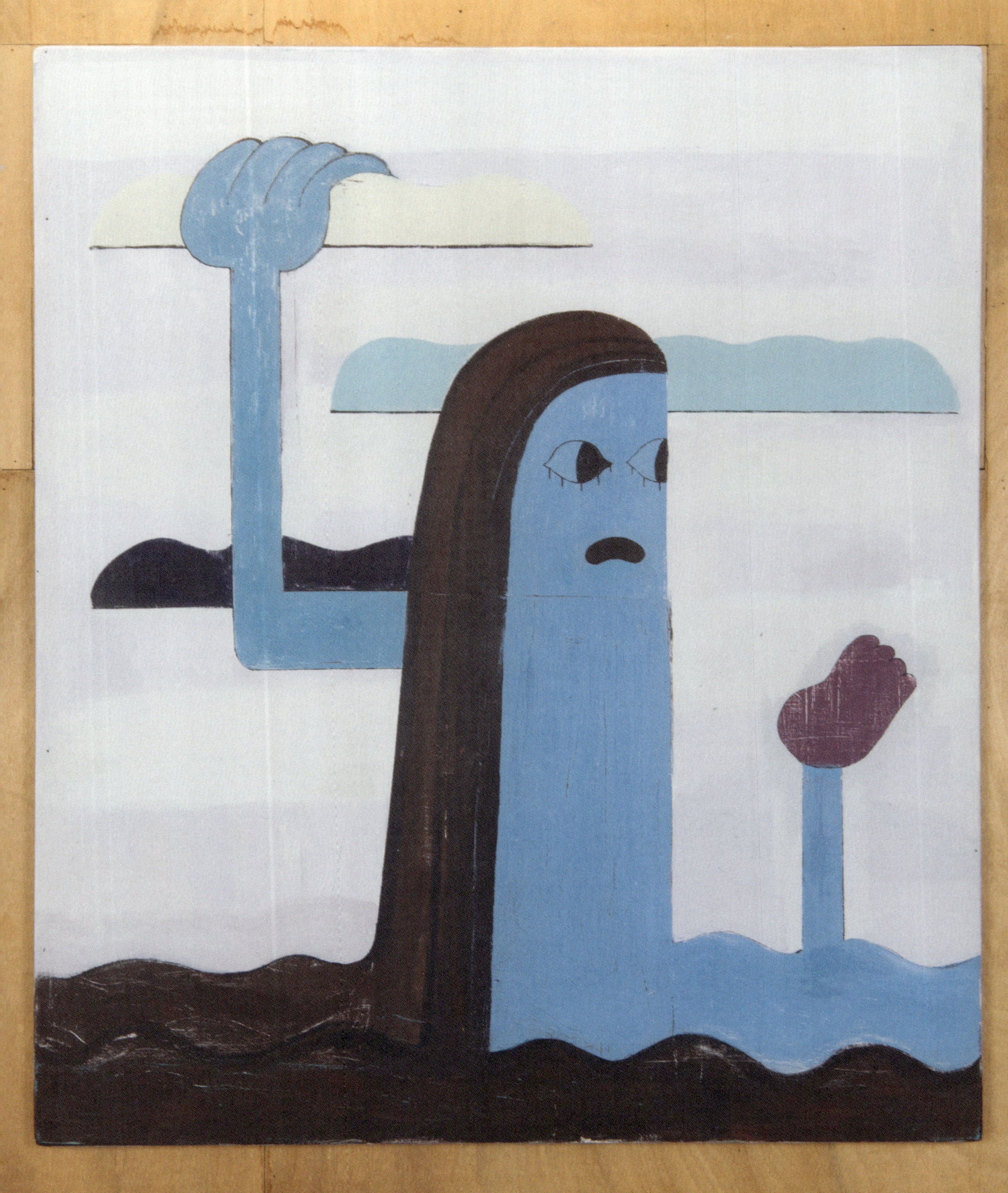

Blue Wave, 2013

ADRIAAN VERWÉE   Front: Studio variation, 2012   Back: DAD, 2013   Wall: Dyptich, 2013

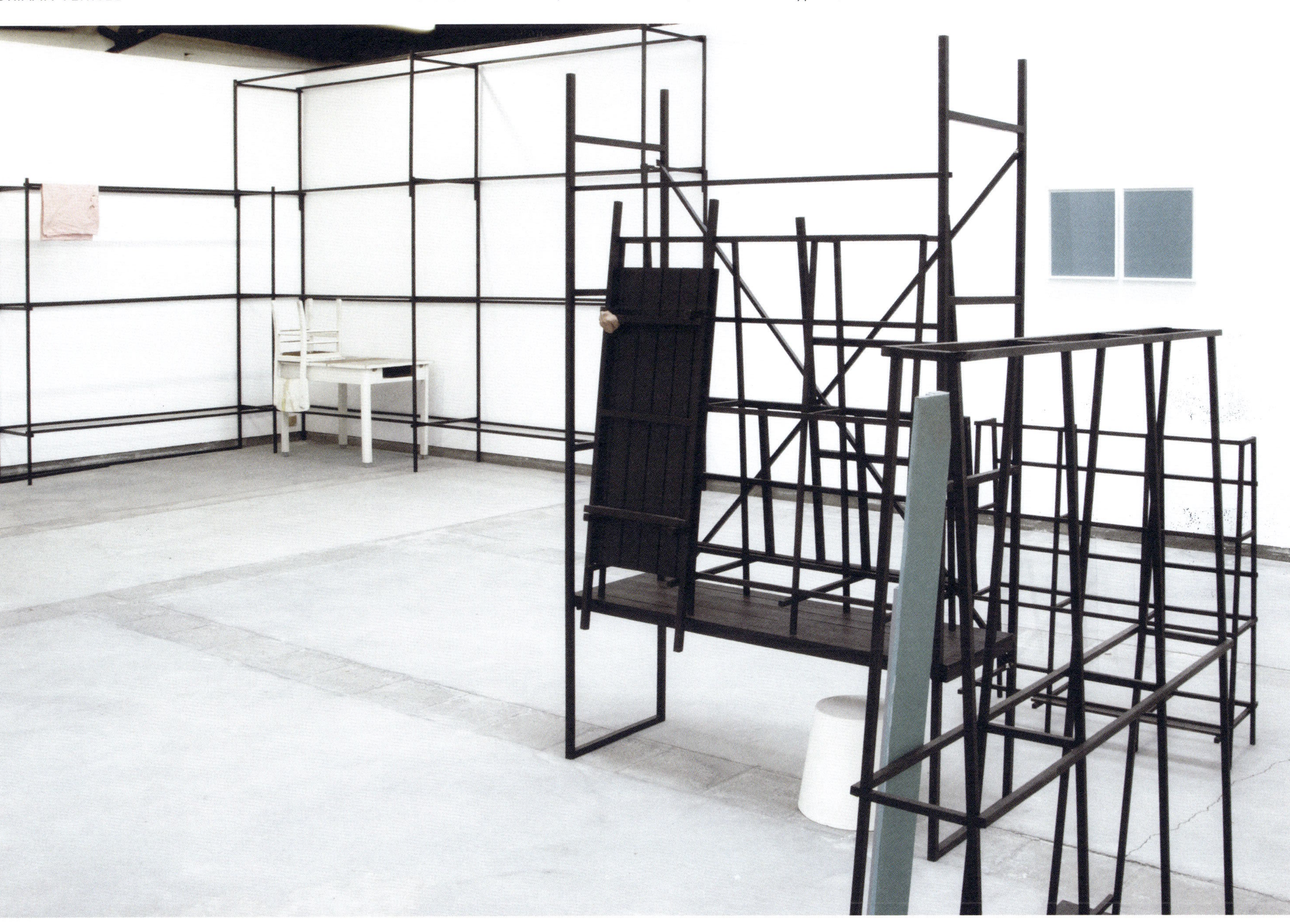

Other People's Trades, Arcade London: untitled arrangement, 2012

Proposition II, 2010

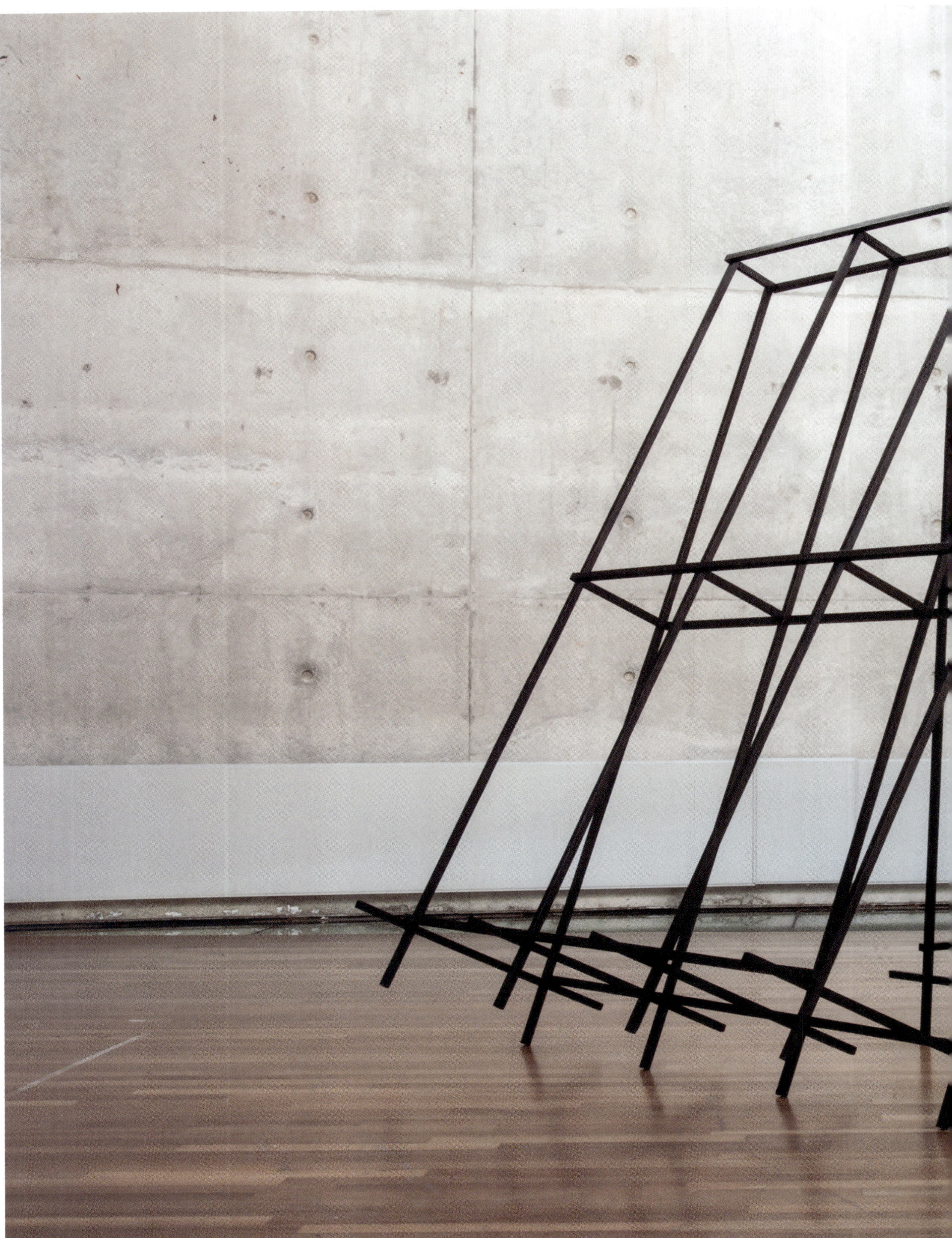

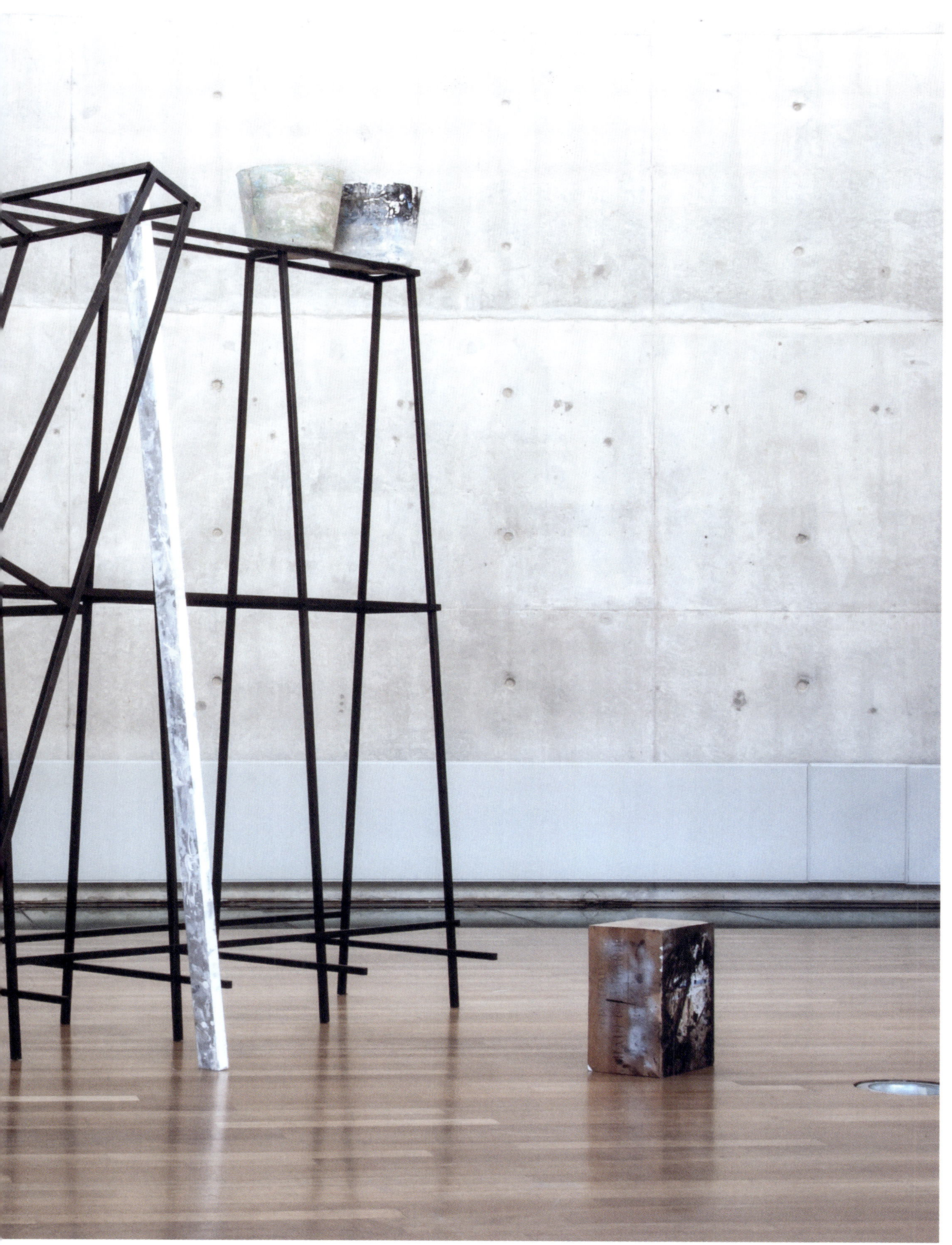

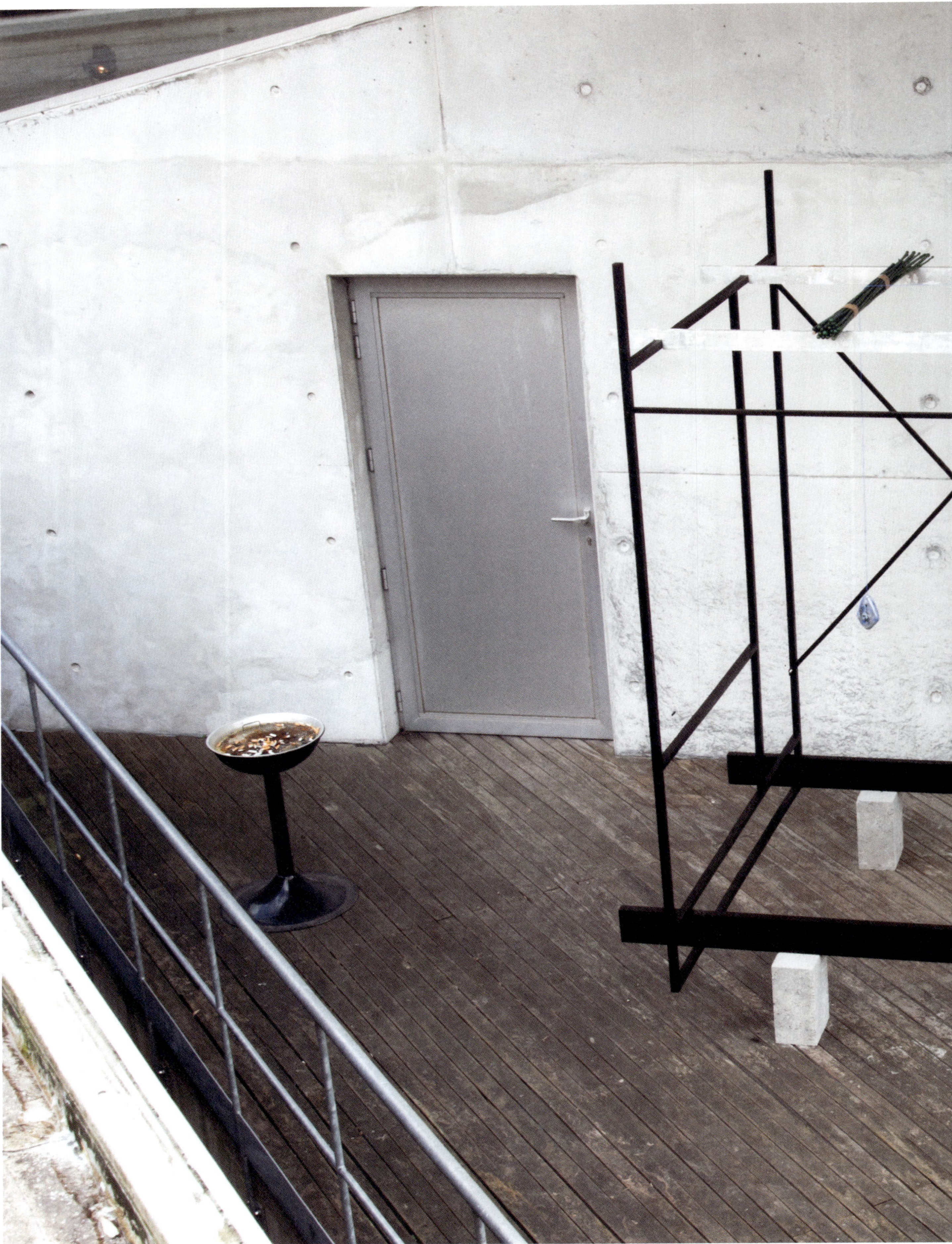

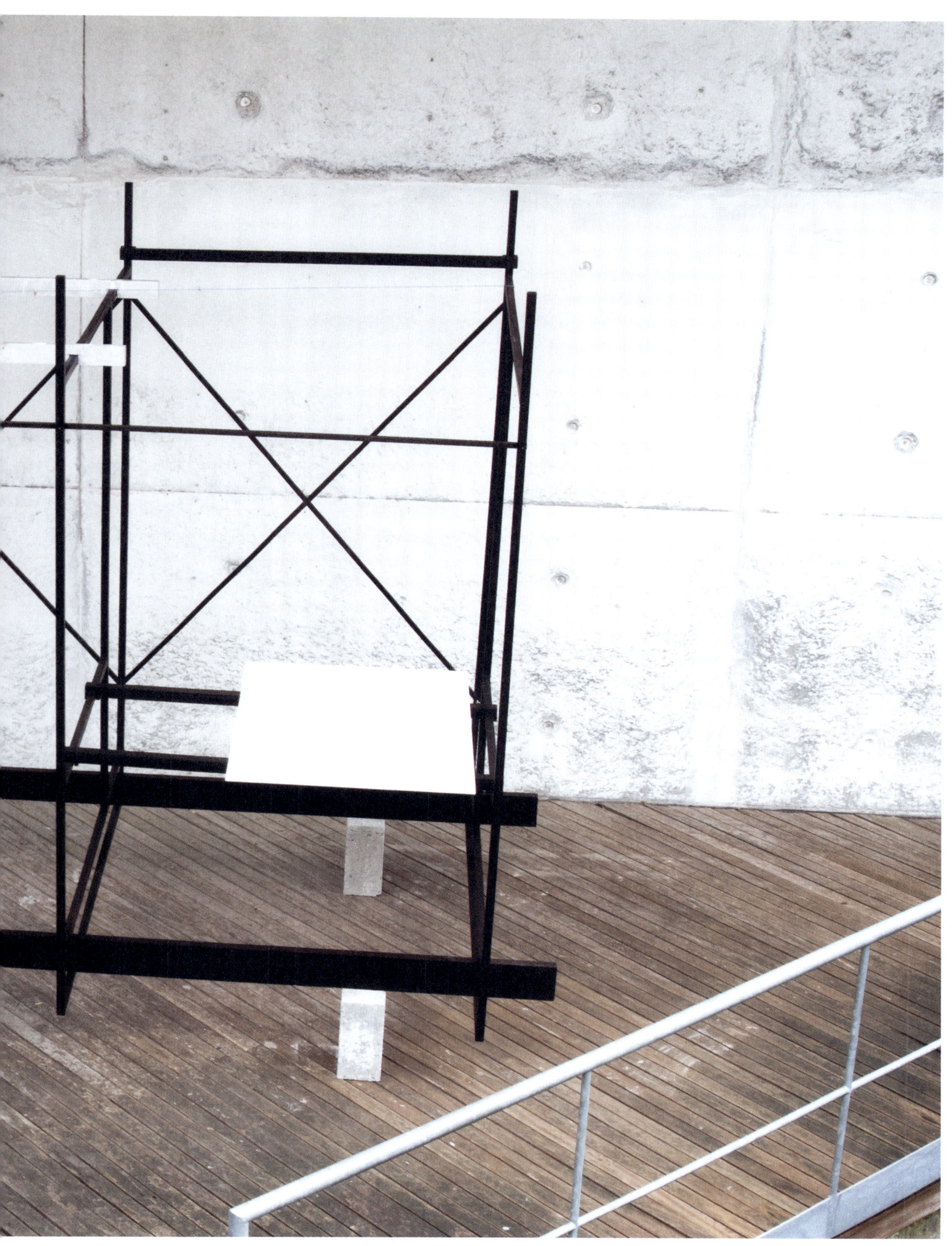

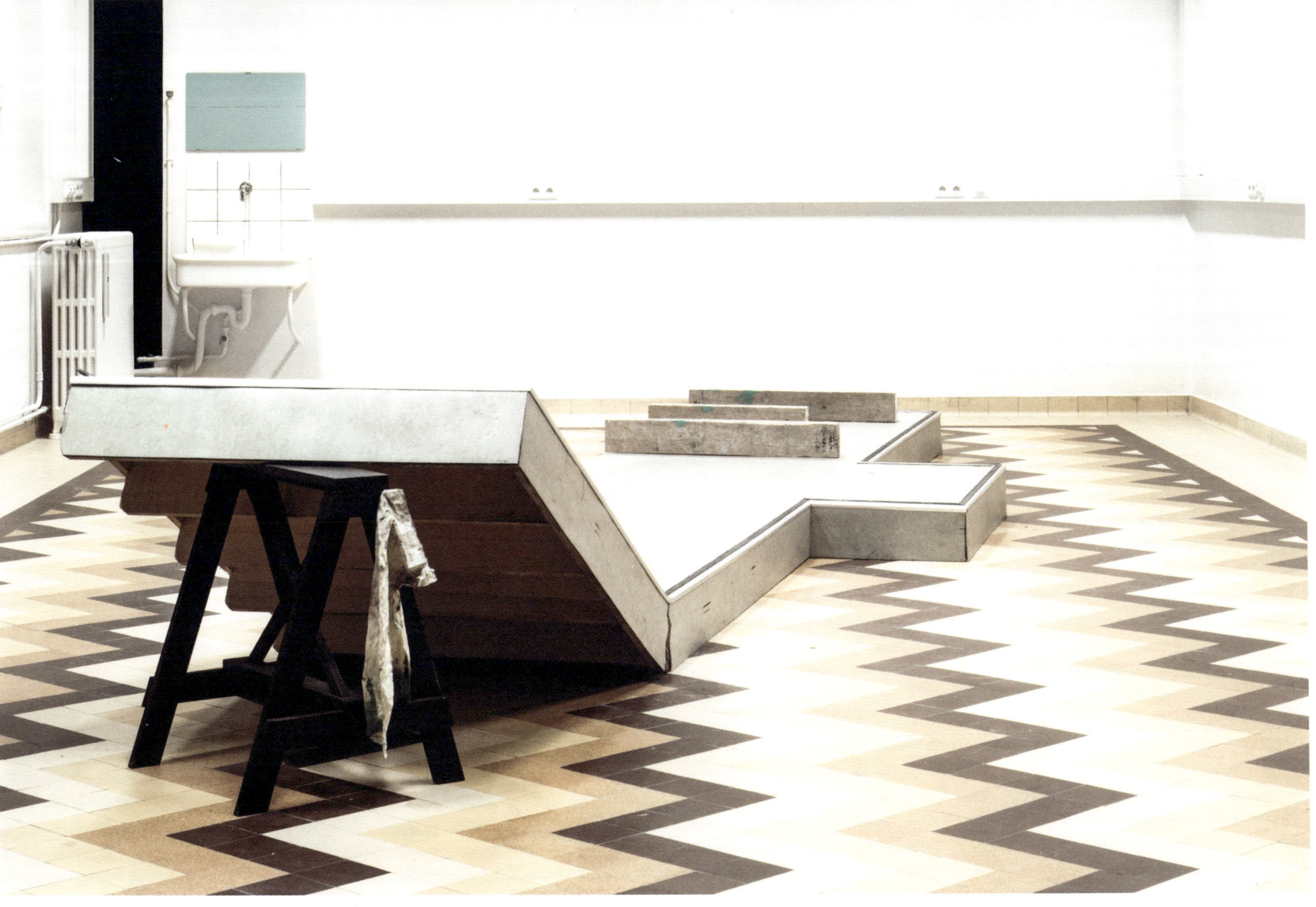

things postponed a, 2012

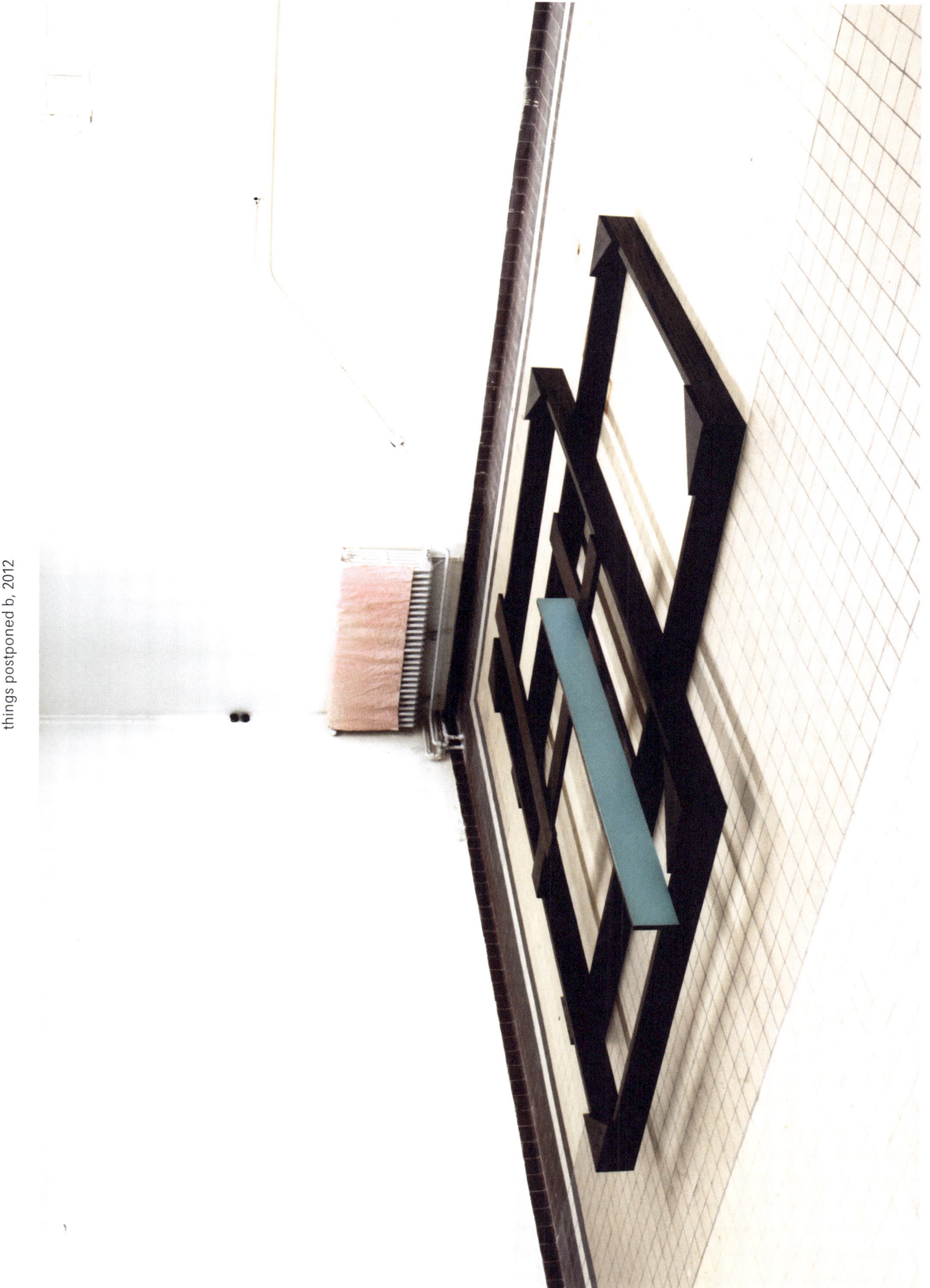

things postponed b, 2012

FALLING IS THE easiest method. Just choose the
location and take one step forward.
    Always be quick about it. [1]

DAYLIGHT. I AM breathing again, retching but
breathing, my body sunk in the mess of the river,
washed ashore at low tide. [2]
he could hear the sigh of the river upon the
mudflats, and the confused murmur of the city behind him; he gazed
up at the human faces in the clouds, then he looked down upon the
ground and saw the small whirlwinds of dust raised by the breeze
which came from the river   and brought with it also the sound of
human voices.[3] The fog has swallowed up whole
streets, and the wind breathes avalanches of soot
into every passage, flecks of ash which trickle from
the rooftops like spoiled snow.[4]
We find   a   Canal to which we would later return in better
light—or possibly not better light, since this was a particularly pretty
shot of the revitalized canal with its new flats and condos replacing
the derelict warehouses and factories that used to wobble along this
stretch until a few years ago. [5]   the city is a
labyrinth, half of stone and half of flesh. It cannot be conceived in its
entirety but can be experienced only as a wilderness of alleys and
passages, courts and thoroughfares, in which even the most
experienced citizen may lose the way; it is curious, too, that this
labyrinth is in a continual state of change and expansion. [6]
The place was a complete zoo. Hundreds of people were storming
around and all of them wanted to walk wherever I was walking. [7]
It was amazing to see how many places were "protected" by CCTV:
the tube and tube stations, pubs, restaurants, sidewalks, roads and
many other places. Apparently, the average   citizen   is captured
on CCTV over 300 times per day. [8]
Then there's also the colourful spaghetti bowl of initial tube confusion and the
impressive brown buildings. They all look so majestic, that I photograph every
single one I come across, 'cause they all surely seem to be of some historical
importance! [9]

¹ ᵃ ² Lee Jackson, <u>London Dust</u> (London: Arrow Books Ltd, 2003)
³ Peter Ackroyd, <u>Hawksmoor</u> (London: Hamish Hamilton Ltd, 1985)
⁴ Lee Jackson, <u>London Dust</u> (London: Arrow Books Ltd, 2003)
⁵ Kat Richardson's weblog, "My Own Personal Grey — London
Travelogue, Day the First", 21.5.2008 <http://katrich.wordpress.com/2008/05/21/london-
travelogue-day-the-first/>
⁶ Peter Ackroyd, <u>London: The Biography</u> (London: Chatto & Windus, 2000)
⁷ Steve Revare's blog, "Journal of Aesthetic Suffering — Jetlag Causes Three
Casualties", 8.12.2008 <http://revare.blogspot.com/2008/12/jet-lag-claims-three-
casualties.html>
⁸ Nathan Lustig, "Travelogue: London", 17.8.2009
<http://www.nathanlustig.com/2009/08/17/travelogue-london/
⁹ Anonymous, "Proud to be South African — in London. Living in London, UK", date
unknown <http://www.solotravel.org/proud-south-african-london.htm

The byways of the city resemble thin veins and its parks are like lungs. In the mist and rain of an urban autumn, the shining stones and cobbles of the older thoroughfares look as if they are bleeding.[10]
the quantity of rain that falls in the metropolis in the course of the year is just up to ones knees* (twenty-four inches per annum is the average of twenty-seven years),—where one-fifth of the winds that blow are north-easterly—where, for three months out of every twelve, the thermometer ranges below 40°, and for another three months below 50°,[11]

The city as body

It is fleshy and voracious, grown fat upon its appetite for people and for food, for goods and for drink; it consumes and it excretes, maintained within a continual state of greed and desire.

For Daniel Defoe, the city was a great body which 'circulates all, exports all, and at last pays for all'. That is why it has commonly been portrayed in monstrous form, a swollen and dropsical giant which kills more than it breeds.[12] And as far as I could see were the solid walls of brick, the slimy pavements, and the screaming streets ; and for the first time in my life the fear of the crowd smote me. It was like the fear of the sea ; and the miserable multitudes, street upon street, seemed so many waves of a vast and malodorous sea, lapping about me and threatening to well up and over me.[13] There was once a music-hall song entitled 'Why Can't We Have the Sea in the city?', but the question is redundant; the site of the capital, fifty million years before, was covered by great waters.[14]

The waters have not wholly departed, even yet, and there is evidence of their life in the weathered stones of the city There is much talk about the beneficial influence of pictures, music and litera-ture upon the multitudes. Money, like water, is being poured forth to supply such attractions in Museums, People's Palaces, and the like, for the edification and amelioration of the social condition of the masses.[15] The inspira-tion of this citycomes from the argument between its multilayered past and its neurotic future: the impulse to erase memory and start again. The shifts and moods of city light, cloud mattress-es broken by unexpected shafts of sunlight, that too is inspiring.[16]
The biography of the City also defies chronology.[17]

[10] Peter Ackroyd, <u>London: The Biography</u> (London: Chatto & Windus, 2000)
[11] Henry Mayhew, <u>Home is home, be it never so homely</u>, in Viscount Ingestre ed. Meliora: or Better Times to Come. Being the Contributors of Many Men Touching the Present State and Prospects of Society, First Series (London: W.Parker 1852)
[12] Peter Ackroyd, <u>London: The Biography</u> (London: Chatto & Windus, 2000)
[13] Jack London, <u>People of the Abyss</u>, (London: Isbister and Company Ltd, 1903)
[14] Peter Ackroyd, <u>London: The Biography</u> (London: Chatto & Windus, 2000)
[15] General Booth, <u>In Darkest England</u> (London: Salvation Army, 1890)
[16] Tom Bullough: <u>The Rough Guide to London by the Book</u> (Rough guides Ltd, 2006)
[17] Peter Ackroyd, <u>London: The Biography</u> (London: Chatto & Windus, 2000)

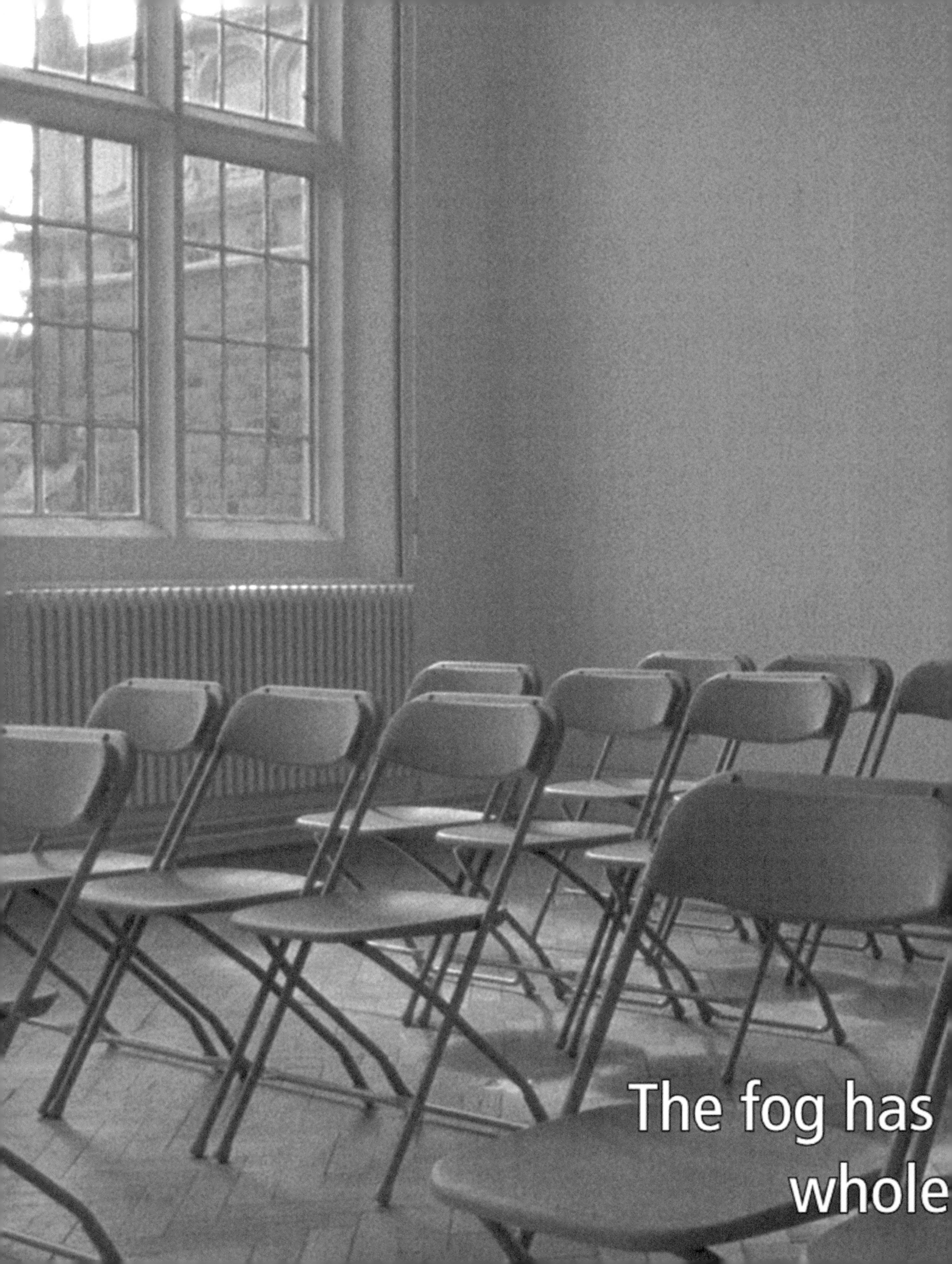
The fog has
whole

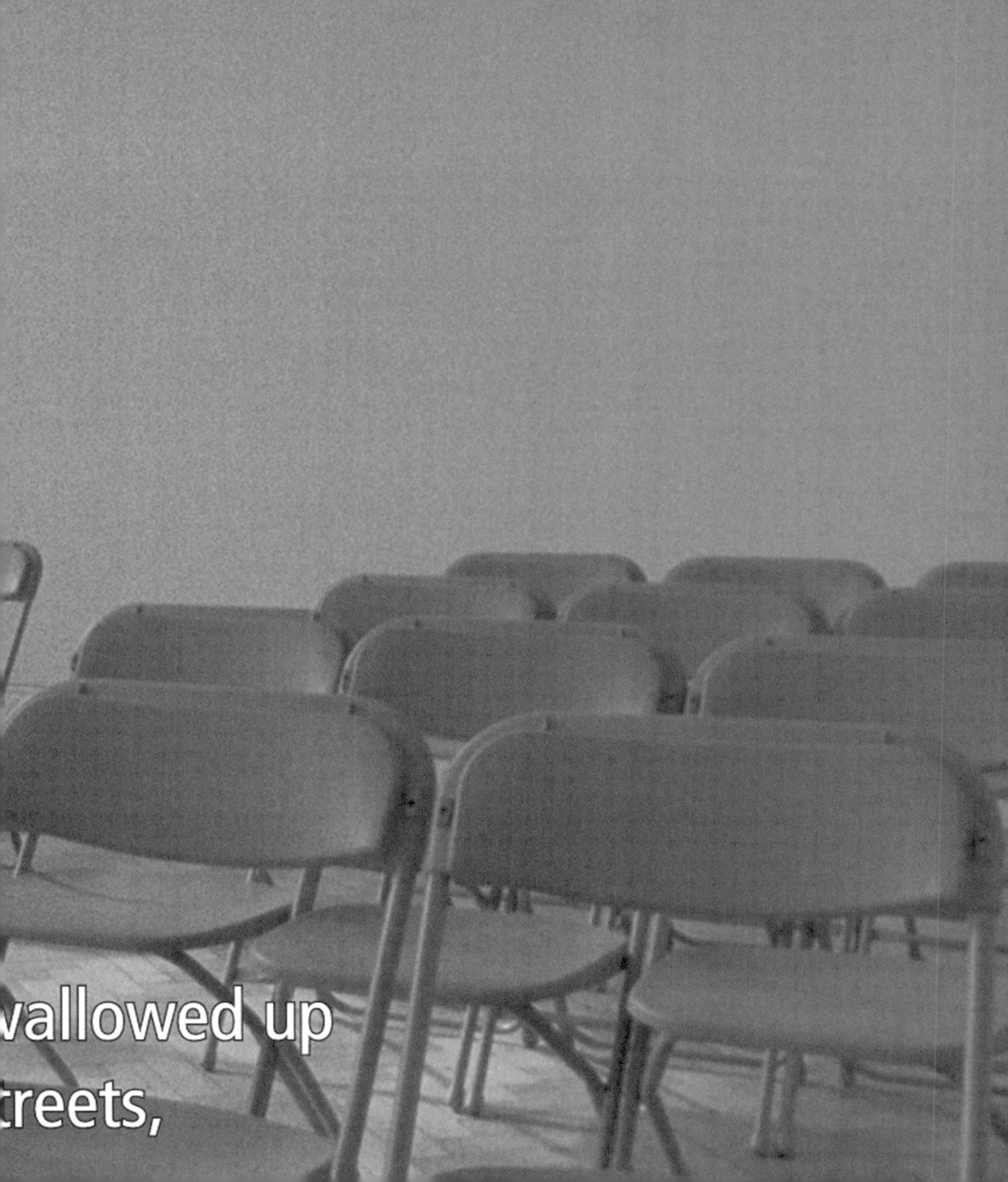
vallowed up
treets,

The city is a
half of stone ar

abyrinth,
half of flesh.

The city

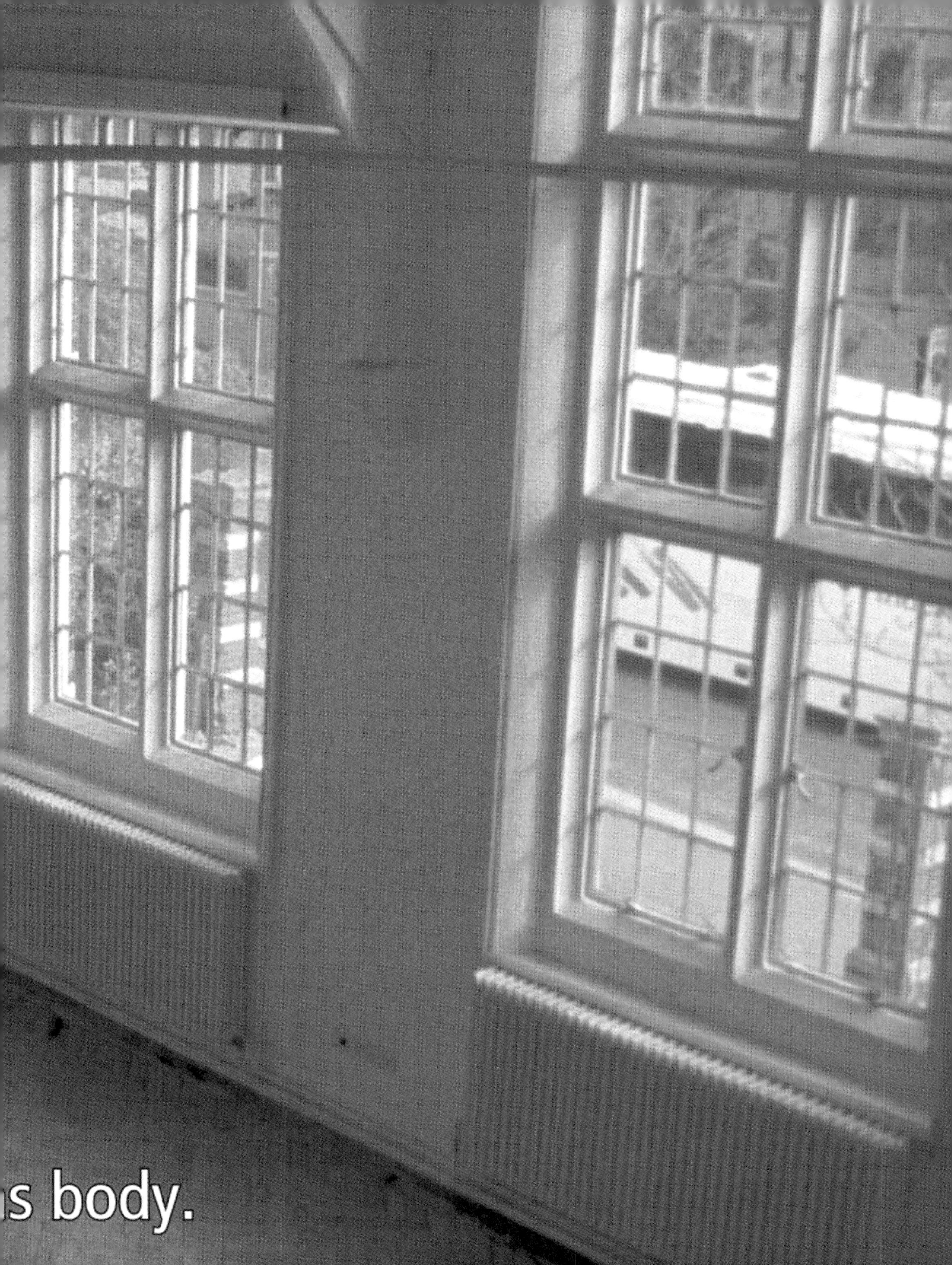
s body.

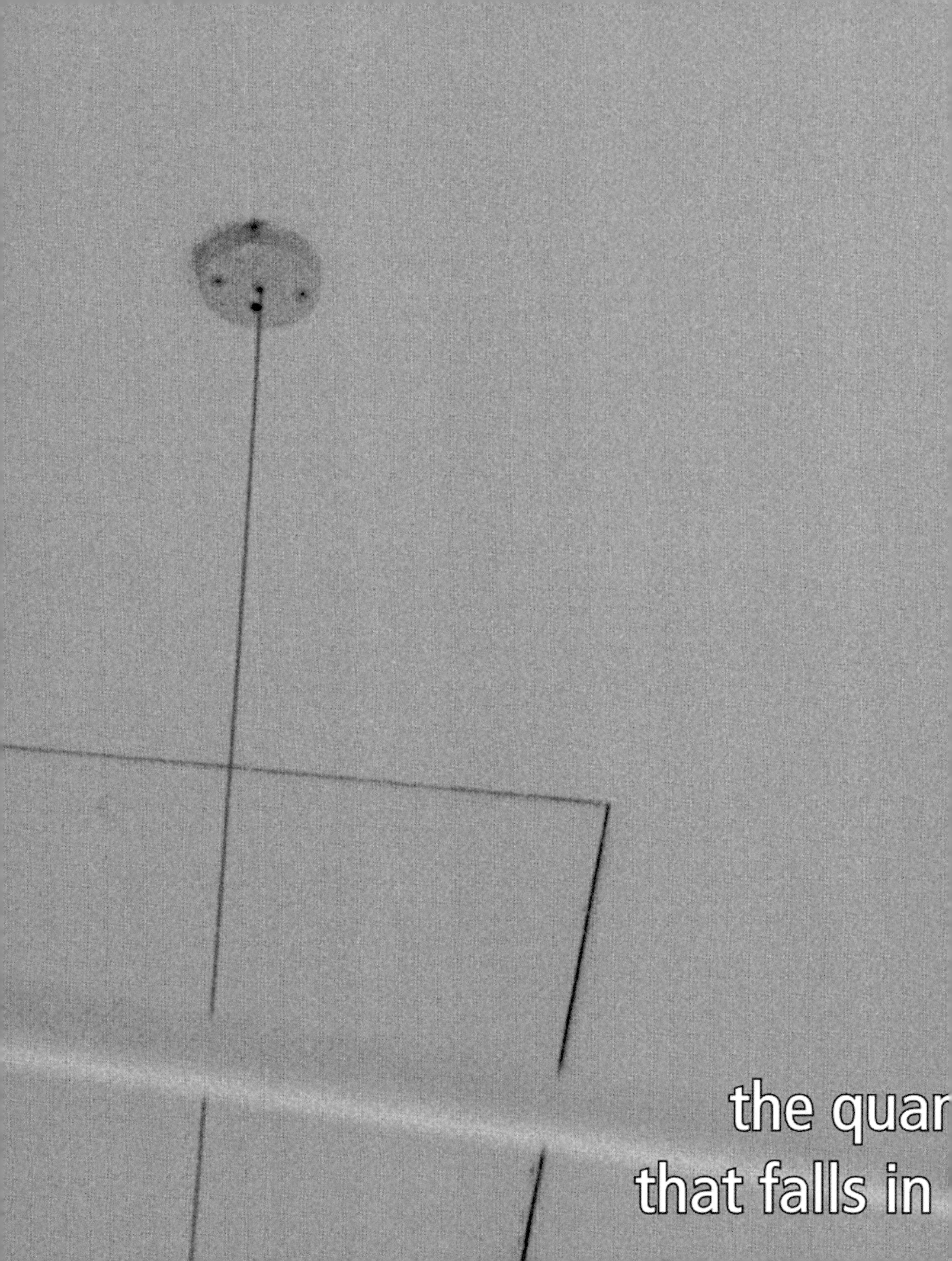
the quar
that falls in

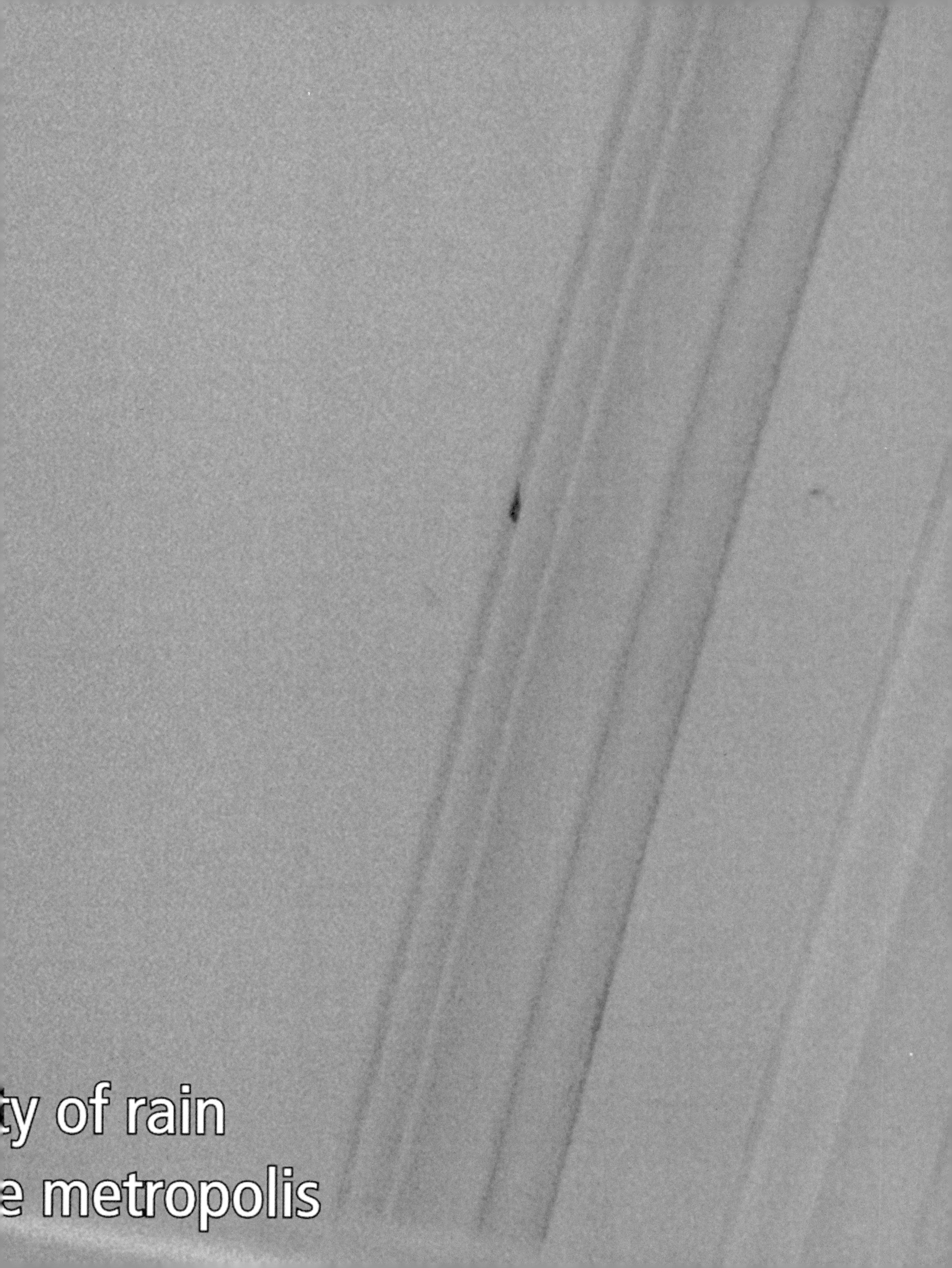

ty of rain

e metropolis

ADRIANO COSTA

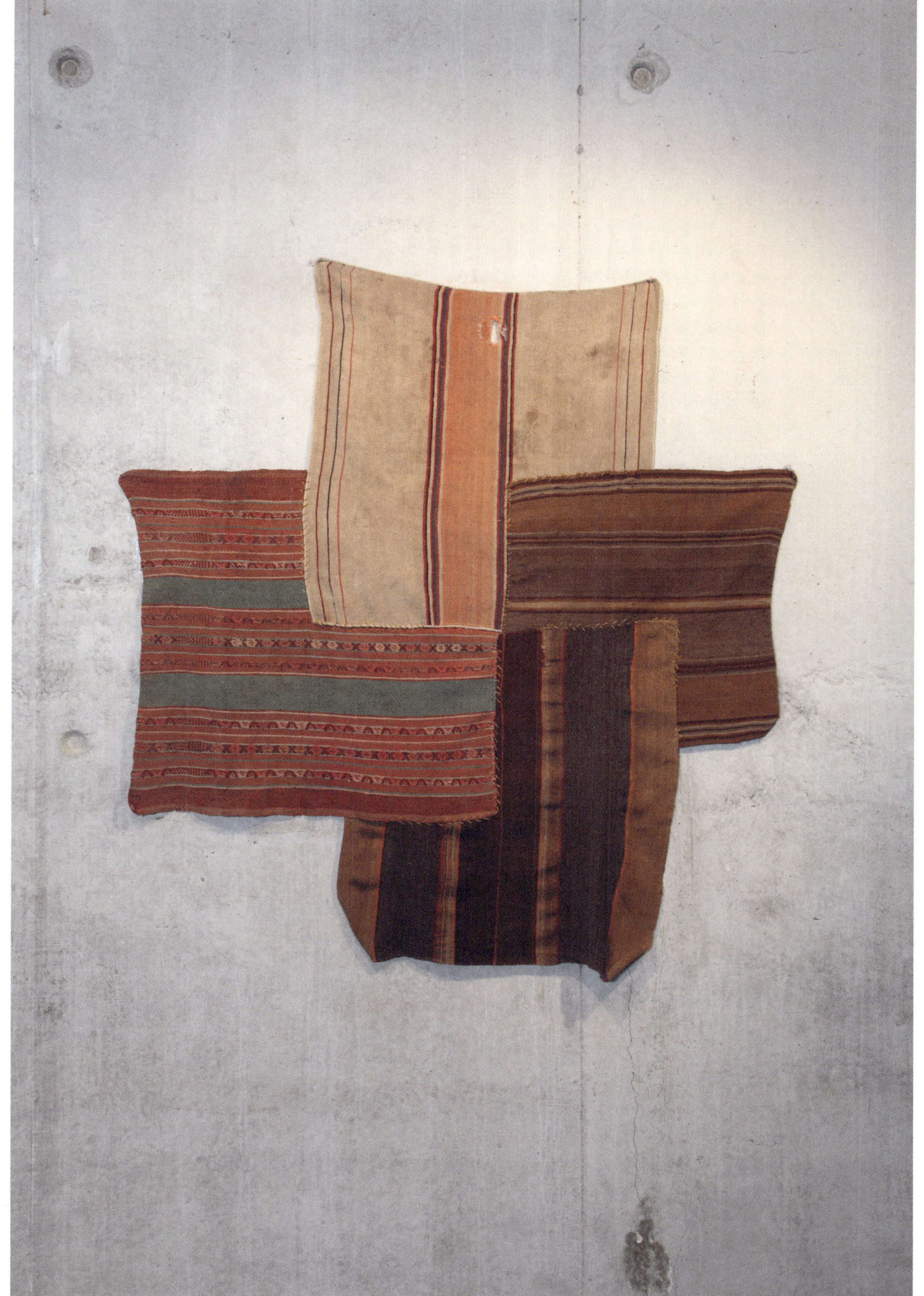

1, 2, 3, 4 Little Indians ou Geometria Popular, 2013

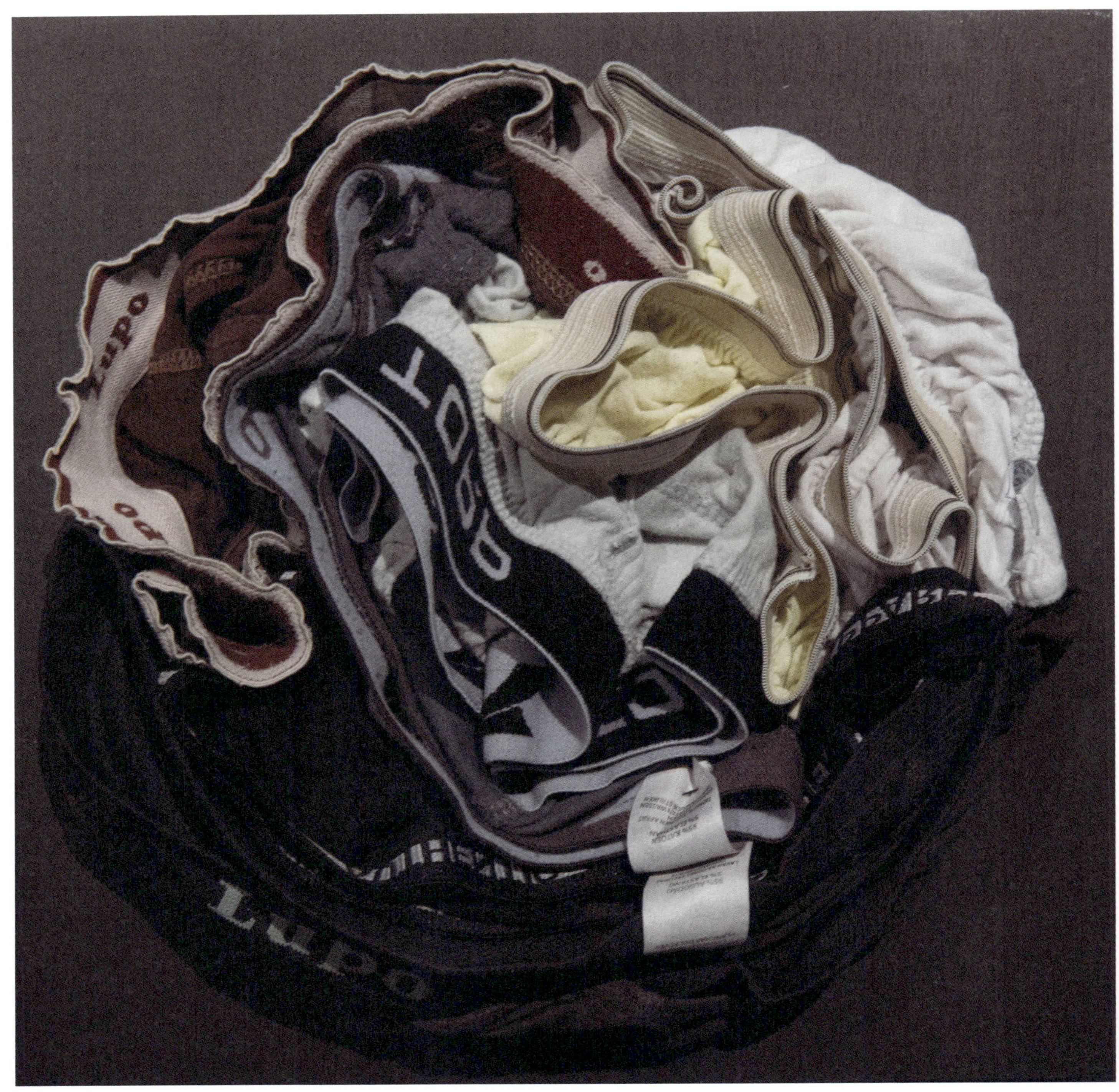

Rosa, 2013

Overleaf: Constelação, 2012; 1, 2, 3, 4 Little Indians ou Geometria Popular, 2013; Red Marble – Monumento, 2013 and O Astro, 2012 (installation view)

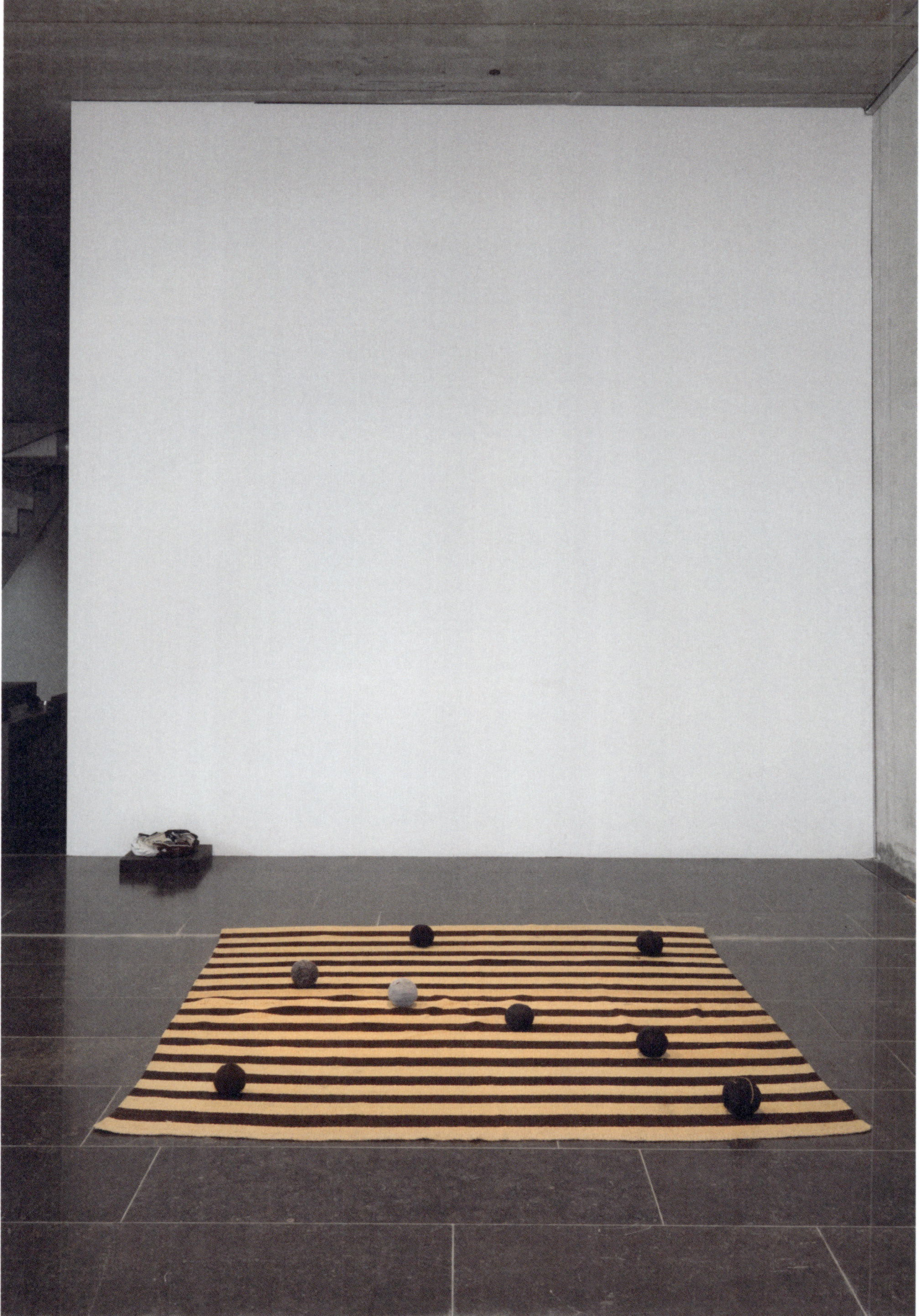

Rosa, 2013 and Constelação (installation view), 2012

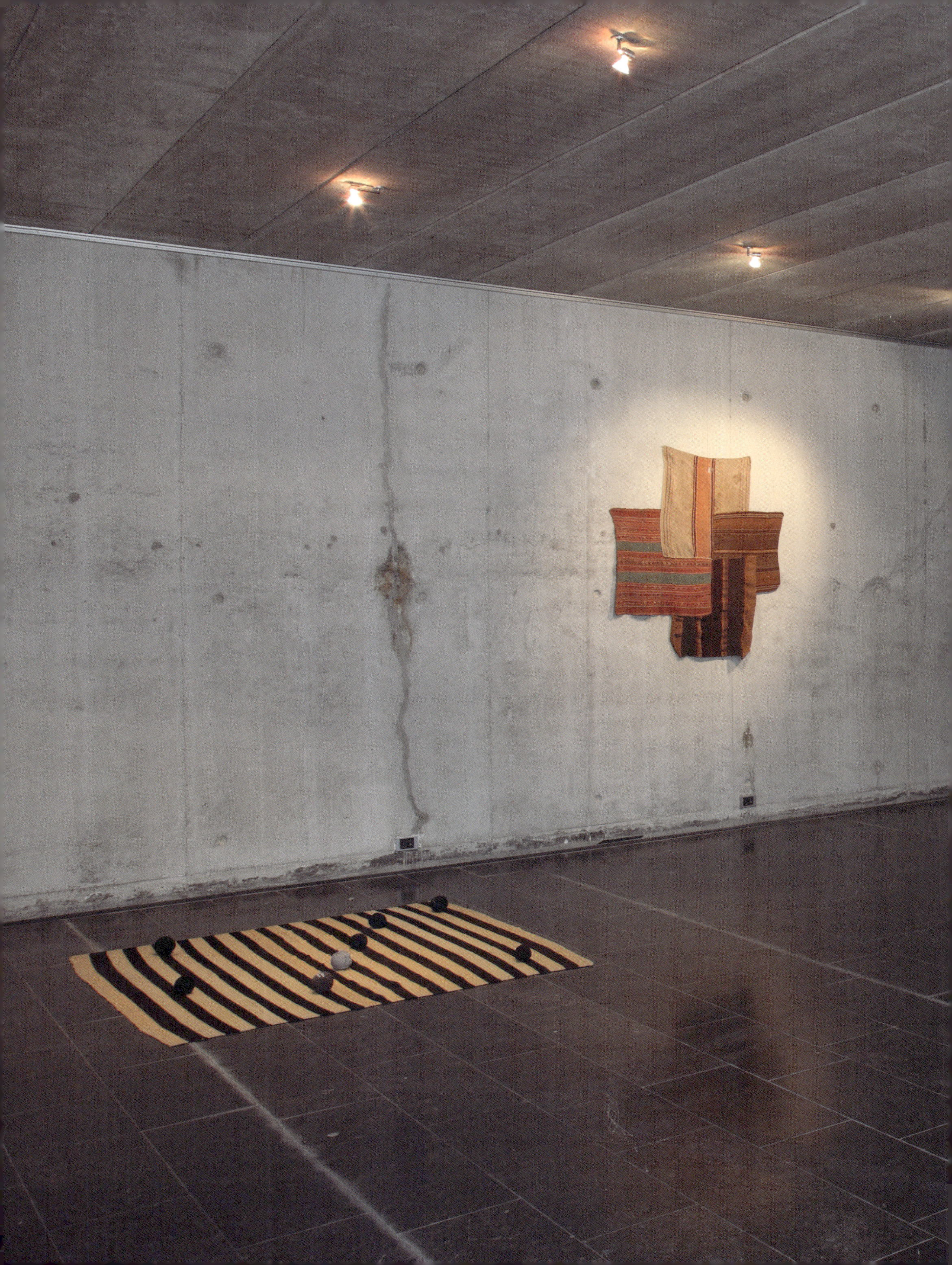

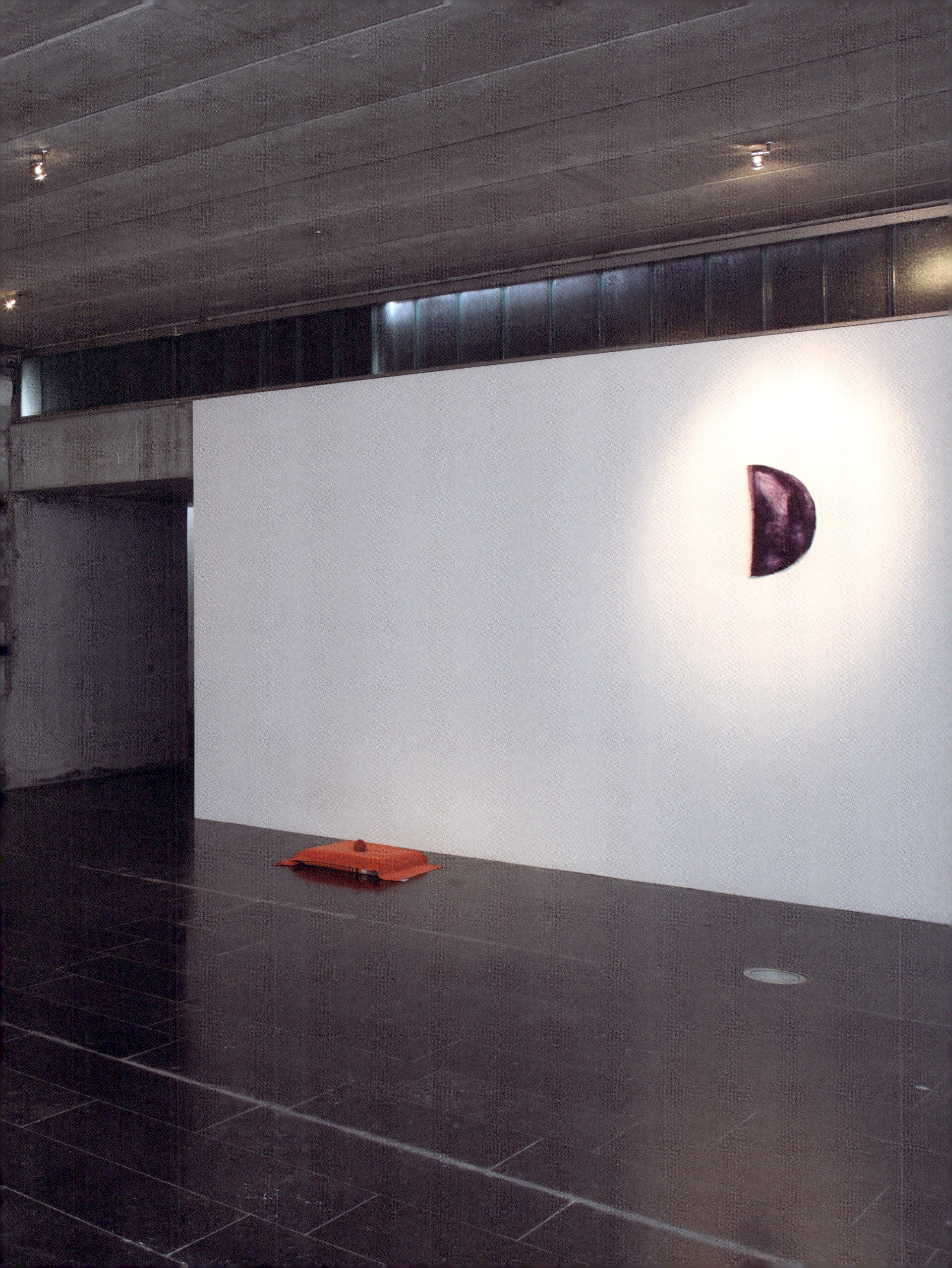

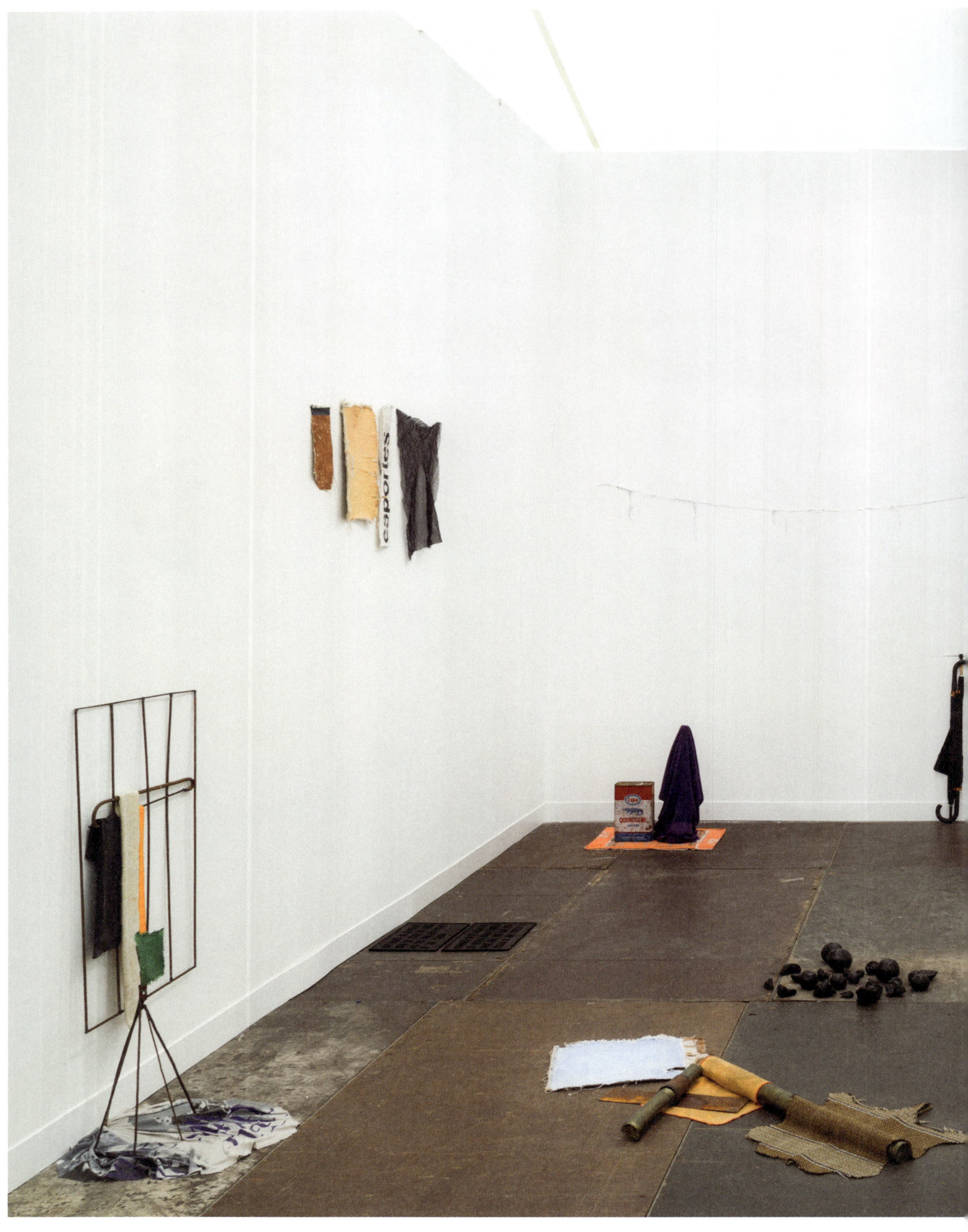

esportes
QUEROSENE

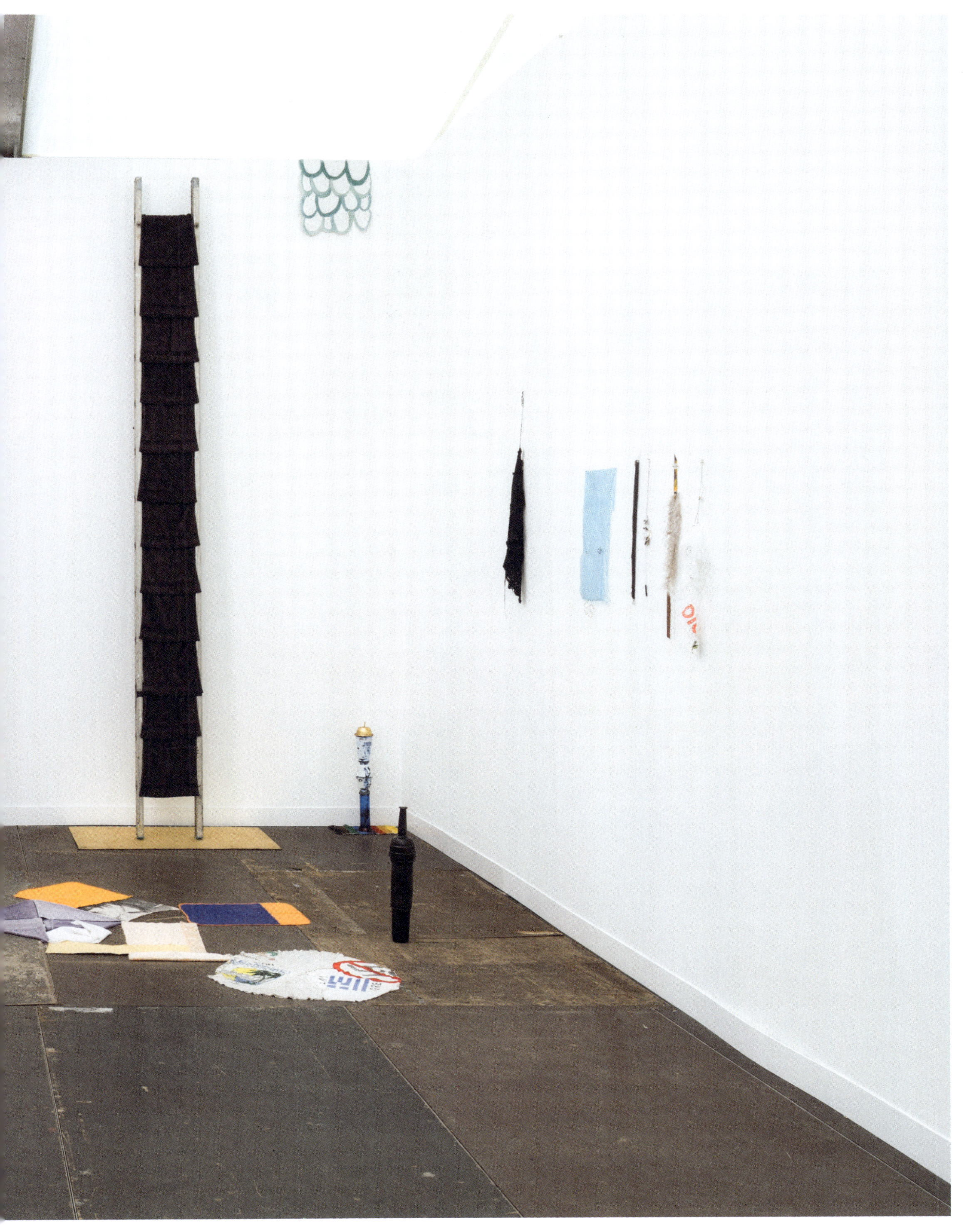

From my body comes, Through your body goes, 2012

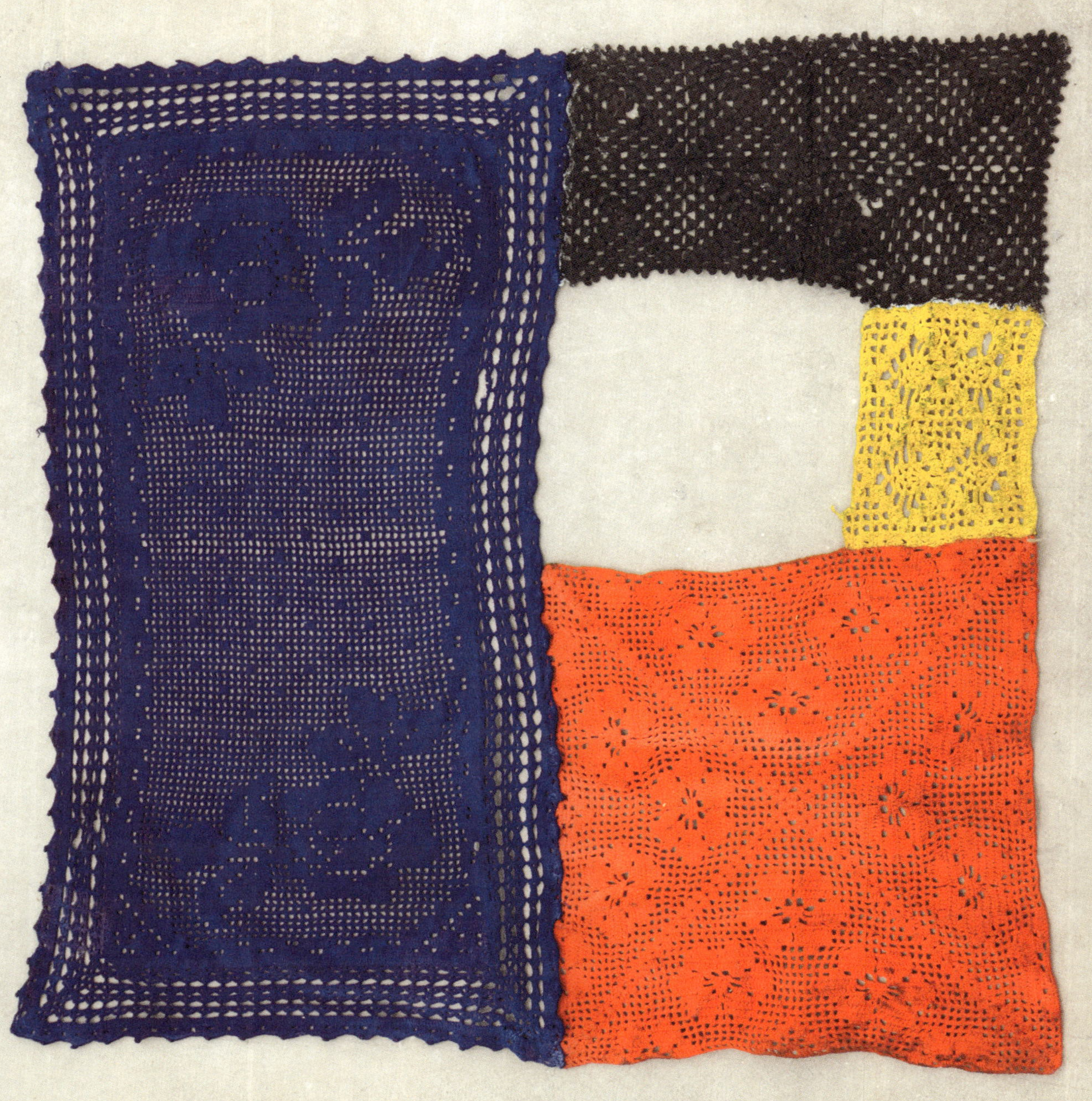

A Place Built To Be Destroyed, 2012

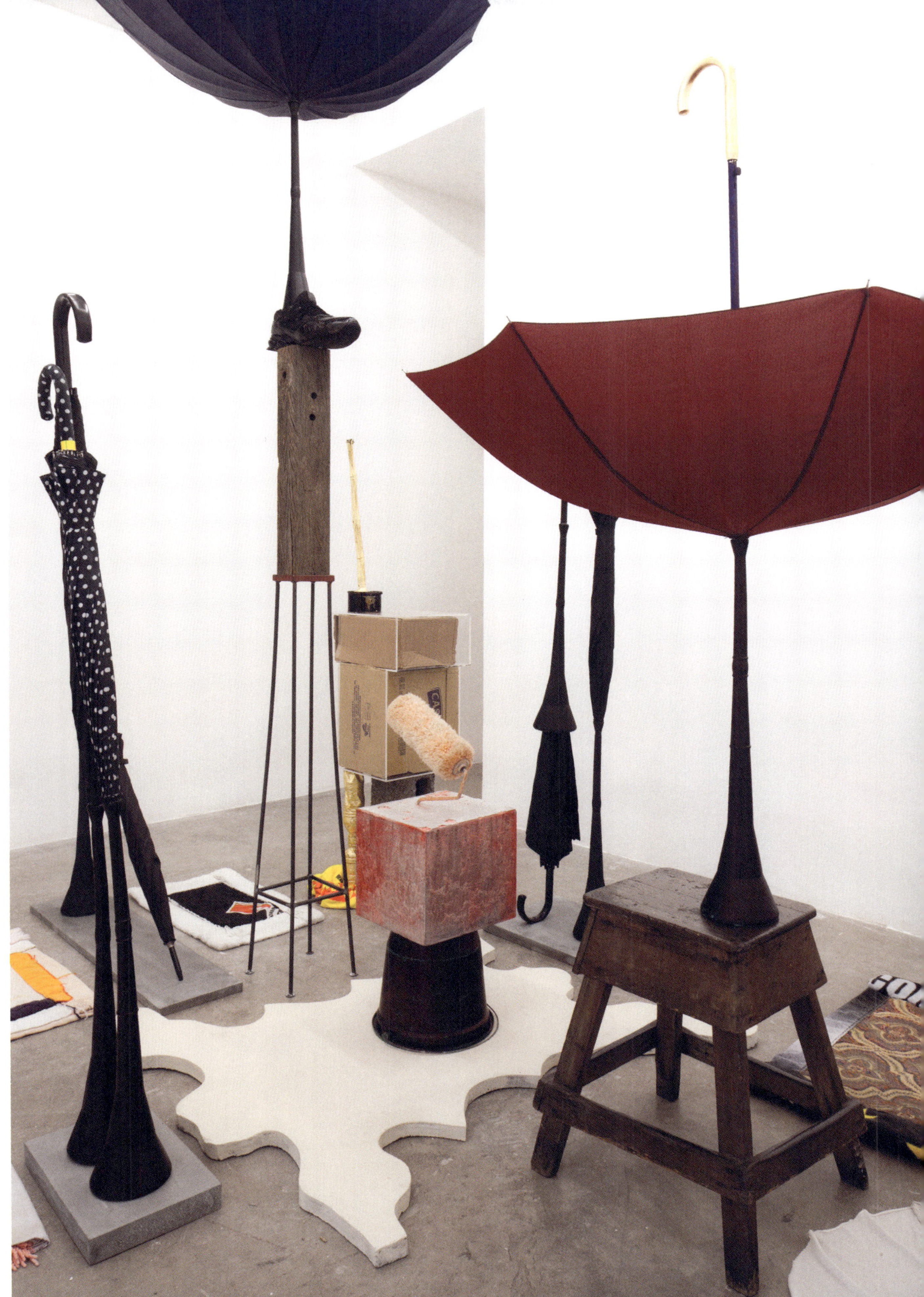

A Colônia, 2012

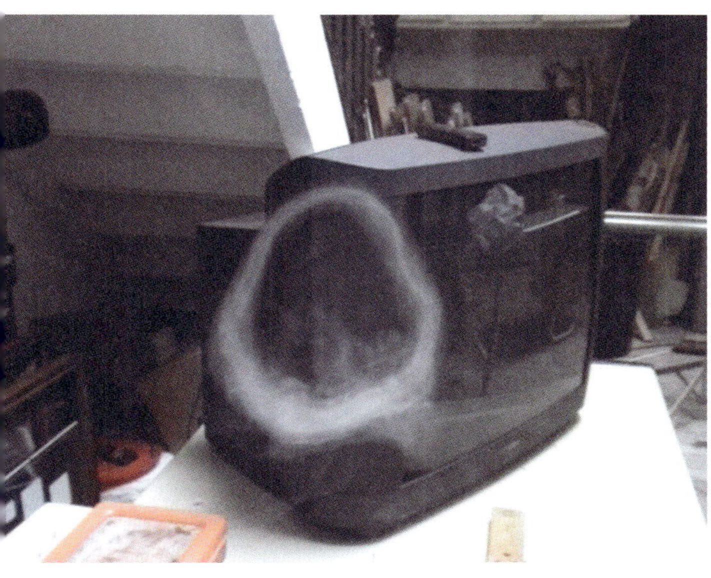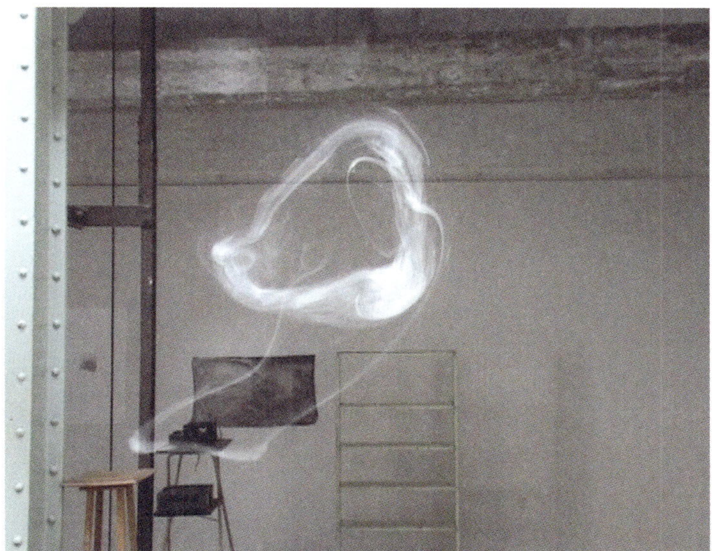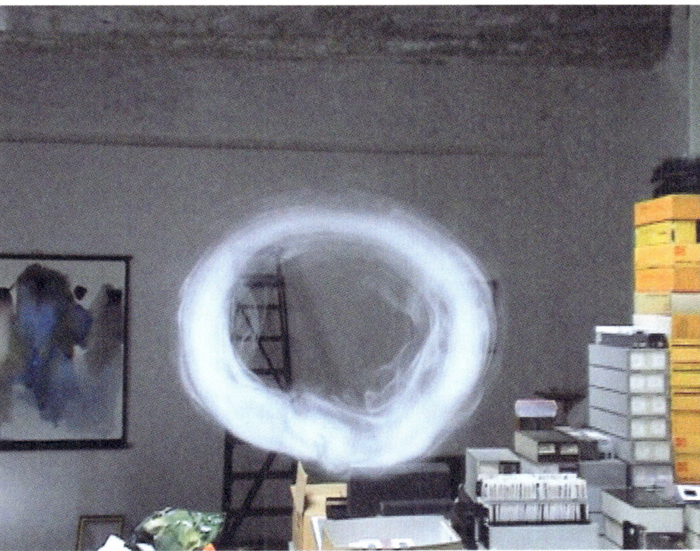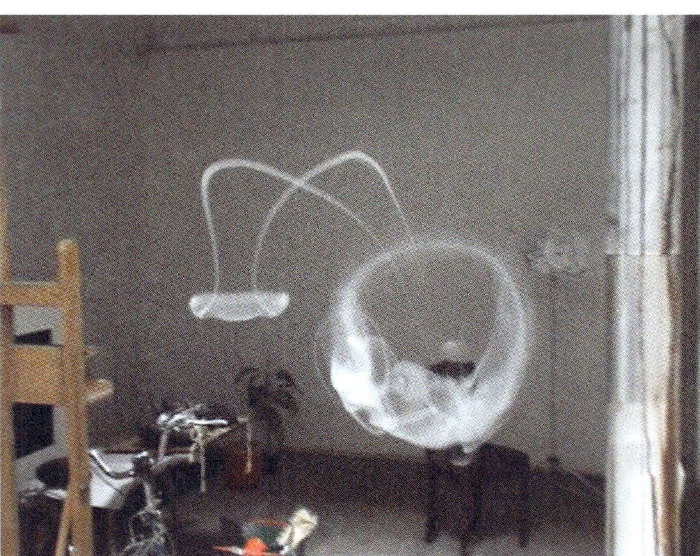

Atelier 2007-2008, 00h00'05''01 (December 2007) / 00h15'14''24 (May 2008) / 00h49'10''05 (September 2008) / 01h14'32''18 (October 2008)

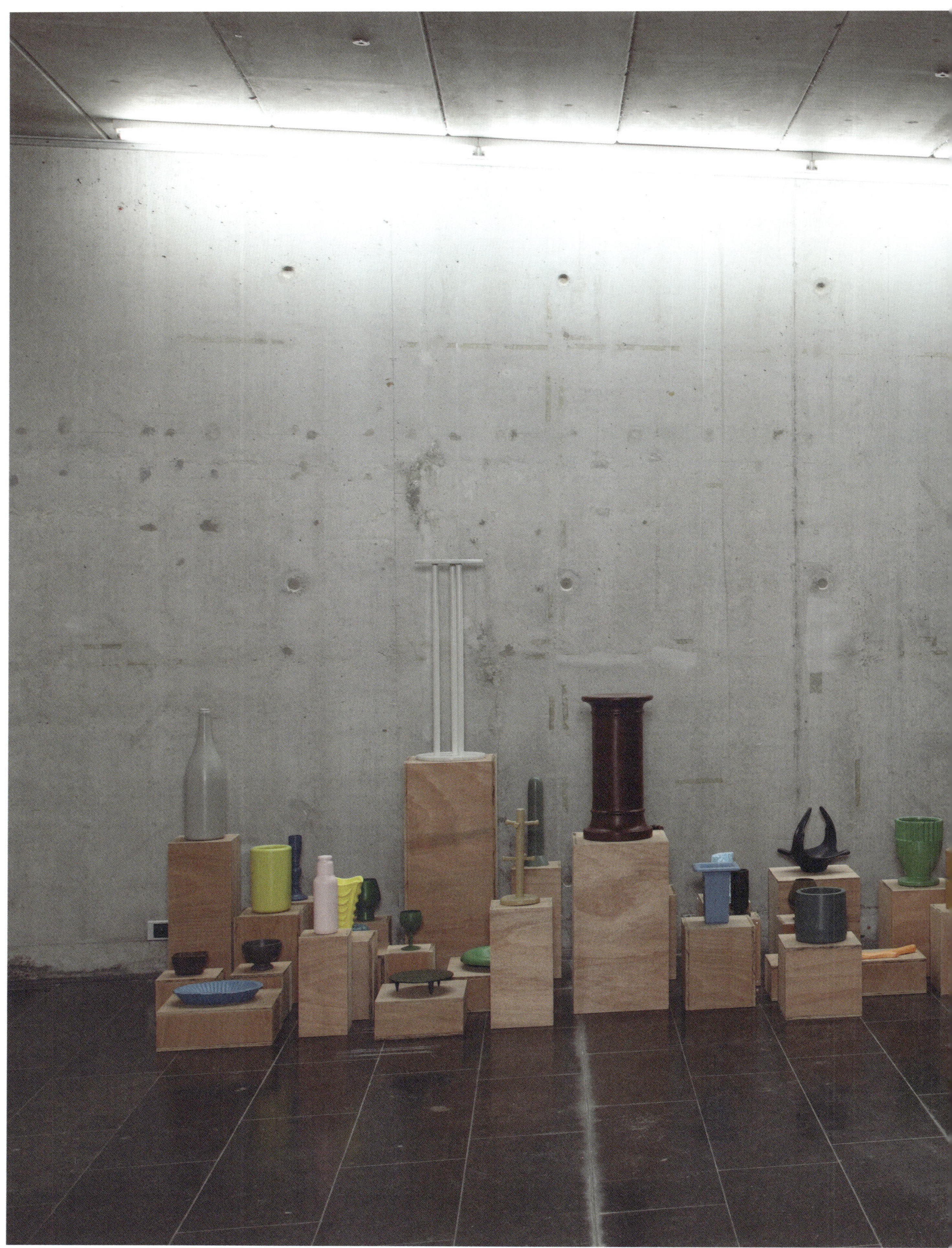

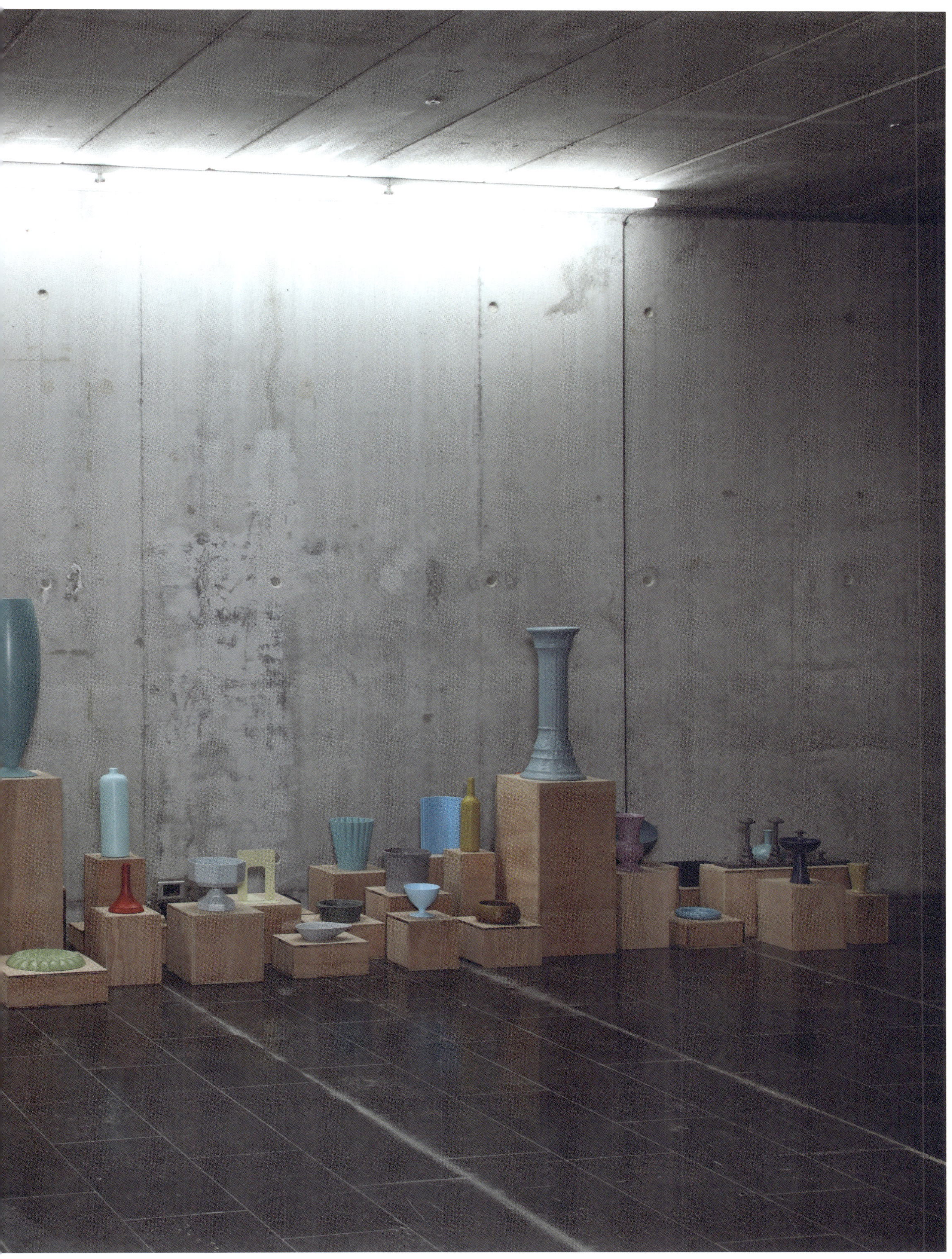

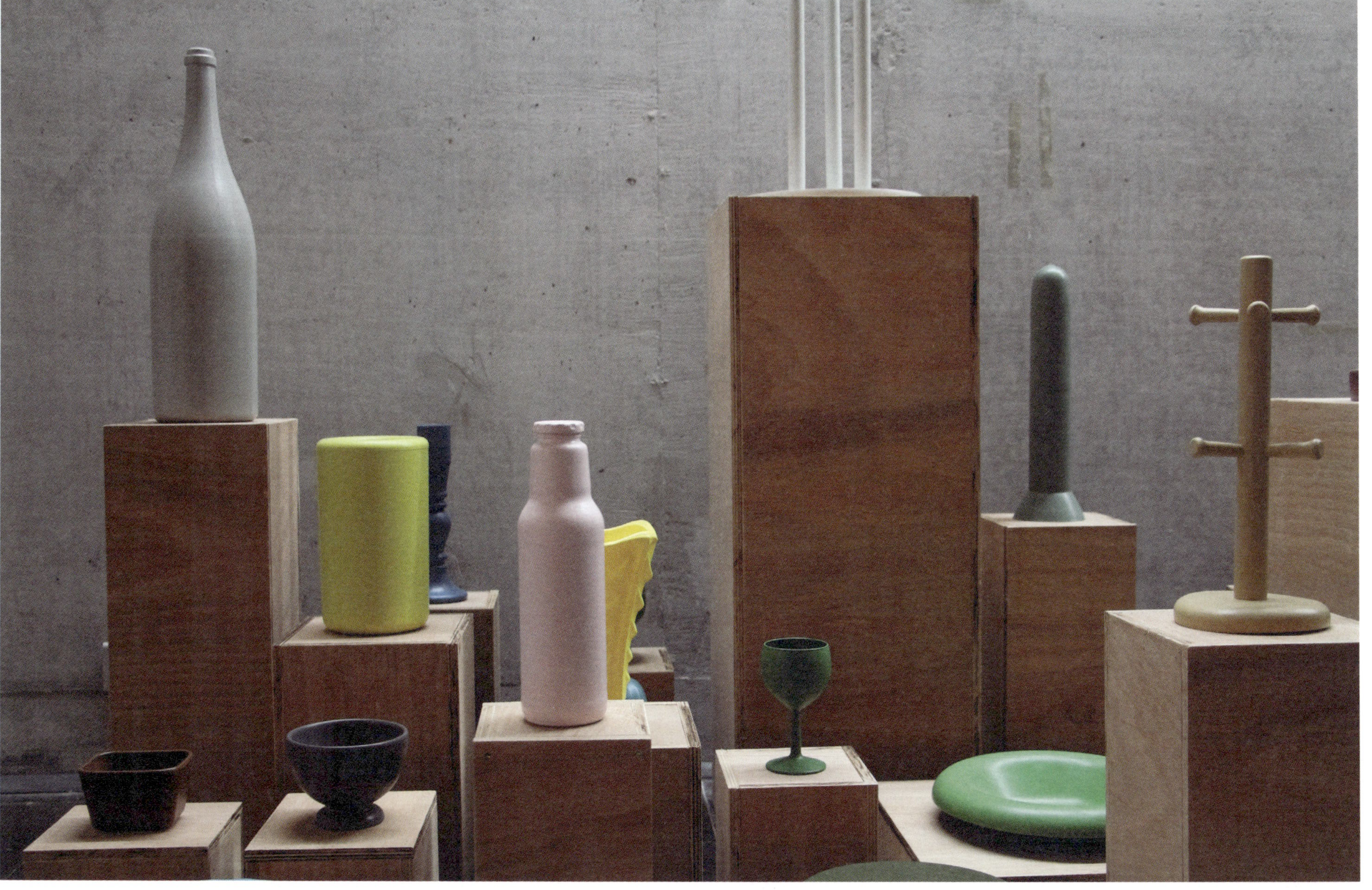

Objets de Bruxelles, 2011-2012-2013 (details)

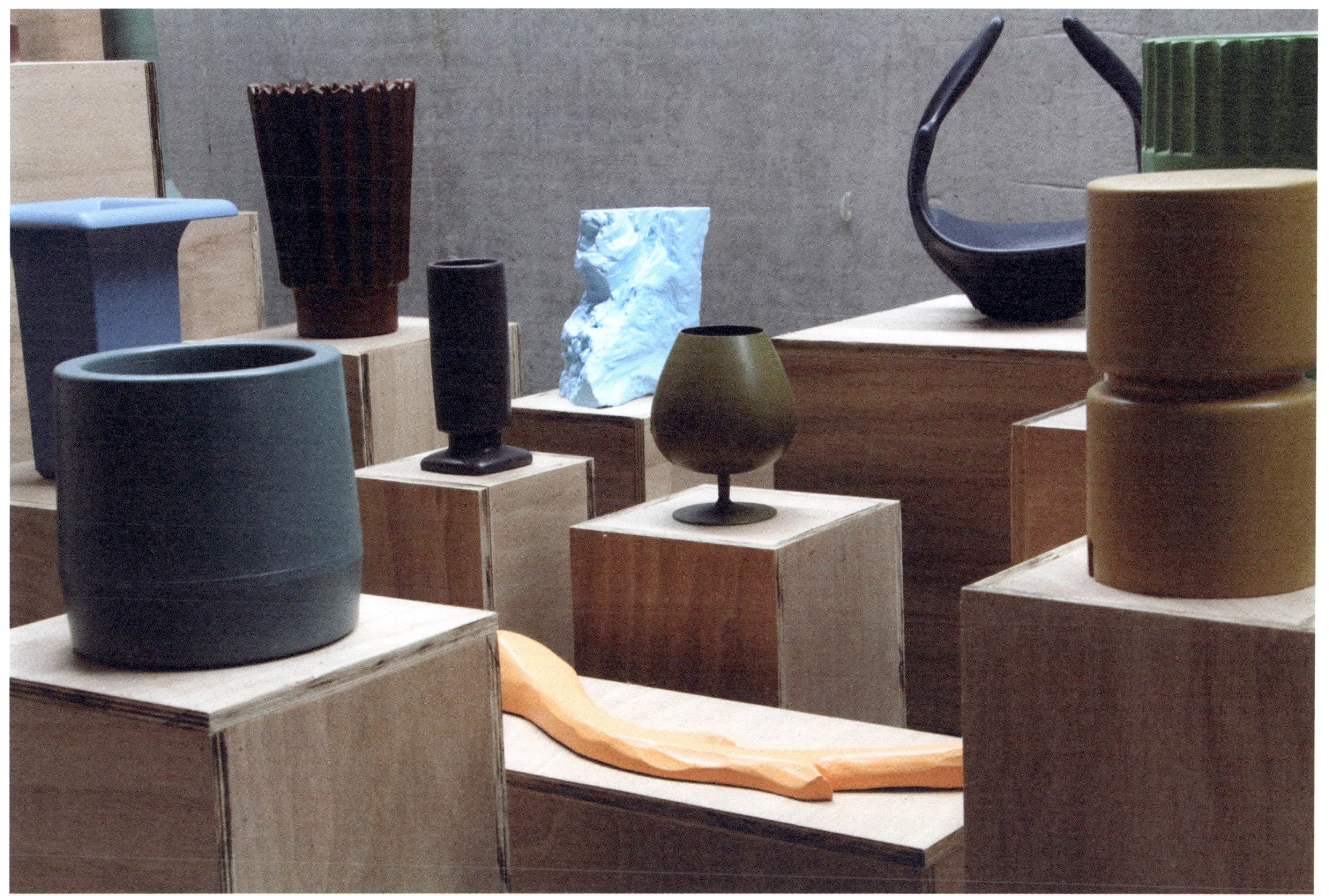

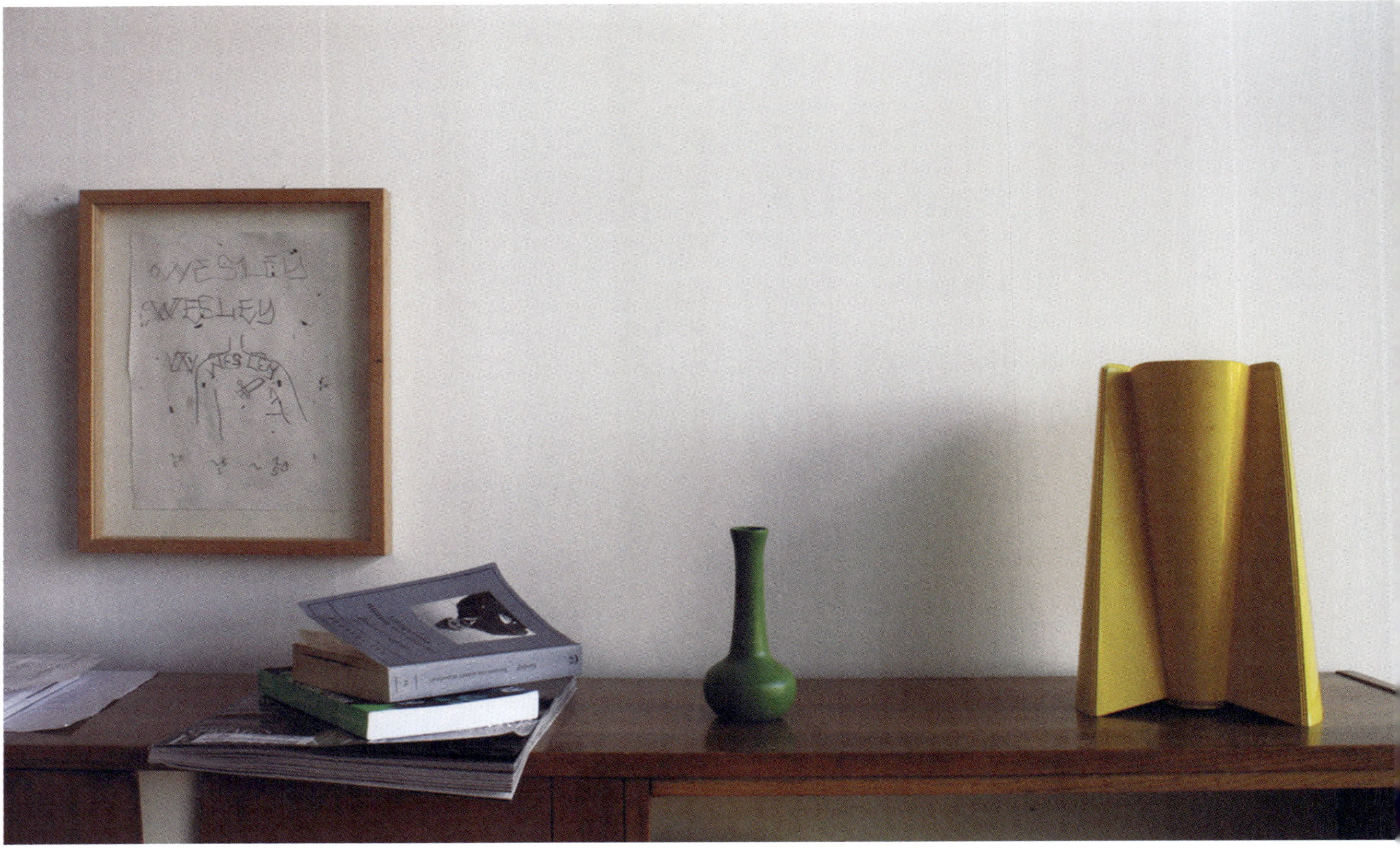

American Object n°1, 2012

American Object n°5, 2012

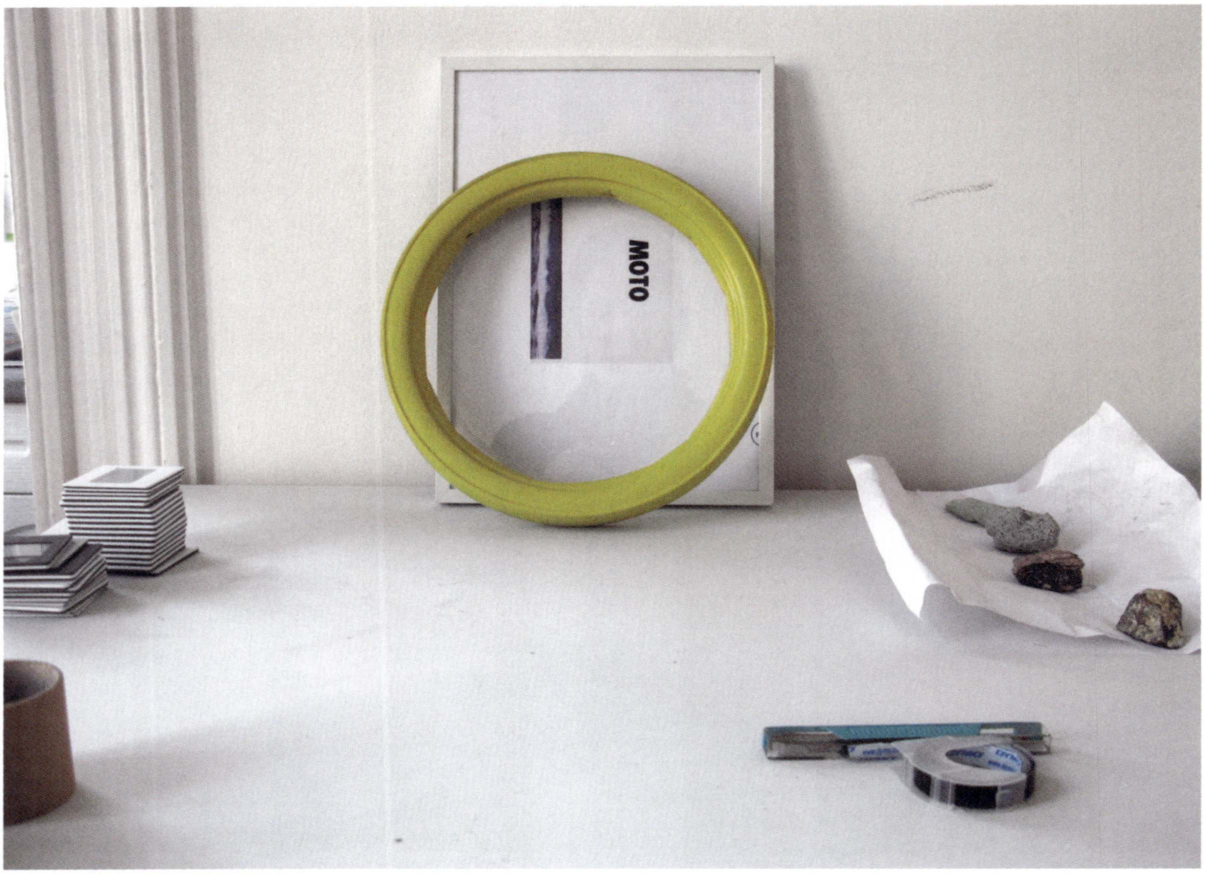

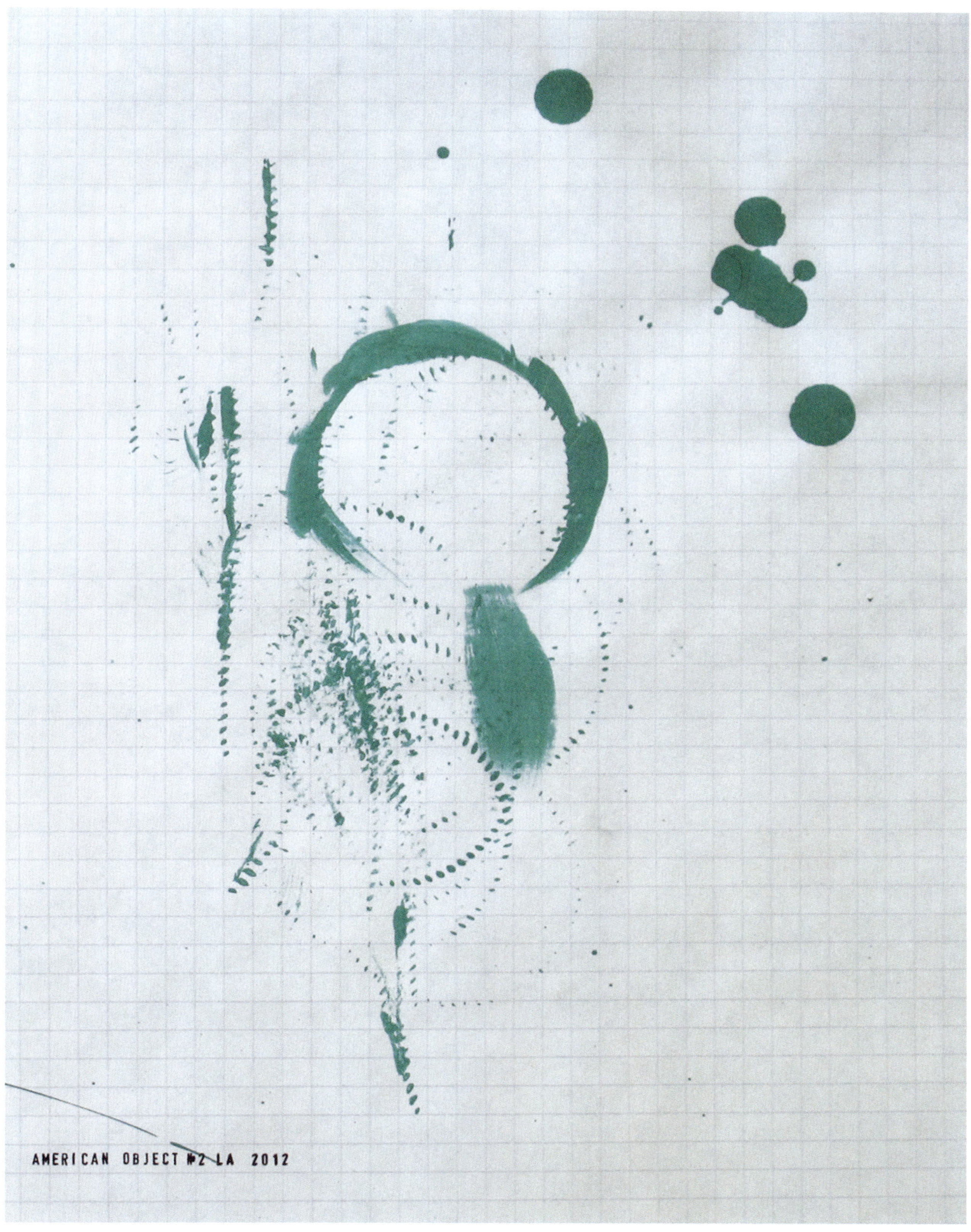

American Object n°2 (certificate), 2012

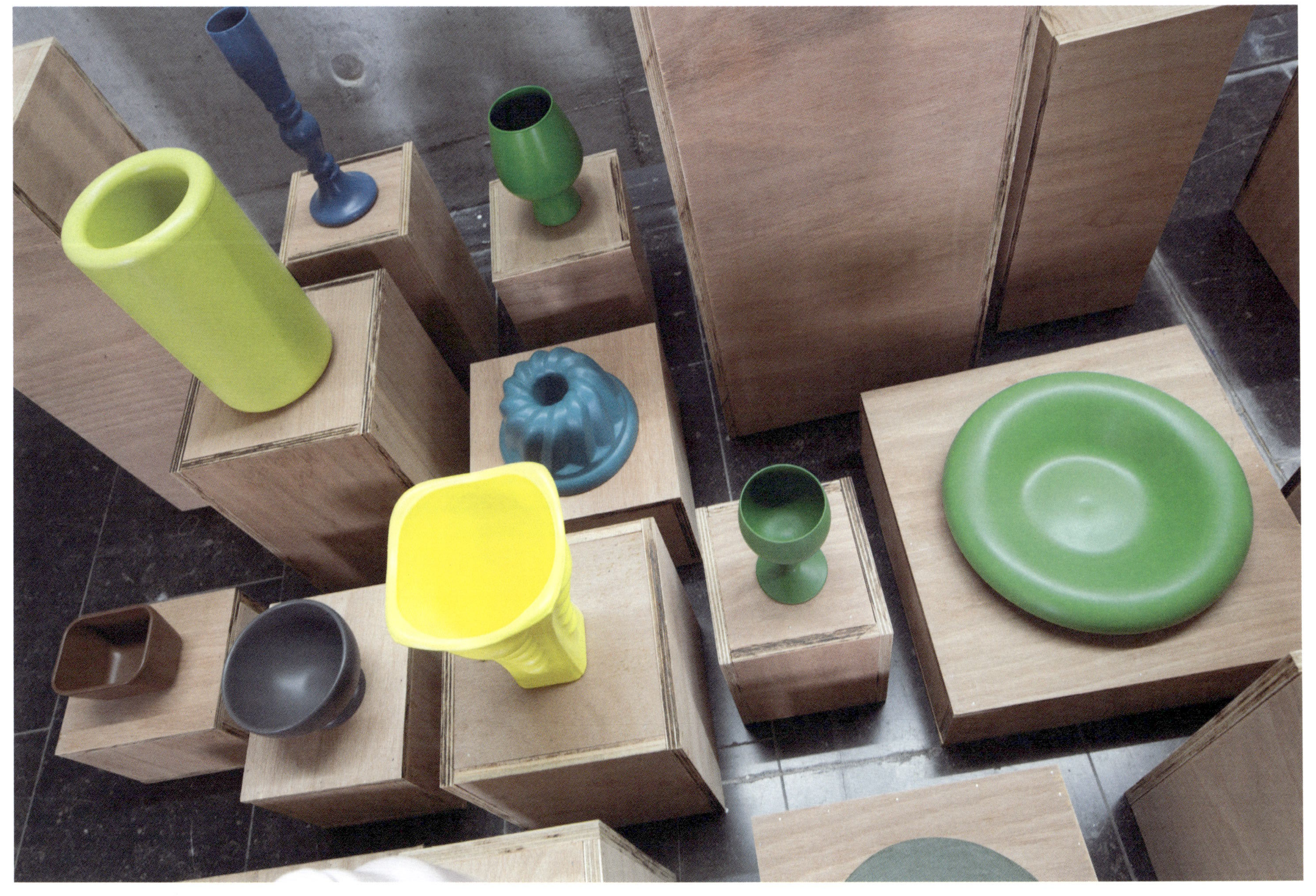

Objets de Bruxelles (details), 2011-2012-2013

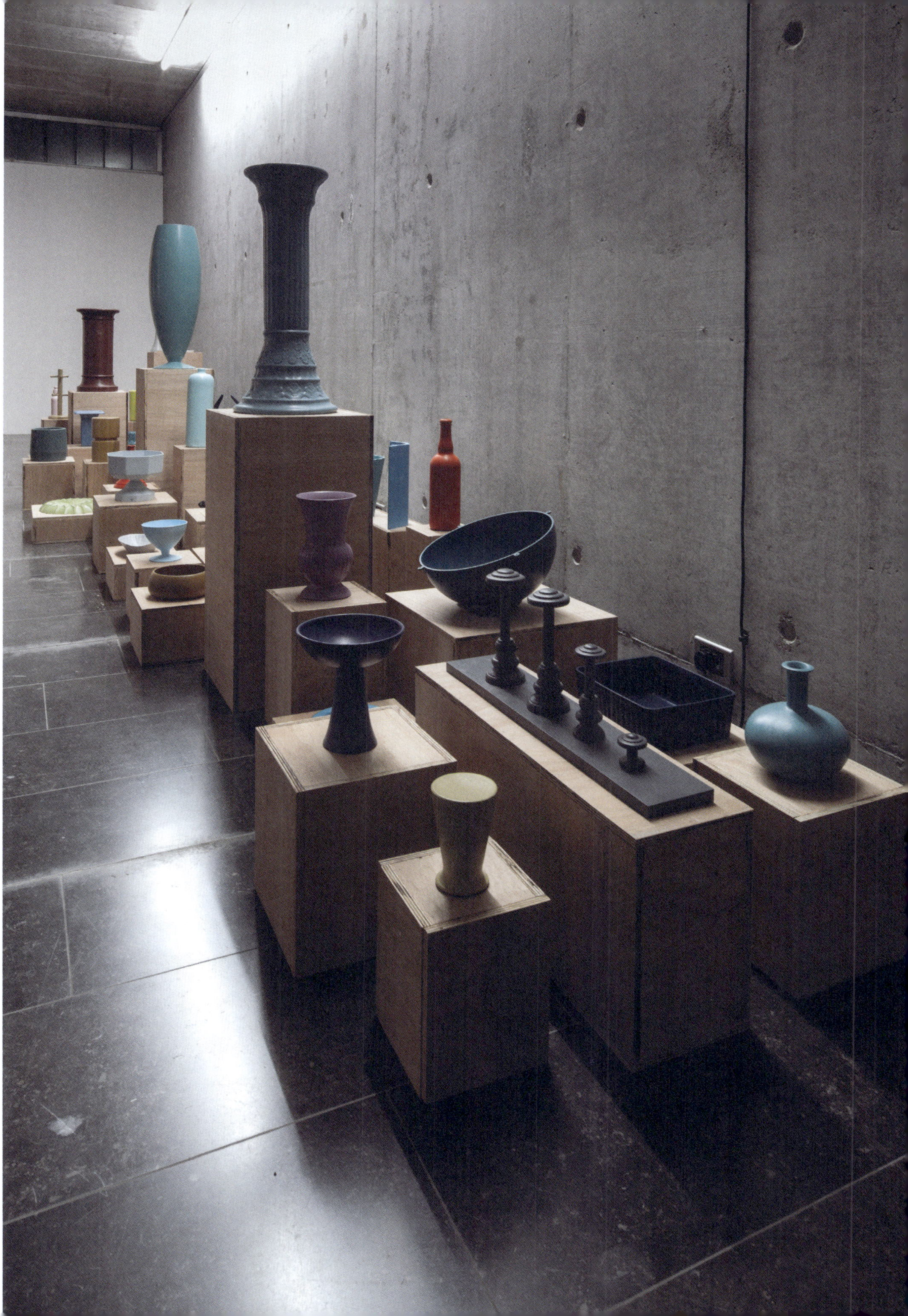

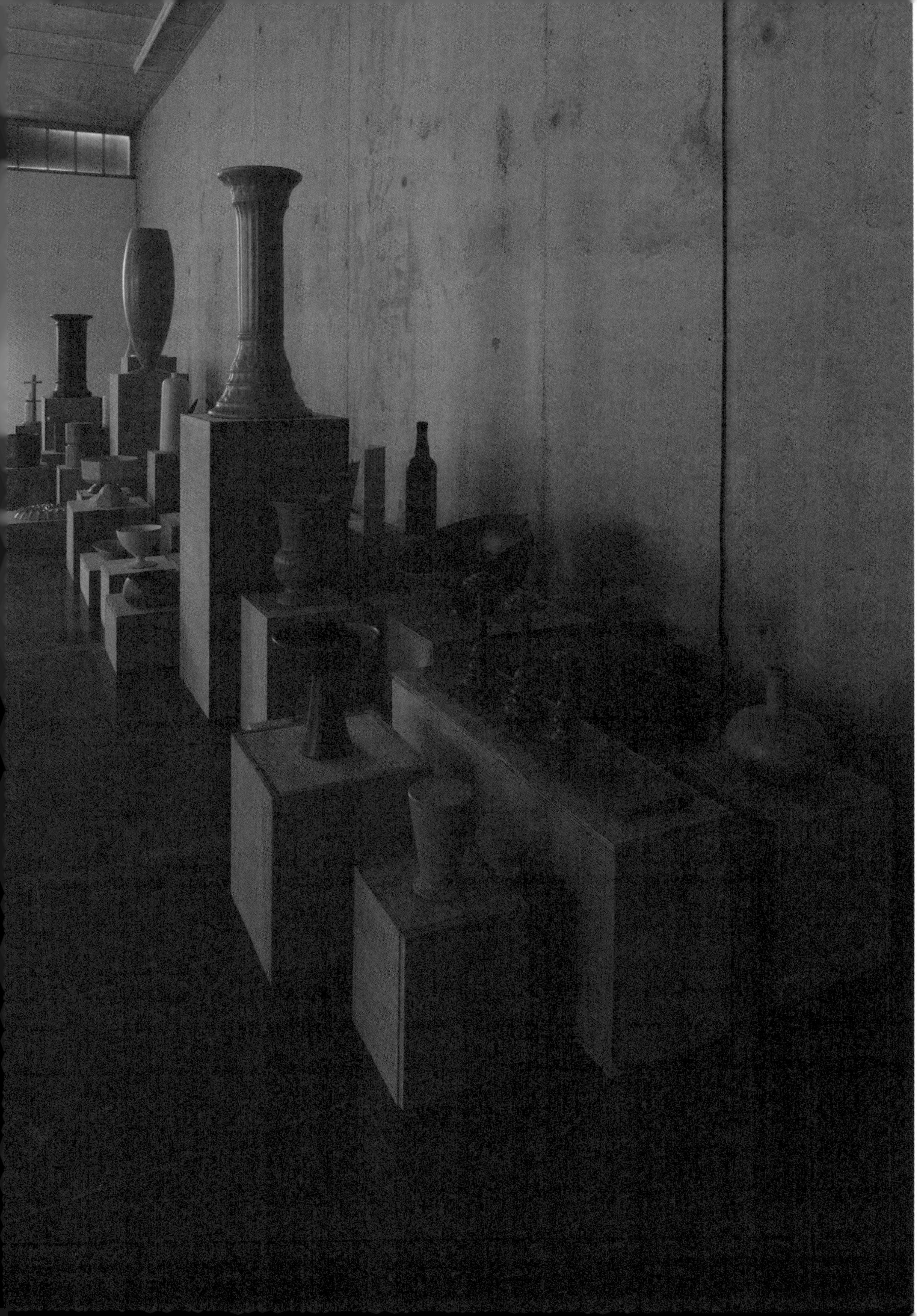

INTRO

> DRIVER
> Are your eyes closed?

> CLARA
> Yes.

We hear the car start. The music begins. Landscape shots
from the car. All begin at the same time.

THE DAM

Images of Clara arriving on the dam, walking on it and
jumping down to the level below, up the stairs and in. Walks
down some stairs, a corridor, and into the "decompression
room" (the white room).

> VOICE OVER CLARA (TO BE READ FOR THE
FIRST TIME ON SHOOT)
> My brother committed suicide one
> April morning, in the middle of
> spring, a year and a half ago. He
> had spent two years looking for
> Marta, his girlfriend, but he never
> found her. I've often wondered what
> made him give up, when he decided
> his search no longer made sense.
> Maybe he just gave her up as dead,
> or maybe after such a long time, he
> simply stopped loving her, and
> couldn't stand it.What my brother
> never found out was that there was
> a simple explanation. She'd just
> left him. A few days ago, I was
> walking down a busy street in
> Madrid when I suddenly saw her
> amongst the crowd. At first I
> thought it was a ghost, or just a
> girl who looked like her. But it
> was her, I'm sure. She walked past
> me, so close, she didn't see me. It
> was her, the same hair, the same
> short steps... I saw her walk away,
> and could do nothing about it. It
> was as if my body and everyone
> around me had frozen while she
> kept...

GREY ROOM READING VOICE OVER

Cut to the end of Clara's voice over, so the reading of the
text now matches with her image, in the Grey Room.

                    CLARA
          ...on walking until I lost sight of
          her. (pause) I've lived through
          this before.

HE gets up and checks his papers on the table.

                    HIM
          That's impossible, we hadn't worked
          on Carmen's case before. Why, do
          you think it could be you?

She pauses.

                    HIM
          Clara, do you think it could be
          you?

                    CLARA
          Well, after all... I'm each and
          every one of them, right? Anyone
          could be me.

DECOMPRESSION ROOM 1

Clara comes in, takes a pill with water, sets an alarm
clock, lies down on a bed, covering herself with a blanket.
The alarm goes off, HE comes in, forces her mouth and eyes
open and dries them with a drier. Then sprays something into
her mouth and puts drops in her eyes. She wakes up.

                    HIM
          It's alright Clara, it's me.

She sits up. He measures her pressure.

                    HIM
          Good morning, Clara. You were
          humming something earlier on,
          weren't you? Where does that song
          come from?

Clara shrugs.

                    HIM
          If you start remembering things we
          might have to increase your dose of
                    (MORE)

CONTINUED: 3.

                         HIM (cont'd)
               pills... Or perhaps you received an
               external input..?

                         CLARA
               No... I don't know, sometimes some
               cars drive by the compound with the
               radio on.

                         HIM
               Do you remember what you dreamt?

                         CLARA
               No.

                         HIM
               Perfect, we can begin.

Cut and fade into the Grey Room.

GREY ROOM: EXERCISES

Exercises 1-4 are carried out.

                         HIM
               OK Clara, let's take a break now.

They sit at a low table, drinking a hot drink.

                         HIM
               Sorry Clara, but Carmen would pick
               it up with her right hand.

CLARA takes the cup with her right hand.

                         HIM
               That's right.

THE DAM

It's getting dark. Clara walks back from the dam to the
car which is waiting for her. The driver gets out to open
the door for her, she gets in and they drive away.

ESCAPE INTO THE CITY

Night time. Clara is in a flat, looking out the window. She
opens it, trying not to make a sound, looking inside to
check no one's coming. She leans on the window frame, turns
and jumps out.

CONTINUED: 4.

She climbs a wall, jumps down on the roof of a car. She
falls on the ground and rolls over, starts to laugh. The
alarm goes off, she gets up and runs.

She runs down a ramp, stops for a second to get some air and
check no one's coming. Laughs again, crosses the train
tracks.

She walks down the road towards the city.

IN THE CITY

Clara walking down the street, watching people.

She crosses a street, leans against a wall to watch the line
in front of a club. She joins it.

AT THE CLUB

CLARA is dancing timidly, watching people. A song ends and a
Planningtorock track begins, more people move onto the dance
floor. She starts to get into the music. She closes her
eyes, some people push her but she keeps dancing.

The shot opens and we realise there's a fight going on, a
guy ends up beaten on the ground. CLARA keeps dancing,
oblivious.

The music stops, the lights continue, CLARA opens her eyes.
A girl runs to help the guy on the floor, CLARA crouches
down to touch him, and gets blood on her hand. A crowd forms
around her.

GOING HOME

CLARA leaves the club, shaky, with her jacket in her hand.
She tries to get rid of the blood by rubbing it against the
wall, puts her jacket on, walks away.

DECOMPRESSION ROOM 2

CLARA is waking up, on the bed as in 'Decompression Room 1'.

                    HIM
          Good morning, Clara.

He measures her pressure. She avoids his gaze.

                                                    (CONTINUED)

CONTINUED: 5.

                         HIM
               The reading on the cyrgometer is
               extremely high... You haven't left
               the compound, have you...? Clara,
               did you leave the compound?

                         CLARA
               Yes.

                         HIM
               In that case I'm sorry, but you're
               out.

                         CLARA
               But I can work anyway.

                         HIM
               No, you know how it works here, we
               can't risk you leaving the compound
               again.

He takes out a pill from a drawer, drops it into a glass and
takes it to her.

                         HIM
               Take this.

                         CLARA
               What is it for?

                         HIM
               You might remember some of your
               work here, you might remember me...
               but it will be as if from a dream.
               Take it.

                         CLARA
               Why can't I continue working?

                         HIM
               Take it.

                         CLARA
               I'll never leave again.

He shakes her head, CLARA drinks reluctantly.

THE DAM

Daylight. Wide shot of the dam, CLARA is standing in the middle, confused. The car approaches her slowly and she hurriedly tries to walk away, but it catches up and she gets in. They speed off.

THE CAR, THE WIND

Landscape shots from the car. Cut to inside the car.

                    CLARA
          Can I open them yet? I won't know
          where we are by now...

                    DRIVER
          All right.

CLARA opens the window. Leans out in the wind, her mouth wide open.

Cut to film leader, music, credits.

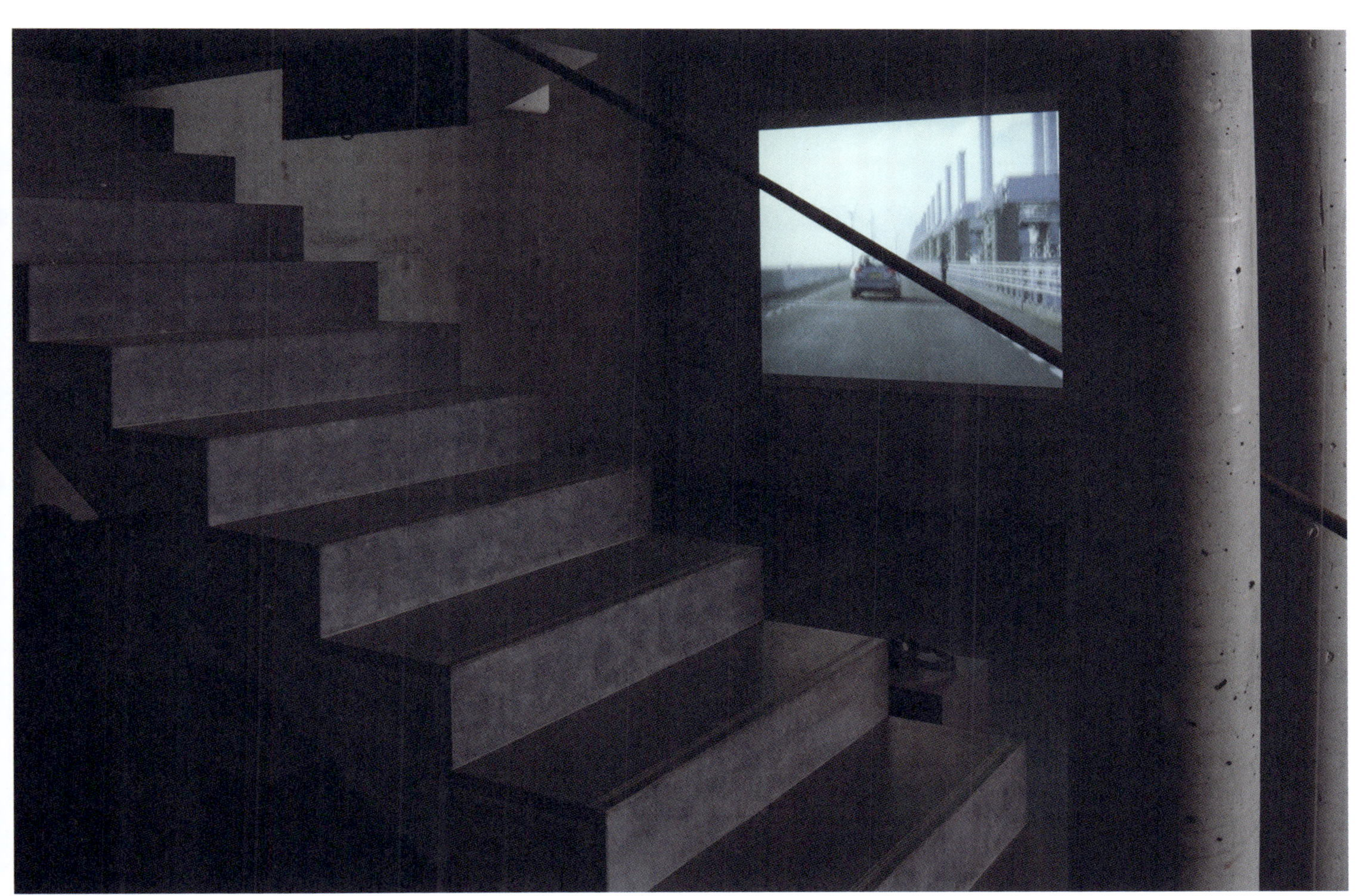

Spinario (installation view), 2012

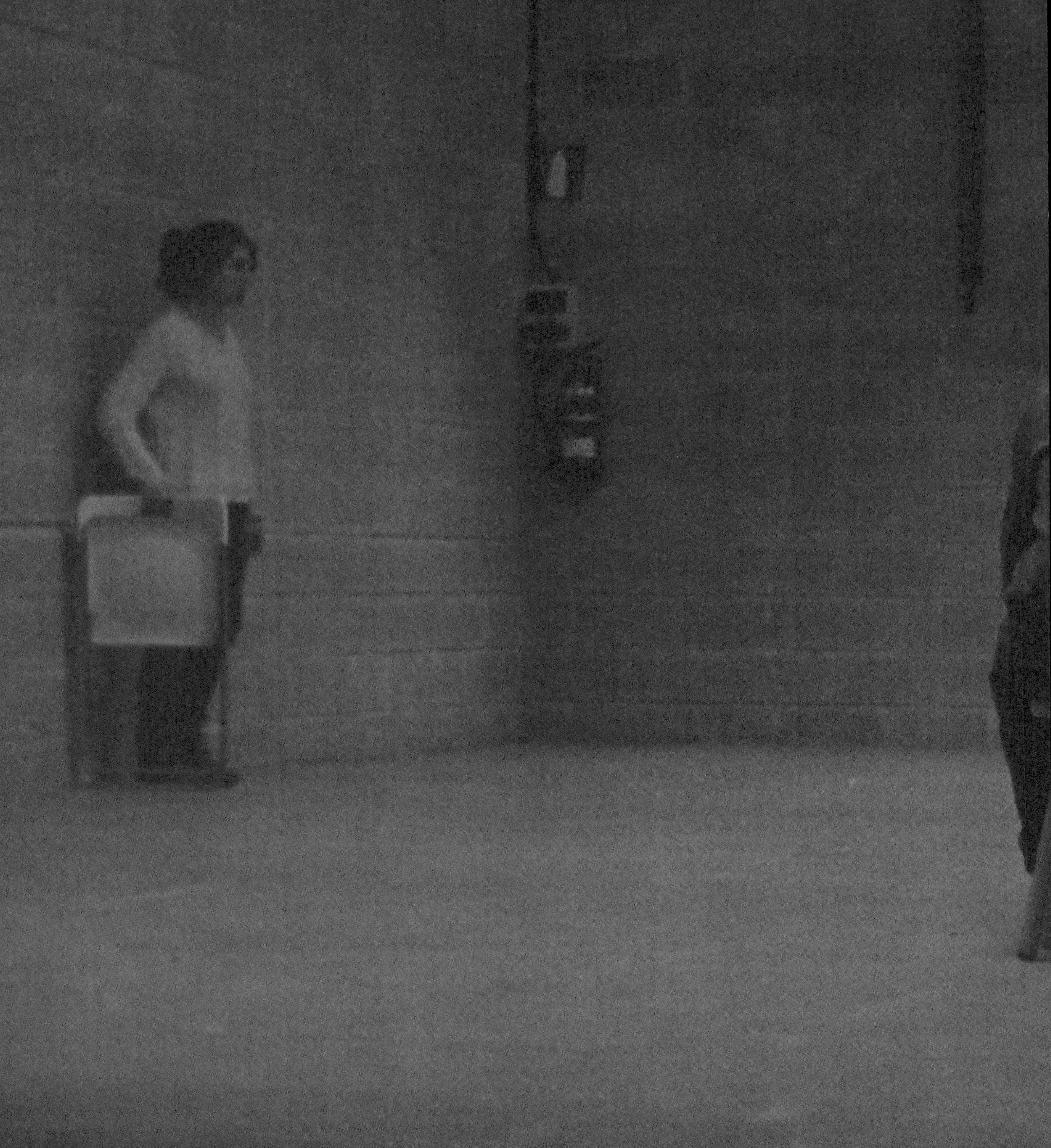

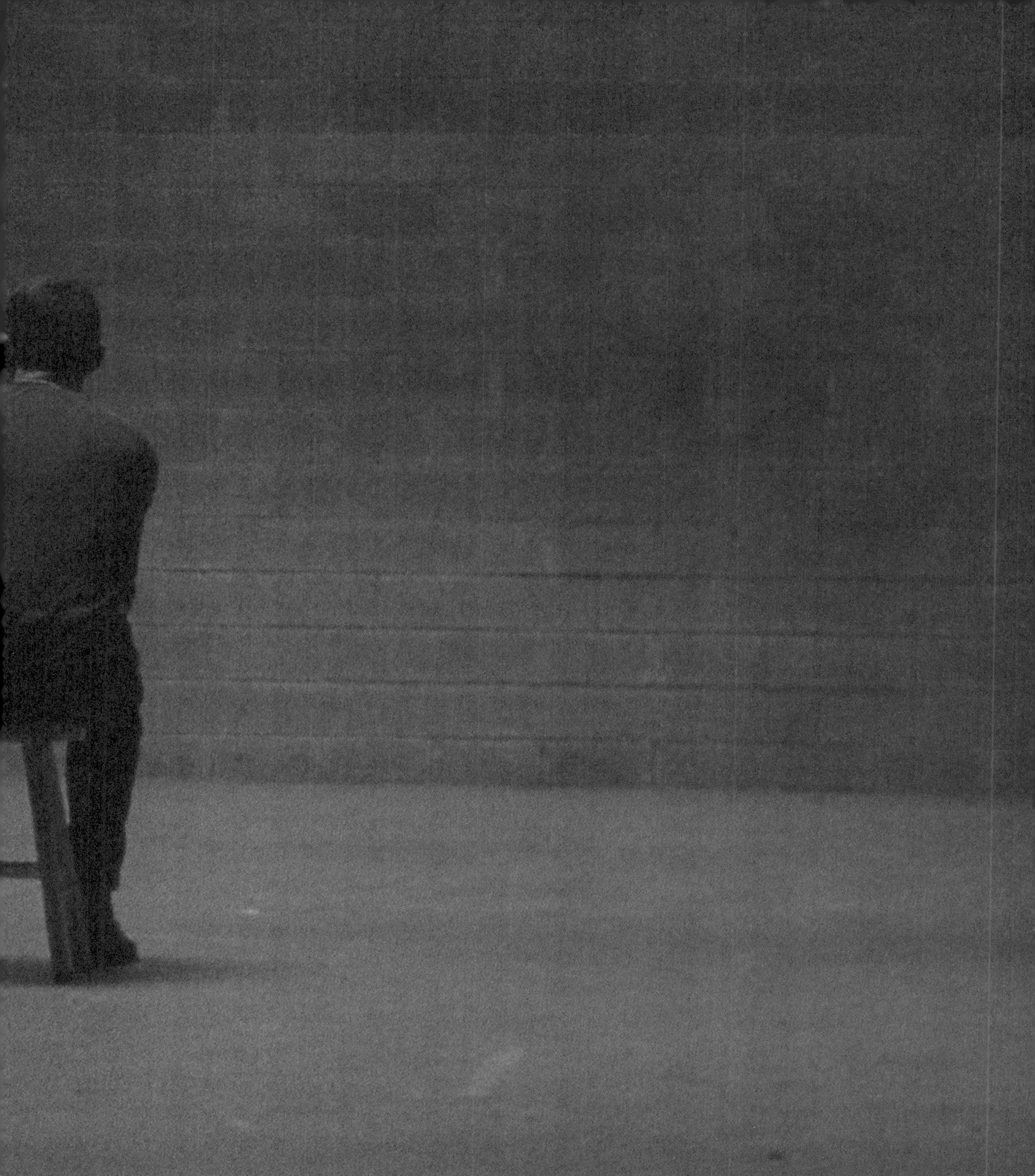

Spinario (film stills), 2012

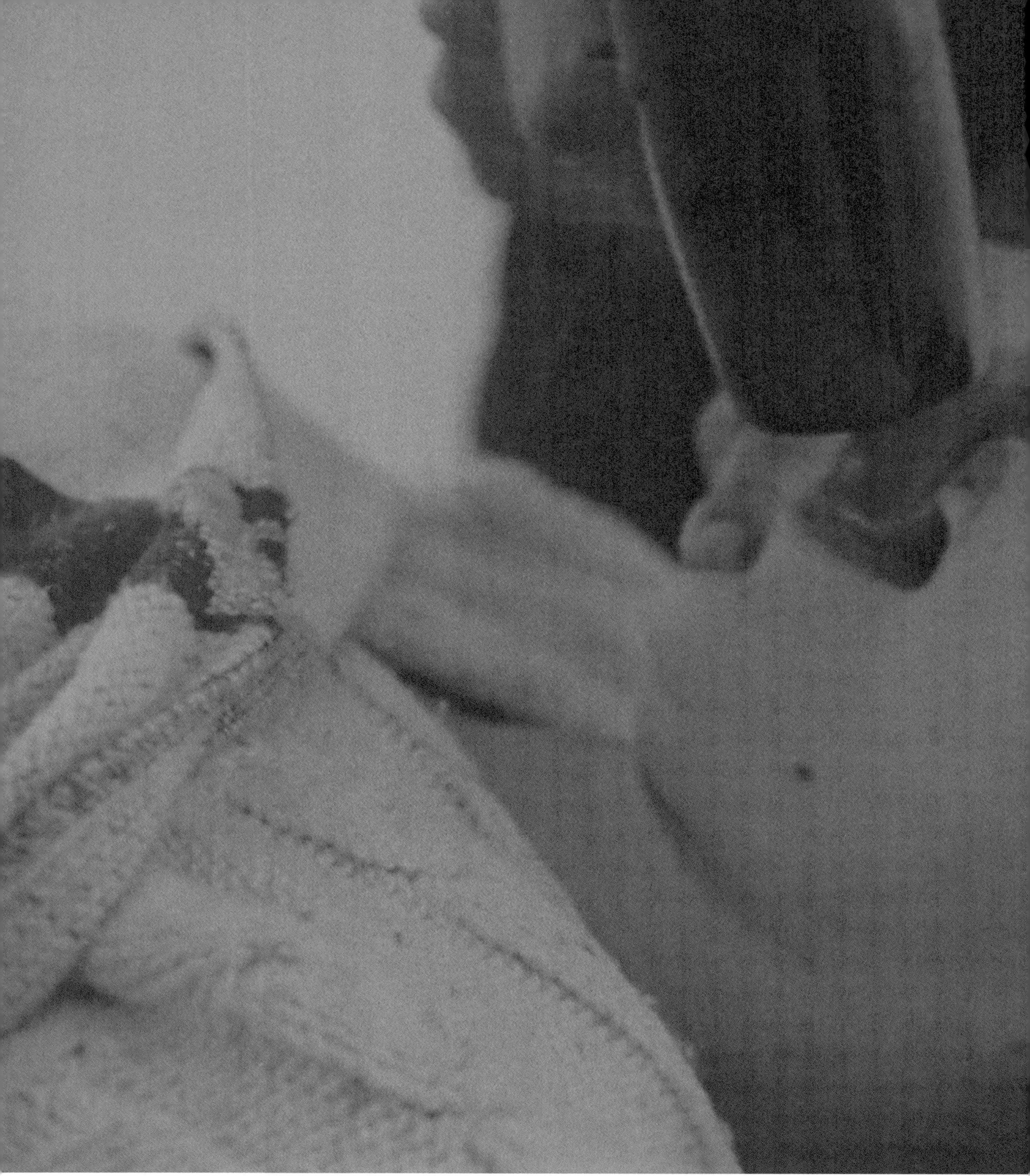

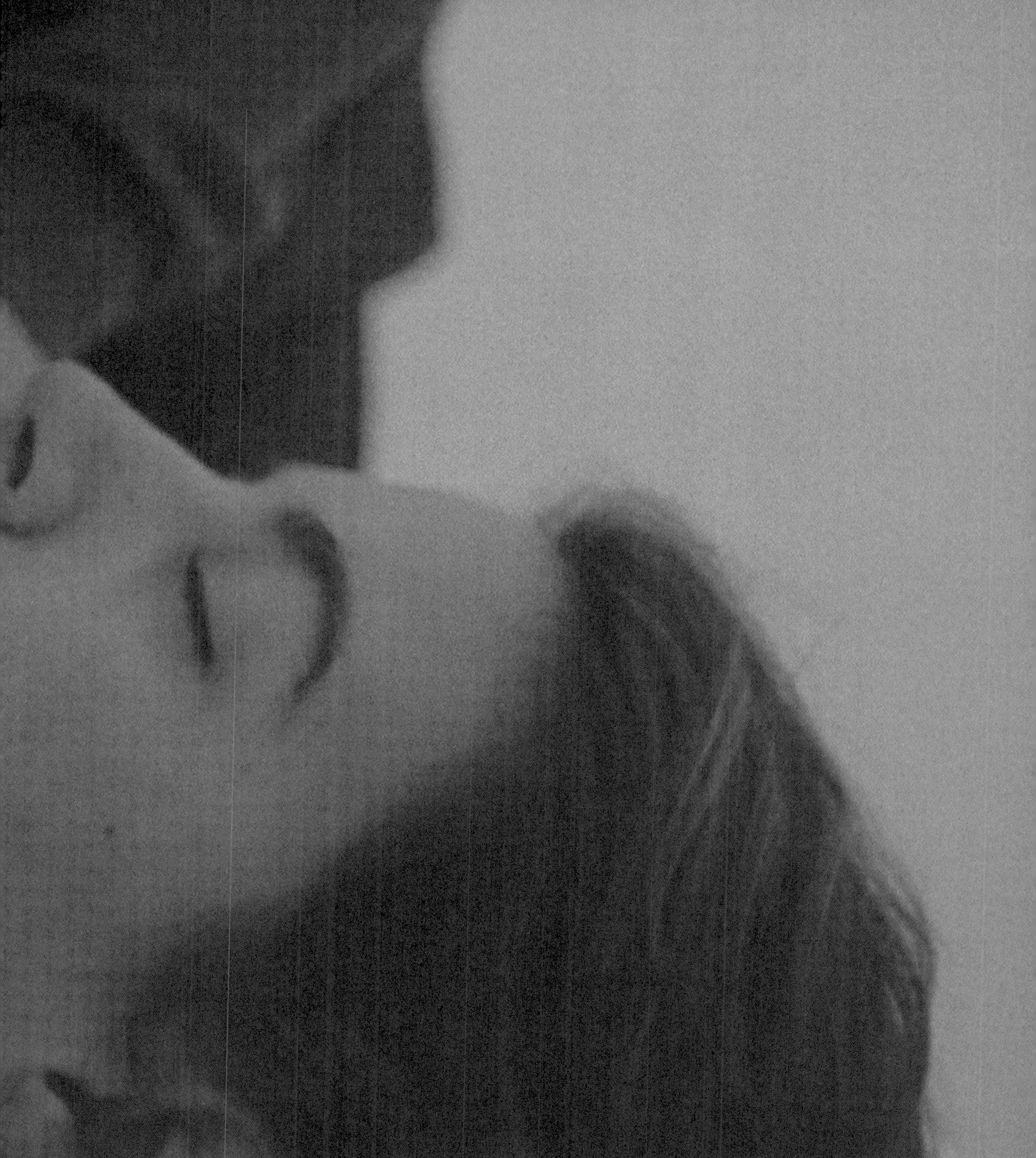

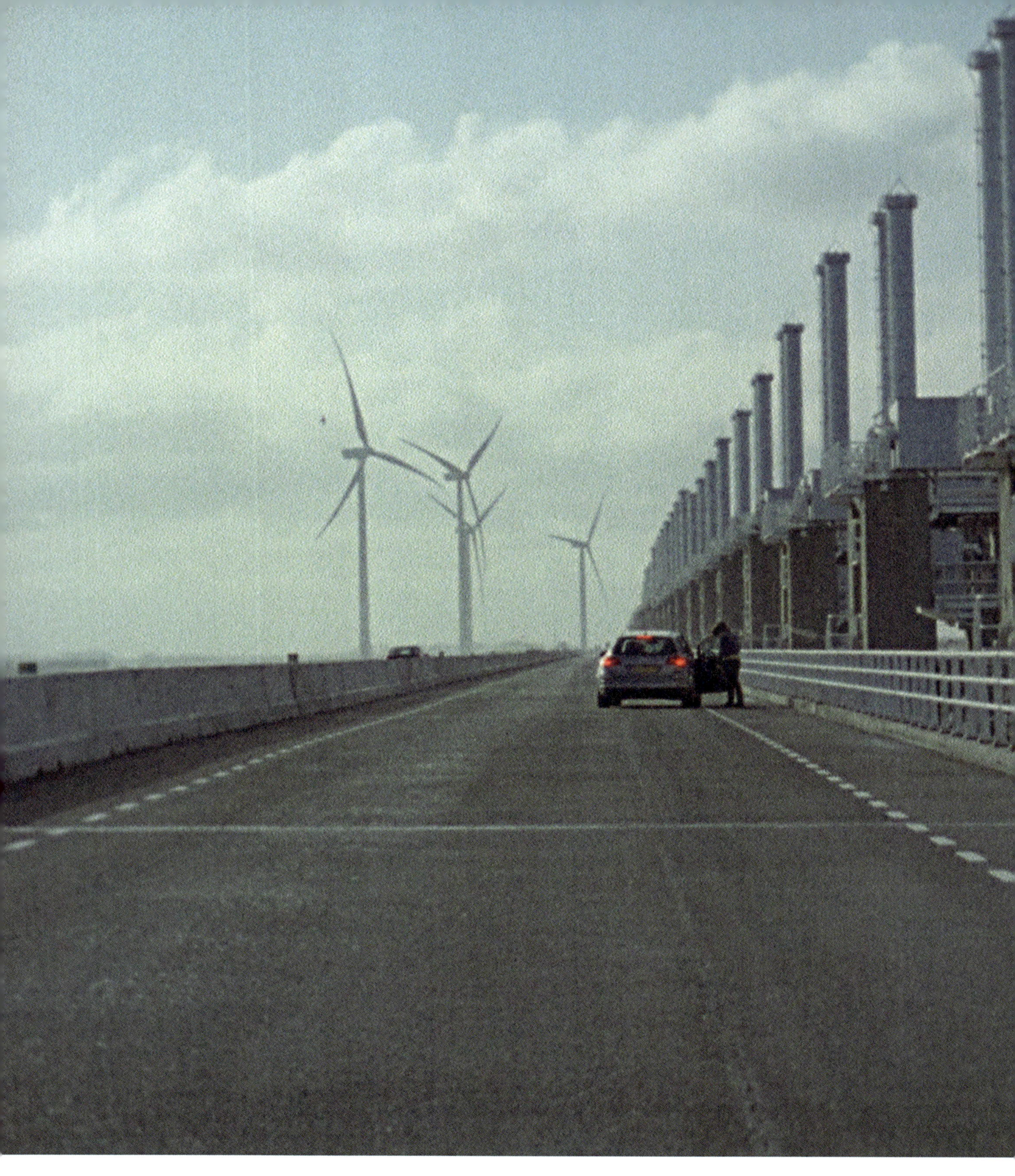

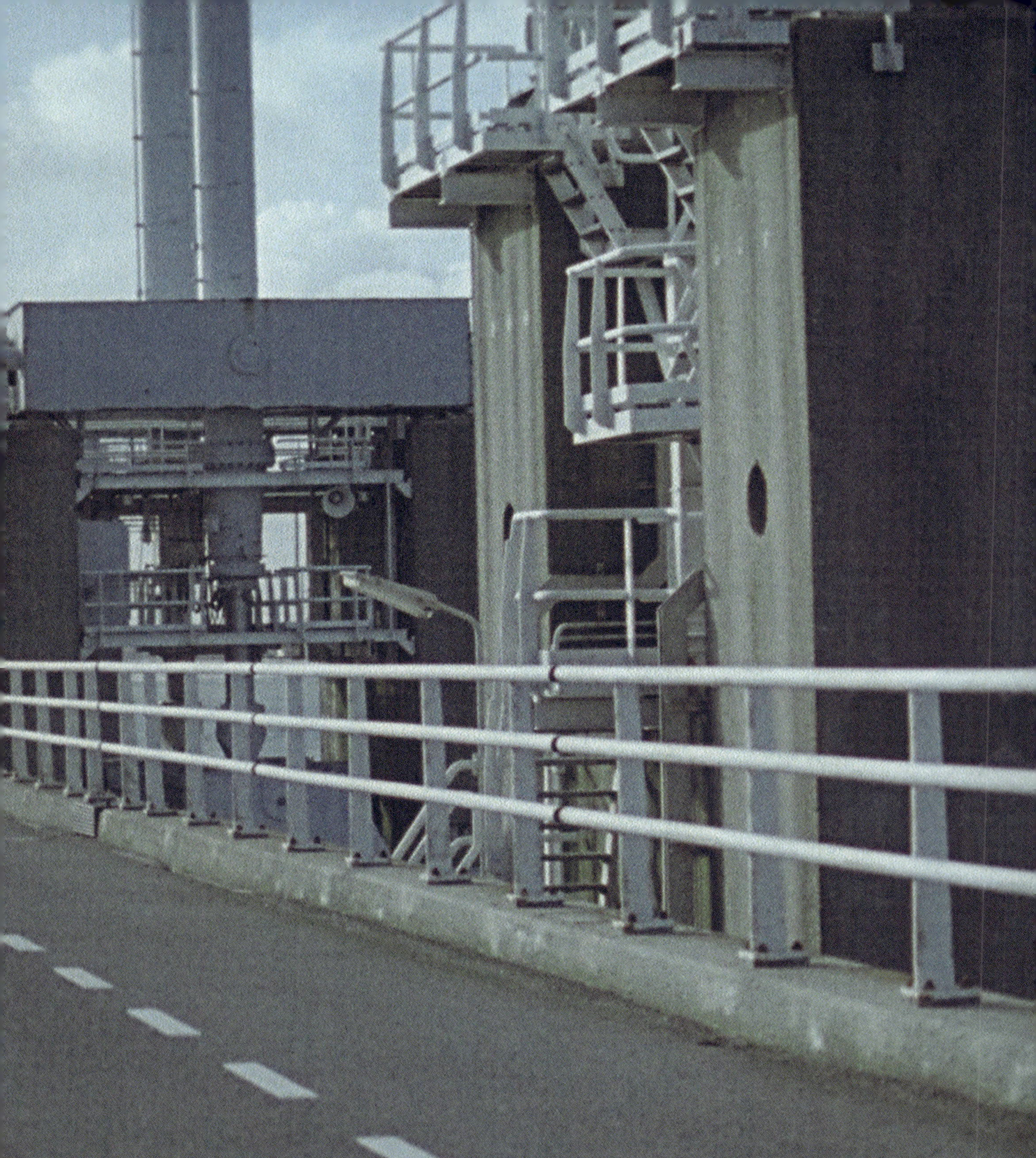

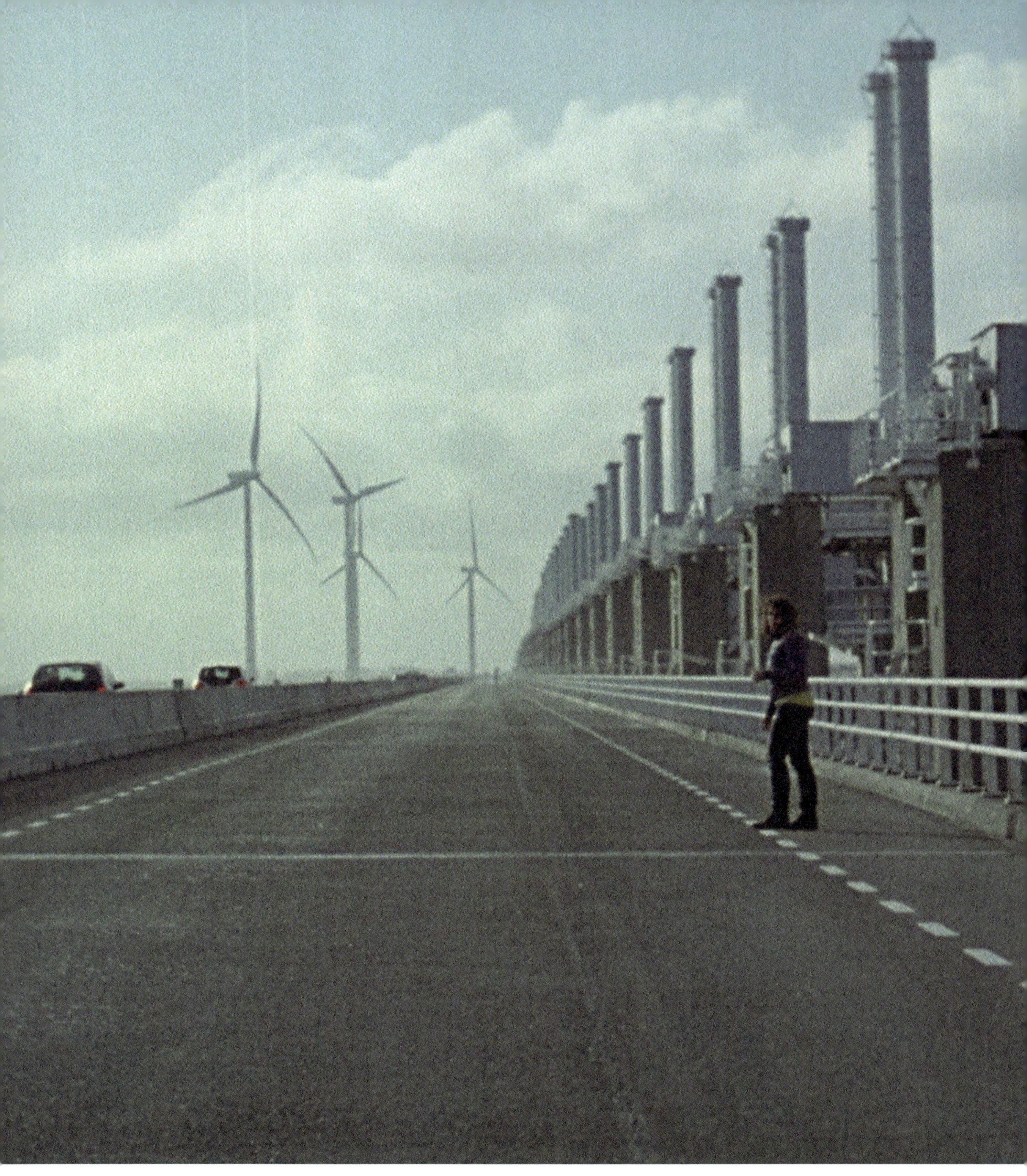

TIME SPACE POKER FACE BOOK
Sofie Van Loo

I don't need your sweet devotion
I don't want your cheap emotion
Just whip me up some dragon lotion
For your dirty love
Frank Zappa, 'Dirty Love', album Over-Nite Sensation (1973)

We all have these reference points to back us up, don't we?[1]
Jani Ruscica

It was Orlando's fault perhaps; yet, after all, are we to blame Orlando? [...]
Violence was all. The flower bloomed and faded. The sun rose and sank. The lover loved and went. And what the poets said in rhyme, the young translated into practice. Girls were roses, and their seasons were short as the flowers. [...] As for the girl, we know no more than Queen Elisabeth herself did what her name was.[2]
Virginia Woolf

Robert: "Elle est sortie ?"
Paulette: "Oui, acheter un jaune, un rouge et quelques bleus pour achever son tableau."
Guy De Cointet[3]

At the same time I took the picture I have called Phrase. This is an image of two hands of the same person, one of them is ON a ROUND object that forces the hand to take its SHAPE. The right hand is OPEN under a stream of water that RUNS THROUGH the fingers. It is the image of a moment in which two contradictory material sensations occur simultaneously throughout the body and are meeting in a center that is now moving. The language or the phrase is movement, passing from one thing to another. A transformation that happens, and is lost in the moment. In one sense it can be a bit silly to say, but you start a sentence, one dares to start a sentence, and first you take something, at the beginning of the sentence, and then you let it go, when you finish the sentence. [...] I do believe that there is a relationship in the construction of a sentence, and a movement in two times, two strokes ... closed hand Pum open hand Pum. In relation to the process, it was not to represent but to do it again, paint or build the image in two moves or two strokes. Almost like talking. I also wanted to experience the moment, the final image to join this. So important was the time to start

1. Jani Ruscica, quoted in: Malin Ståhl, 'This Version Begins Here', in: Jani Ruscica, *Anecdotal*, Gallery Anhava, Helsinki, 2013, p. 55.

2. Virginia Woolf, *Orlando. A Biography. The definitive edition*, Vintage Books, Random House, 1992 [1928], p. 12. Today the 'popular' way to view Virginia Woolf's work (see for example Wikipedia) has been influenced by Theodore Dalrymple, *The Rage of Virginia Woolf*, City Journal (summer 2002): 'The Cambridge Guide to English Literature *describes* Three Guineas *as an established classic — but a classic of what genre exactly? Of political philosophy? Contemporary history? Sociological analysis? No: it is a locus classicus of self-pity and victimhood as a genre in itself. In this, it was certainly ahead of its time, and it deserves to be on the syllabus of every department of women's studies at every third-rate establishment of higher education. Never were the personal and the political worse confounded.'* This way of ridiculing is apparently the new hype or the new standard anyway.

3. Marie De Brugerolle, 'Who's that guy? Portrait de l'artiste en cryptographe', in: *Guy De Cointet*, JRP/ Ringier Kunstverlag AG – Air de Paris, 2011, p. 80-81.

each of the cardboards I was forced to have a structure or system prepared in advance, it is as if I had to play a sport, a movement to get something, and had no option but two or three gestures, fast. And I think, it occurs to me now, that there is a mirror-relation with the three paintings, they all are figure. I am me-making them, not in a personal sense, but on a material level.[4]

Julia Spínola

TIME SPACE POKER FACE: How it came about

Fragment from the press release
(also distributed during the exhibition)

'The group exhibition TIME SPACE POKER FACE focuses on how artists and their research relate to the studio practice, society, reality, illusions, contemporary art, the contemporary art scene, realism and abstraction, imagination and image, work and (the perception of an) image, form, material and concept, subject and object, minimalism/conceptualism and narrative, space and time, and the (post/inter)mediate.

There is no rigid thematic concept. A group of artists belonging to various generations and countries, working with various media, are brought together. They are given the opportunity to present work and to engage in a dialogue with the other participants. Each artist has his or her own area of research, his or her own references — and that is precisely what this group exhibition is about. At TIME SPACE POKER FACE the artist can simply do his or her own work, present or continue his or her own research, and that may lead to a dialogue with other artists and the curator. The point of departure for this exhibition was the artistic freedom of the artists and the curator, and the challenges imposed by the limitations of the space of Be-Part. [...]

Contemporary art functions as a catalyst that causes differences between perceptions and ideas to emerge, but also allows to link these differences. In other words: contemporary art can touch and undermine, as a result of which ideas and points of view have to shift or move up, even if they are essentially confirmed. The most important aspect of contemporary art and of the way we deal with art cannot be argued. [...]

Artistic research produces a 'poker face' of its own, which can be approached from an attitude, an illusion, a game, the experimental, the way to handle materials and media, the image(ry), the imagination. This artistic poker face cannot be separated from dealing with all sorts of fragments of reality, though it could be considered an 'abstract dimension' of the research process and the art work. Furthermore, the artistic poker face cannot be culturalized, be used in a political or religious sense, commercialized, owned, or scientificized, yet it can be occupied. Neither can the artistic poker face be equated with (inter)-personal credibility, a (businesslike/unbusinesslike) imago/status, the communication or representation of visual illusions or visual gain. It

4. E-mail from Julia Spínola to the author, 26 February 2012. See also: Sofie Van Loo, 'Form as figure-object, supported by and triggering sequence-gestures and action-codes in the practice as artistic research of Julia Spínola', in: *Tatuí*, São Paulo (2013): '*It's not the medium that is the massage/the message, neither is it an attitude that becomes form and it's not the intermediality itself that produces a specific form-content. In her case it's a sequence-gesture as an action-code that realizes a figure-object.*'

is either there or it is not, but its 'being there' can neither be located in the image, nor can it be considered a projection of the viewer onto the image. Things lie, hang or are placed in such a way that 'it' can be perceived and observed, and thinking itself is being triggered by the work. Yet it would be too restrictive to interpret this aspect or this abstract dimension simply as 'the beautiful' or 'the sublime'. If there is anything at all this poker face can be linked to, it is the creation of an artistic time and space, which are able to play a game with the physical time and space and deal with the time and space of the various fragments of reality. This poker face takes things seriously, and at the same time laughs at them.

The poker face is a particular artistic vulnerability *and* resistance. The poker face is part of the work and it is sometimes configured in such a way that a tension emerges between the time and space of the world (or that which we consider to be the world) and the creation of time and space in the work itself, and the way we deal with the latter at the level of perception and thinking. [...] Contemporary art creates for both the artist and the observer the opportunity to refocus the perception, experience and thinking in a different manner.'

My first ideas for the project TIME SPACE POKER FACE date back some two and a half or three years ago. At first I had in mind other contemporary artists as well, such as Patrick Van Caeckenbergh, Matt Mullican, R.H. Quaytman, Florian Dombois, Michael Schwab, Johan De Wilde, Christoph Fink, Aurélien Froment, Julia Spínola, Paul Hendrikse, Eleni Kamma and Yann Sérandour. In the end this resulted in an idea for a second group exhibition, *ABSOLUTELY! PRECISELY!*, which is thus rooted in TIME SPACE POKER FACE. In the meantime the group of artists mentioned here has been joined by Philip Huyghe, Anna Barham, Emmanuelle Quertain, Adrien Tirtiaux, Alice De Mont, Liesje De Laet and some others.

A group exhibition, a solo exhibition, an essay — for me as a curator these never result from a predefined theme or concept, but simply because I have seen really good works of art, because I want to get involved with these works in our reality, and because I want to pay attention to that which eludes contemporary art (or the art world) and reality. In curatorial terms this means organizing 'virtual' exhibitions that seek to escape their virtual existence, till the possibility or necessity to do so presents itself. For these 'virtual' group exhibitions I use existing images. What actually materializes in reality is something for which new works are created, i.e. under the most favourable circumstances. That is possible only if you really know the work of an artist very well, to the extent that you reach a point where you give the artist *carte blanche* — within the prevailing limits — and if, as a curator you expose yourself to that situation, before the public is being exposed to it. On the one hand I want an artist to be able to continue his or her explorations with new works, on the other hand I want the viewer/ listener to be able to really relate to the works on view, and of course as a writer, I too seek to engage in a dialogue with these works. If an artist dares to take a risk — which is not always or automatically the case — the curator-writer needs to respect the artist's willingness to do so, in order that the risk effectively raises and that the artist can cope with it at various levels. It is the task of the curator-writer to deal with this situation, whether or not he or she is under pressure.

Reflections from and in dialogue
with the group exhibition

Why is it that almost everything with regard to a praxis as an artistic research project, a contemporary work of art as work and image can become credible in the (art) world, except with regard to that which it all (seems) to be about (with few exceptions)? This is also implied in the almost perfect, precise positioning of a work. Yet it is almost impossible to articulate why a work can come across as being perfect, in addition to being situated at the almost perfect place in a space, *and* as it were to come 'on time', whereas precisely time moves with leaps in this space and the error, too, has paid a visit. That shows that 'it' still relates to something. Apart from the boundaries of the physical (architectural) and mental space, a deadline (an opening) and the development of an exhibition in a certain period, the difference, the distance and the re- lation to another work — elements that play a part in both a solo and a group exhibition — the question remains what this could be if not the illustration of a discourse or the representation of a concept that relates to a predefined theme. There was of course — and there still is — a title, TIME SPACE POKER FACE, which in the meantime has been changed into TIME SPACE POKER FACE BOOK. This book relates to the ambiguity of the work of some artists and to some shifting thoughts on this subject. Probably the artistic/creative space-time — which in a presentative, symbolizing or absolute sense does not exist[5] and which relates in a dialogue and in a distinguishing manner to the examined time-space that is entered in a process (the artistic practice as explo- ration) — has nothing to do with speculation,[6] though from different perspectives speculations take place with regard to this zone or dimen- sion. This speculation does not only take place by projecting something of another order on the blind spot (i.e. the artistic space-time or ab- stract zone of contemporary art), but presently also by inscribing with overwhelming power something of a different nature in this zone. In other words: it is very well possible to insert an art without blind spot in the art world, in which case the alternate substitution in this zone pretends that the work of art still has a blind spot. The idea grows that this stage concerns a transition to 'the abstract' as '*the* aestheticization' of the (aggressive) world — or simply concerns a representation.

In this context I refer to Juliane Rebentisch,[7] who has written a conservative apology for 'aestheticization', engaging in a dialogue with the writings of Plato, Hegel, Kierkegaard, Smitt, Rousseau and Benjamin. In her book Rebentisch writes on subjects such as the oppor- tunists' lack of freedom, the futile judging versatility, mass and mime- sis, self-differentiation and perfection, the impotent seducer, the rela- tion between aestheticization and neutralization, the anaesthetization

5. Which does not imply that it is impossible to realize as such, but that is another story.

6. Dirk Lauwaert, 'Verhuisd', in *Onrust*, het balanseer, Aalst, 2011, p. 224: 'Speculat- ing means thinking about that which has not prompted you to start thinking. What prompts you to think, in first instance makes you silent. What does not prompt you to think, causes you to start babbling.'

7. Juliane Rebentisch, *Die Kunst der Freiheit: Zur Dialektik demokratischer Existenz*, Suhrkamp, Taschenbuch, Wissenschaft, Berlin, 2012.

(i.e. the frightful) of politics in fascism, and the (current) postdemocracy. Especially the last chapter is somewhat dubious, because the author casts doubt on the responsibility of the narcissistic-conservative camp with regard to fascism, a thesis that raises questions about the current (re)installation of social classes. The naive progressive corner suffers from the same condition for that matter.

A different viewpoint is provided by Frank Van de Veire:

> That which is not allowed to possess meaning [maybe at present we could add: or form], must survive as a ghostly signifier [formlessness]. Fascists are the masters of ceremonies of this meaningless, ghostly surviving. […] We know how fascism hated the vulnerable, the weak, the desperate, the passive, the *Entartete*. What we explained above leads us to suspect that this hatred is in fact a self-hatred that stems from the fear of the passivity at the mercy of which the fascist finds himself/herself in an unconscious-phantasmagoric manner. It is a spiteful hatred of one's own impotent — for all too enjoyable — intimidation caused by an immemorial Other. This hatred is unsatiable, because it is permeated by a longing. The fascist therefore constantly creates the weakness and desperation he hates [in the other]; for in this desperation he phantasmagorically longs for an excessive joy, the joy as passive susceptibility to the intrusion of the Other.[8]

The urge to duck out of the responsibility for the current concentration(less) camp syndrome is a topical issue that plays currently at different levels and from different points of view. I think that when the ambiguity of contemporary art is in danger and one-dimensionality takes over — in which case the blind spot in contemporary art becomes dominated in political, religious, scientific and/or (a)social sense — this meaningless ghostliness or ghostly signifier is realized in this world in a drifting manner. In that case the ambiguity of art can only be perceived as frightening, but it has become almost impossible to relate to it or to reflect on it.

In my view, the work of art, the image, is not a speculative realism, but an abstract-realism, and we need to tread with care lest we should lapse into romanticism or in an (a)social realism. However, in a philosophical sense 'speculative realism' comes very close to a possible 'abstract-realism', though the choice of the term 'speculation' is/has become problematic, and though the abstract does not merge with something transcendental without becoming involved in the religious (a possible consequence of 'correlationalism'). 'Speculative realism' opposes the continental philosophy that claims that the subject/object problem has been solved in the end by an anti-representation movement, which is referred to with the term 'correlationalism'.[9] Correlationalism caught on mainly in the social and life sciences, and from there it has spread to other disciplines and research domains, including contemporary art.

The speculative realists tend to doubt whether today this anti-objective and anti-representational attitude can still be considered that

8. Frank Van de Veire, *Neem en eet, dit is je lichaam. Fascinatie en intimidatie in de hedendaagse cultuur* [Take and eat, this is your body. Fascination and intimidation in contemporary culture], SUN, Amsterdam, 2005, p. 106.

9. Matt Lee in: *After Finitude, notes #3* (8 August 2011): '[Quentin] Meillassoux expresses the problem that the correlationist has with the arche-fossil via the concept of 'the given'. For the correlationist the arche-fossil is quite straight-forwardly a self-contradictory concept because it suggests that there is a 'givenness of being anterior to givenness'. The correlationist points out that what we should do is conceptualise the scientific quantitative facts that the arche-fossil is aimed at as modes of 'given-ness'. For the correlationist, 'being is not anterior to givenness, it gives itself as anterior to givenness' (AF:14). The presentation of this argument is close to the bizarre notion that somehow God placed dinosaur fossils in the rocks in order to 'test our faith', a curious convoluted manoeuvre that is blatantly designed to maintain some sort of 'biblical consistency' in the face of science. In one sense the argument is curiously distorted by the idea of givenness, because if we begin by accepting that 'the given' is the starting point from which we know the world then we are already inside the determinative framework which leads to correlationism. Think of this in terms of the analogy with the argument about God and the dinosaur bones. If the existence of god as outlined in the Bible is already axiomatic then any empirical fact must be determined within the determinative framework of the biblical frame. If I find geological evidence of time spans that appear inconsistent with such a framework, if I find fossils that appear to be located in geological layers older than is seemingly possible within the biblical axiomatic, then the appearance must be deceptive. The axiomatic determines the range of possible solutions. This is the crux of Meillassoux's argument — the axiomatic of the given determines the range of possible solutions available to us in terms of knowledge of the

radical. They want to recognize the autonomy of reality and attach greater importance to the perception/observation and the cognitive. In their view that could be something like a transcendental realism or a transcendental physicalism/naturalism, an object-oriented philosophy, an abstract materialism that can relate to the endless looting and rapacity that characterizes anthropocentrism. In an interview, Ray Brassier had this to say on this subject,

> My conviction — and I think it's a necessary conviction if you want to be a transcendental realist — my conviction would be that we can always misdescribe the structure of reality, but that doesn't mean that there isn't a kind of underlying, deep structure [in the object], even if there's always going to be something unsatisfactory or superficial about the mechanisms that we describe.

In the same interview, Graham Harman claimed that

> In order to interact, objects need to know something of one another. I'm not sure if this answer will satisfy you, but what I say is that objects do not interact with each other directly, but simply somehow allude to each other, and what they're coming in contact with are qualities of each other, that somehow allude to the things.[10]

Abstract-realism differs from speculative realism in the sense that that which is considered 'given' (but which actually comes to us from the side that has little or no position, function or value in 'objective terms') can only give or be considered given if it has its own abstract-realism at its disposal, in the sense of 'developing/creating'. Otherwise the 'given' is simply taken, stolen, which causes pain on the one side and creates paranoia and fear on the other side, till the 'passionate' person or the person who finds himself/herself in this position is forced '(not) to give' and is thus robbed of all his/her human qualities. And afterwards, the person in question is then being accused/held responsible for being robbed. In our present-day world, this situation is being projected onto for example gay, lesbian or bisexual people, unless they belong to the upper class. In the other case, 'one' — i.e. people who are forced into a position of inhumanity — is compelled (quietly) to represent the dark side of a discourse, as if it were 'their own'. One gets rid of the non-I, of which one has become more conscious by linking it to the un-handy, so that it cannot turn into a 'gesture'. In the meantime the narcissist has assumed the I of the other.

But abstract-realism can also be fictitious, in which case the object is linked with a filmic interval. The subjective poker face of the objectifying human being follows 'attitude creates form' (the postmodern policy) and seeks to distinguish itself from 'the medium is the massage/the massaging message'[11] (the postmodern religion). However, when one notices that as installed credibility this retrospective self-image is neither the expression of a self, nor a reflection on the self, but rather a combination of fragments from elsewhere — i.e. a representation of the other, who is projected as self-image onto the self — a sort of panic may arise along both abysses of the (self-)image. On the one hand, there is the alienated imagination that seems to have lost something and has

world.' *http://notebookeleven.razorsmile.org/after-finitude-notes-3/#more-414.*

10. Ray Brassier, Iain Hamilton Grant, Graham Harman, Quentin Meillassoux, 'Speculative Realism', in: R. Mackay (ed.), *Collapse III* (November 2007), Falmouth, Urbanomic, p. 323-4.

11. Marshall Mc Luhan, *The Medium is the Massage: An Inventory of Effects*, Bantam Books, 1967.

landed in a vicious circle (so that it can merely establish the fact, i.e. the objectification of a part of the self that looks at him/her/it, as it were. This does not happen in an imaginary mirror in which he/she/it sees himself/herself/itself reflected as a source of inspiration or model, but rather departing from the resistance that was created within this representation. And then there is still the theft — the representation as presentation. Initially the latter is fed the energy of the spoils that have been assimilated, but gradually it feels that the acquired credibility all the same — still — needs to hide a frightened zombie. For it is the credibility that has been constructed with objects and subjectifying facts that constitutes the only resistance that can distinguish the person in question from the alienated/alienation elsewhere and in the self. 'One' is then 'the other' that was there a short while ago, but who 'now' has been, as it were.

The question I ask myself in the case of these processes is this: is it possible that in contemporary art/in the contemporary art world a space and time arise and exist in which the creation of time and space 'in' and 'from' contemporary works of art is not masked by a layer of plastic that spreads over the creative space-time, preventing it from being observed and thus also almost preventing it from being experienced and reflected on? The creative/imagining space-time that can be observed in the representative image — but that can only be thought with a certain delay — is the poker face/blind spot of abstract-realistic contemporary art, which in a dialogue with and distinguishing itself from the artistic practice as research (time-space) exists in the image. Sabine Flach writes:

> The visual (would be) the new terminus to be introduced which rises up from the visible (as an element of reproduction [représentation] in the classical sense of the word) as well as from the invisible (as an element of abstraction). The visual's character tends to withdraw the 'normal' (better said: usually adopted) conditions of visible cognition from us.[12]

In an abstract-realistic work of art research is shifted from/to a representation (the visible image) through the 'abstract' — the imagining as creative, operating/processing force at the level of the artistic practice as research *and* the imaging (object) and the filmic interval at the level of a work tuned *in situ*. Thus a specific nuance, a subtle difference, an artistic form-content, artistic knowledge is realised, which shifts a (re)-presentation or presence in and outside the image, without for that matter entirely deleting this 'first image'. Otherwise it would be impossible to observe, experience and after some time think a balanced form-content as a suggested model, a representation that relates in a tense manner to the representative element in the image. Sabine Flach writes:

> Images are thus processes that do not reproduce reality, but render it visible.[13]

Yet something in the practice as artistic research, something in contemporary art, as work and image, as well as perception, eludes almost every presentation or symbolization process. However, it does not elude the being exposed to destruction, with which *in fact* it has

12. Sabine Flach, 'On Twilight', in: Sabine Flach, Jan Söffner (red.), *Habitus in Habitat II, Other sides of Cognition*, Peter Lang, 2010, p. 33.

13. Sabine Flach, 'On Twilight', p. 36.

little to do, but *in facts* it is still readily made (co)responsible for it. The artistic dimension, this visible creative space-time, could be considered too credible, which will lead to some form of resistance being created against it, even before one has been able to relate to it. This relation, however, is important to be able to detach oneself from the artistic dimension, or simply observe it closely. Yet this artistic dimension cannot be held responsible for the fact that abstract-realism is not yet worldly, or that it will never be entirely worldly, or that it suddenly was/is perceived as too worldly. It is mainly a hypercontrolled, institutional way of relating to it, *and* the glance that composes a self-image, that can turn a double-sided image into a one-dimensional one. Furthermore, the creation of space and time are increasingly under extreme pressure of time and space — not only caused by the time-space we explore and set in process ourselves, but also by other times and spaces in which the work must function and which the work encounters along the way. The visible creative space-time thus seeks to escape, without for that matter lapsing into escapism.

In the time span TIME SPACE POKER FACE was being realized, it was as if the reflected image of the rear-view mirror had been hung before the windscreen, and that it had nested itself in the mind of the driver, who, as usual, continued to drive ahead, but in the meantime was moving between the chiaroscuro of the Baroque and the (shady side of the) Renaissance, as if these historical periods were a place the driver had to pass in our 'contemporary' time. Concepts such as 'nostalgia' or 'melancholia' do not lead very far in such circumstances. Apparently it is also hard to control the urge to develop these words as escapist utopias. As long as an artistic/creative space-time can originate and exist in contemporary art, we can observe a certain credibility 'elsewhere', i.e. also in the image. However, outside the image, this is often questioned in an 'authentic way'. The artistic/creative space-time then becomes located in a speculative danger zone, and is introduced in the world as a myth. As soon as the artistic/creative space-time is implicitly disposed of as capricious and unreliable, it is obvious that one hardly or simply no longer wants to deal with that which cannot be absolutely guaranteed and controlled in advance. This implies that 'one' feels threatened by the artistic/creative space-time and/or one suffers from an uncontrollable possessiveness in dealing with it. One therefore not only wants to love and appropriate the artistic/creative space-time, i.e. there is not only the urge to possess and occupy, but after some time has lapsed, one also wants to generate it and be it. However, the *Unheimliche*, the uncanny, cannot be (de/re)constructed in this world, because to a certain extent it can be considered unworldly. This zone of artistic space-time therefore needs to be reinserted in the context of contemporary art, instead of letting it formlessly haunt this world — which apparently hardly or not at all can or wants to relate to it. Apparently 'one' has been busy (too) long withdrawing one's own responsibility from the perceived concentration(less) camp syndrome that may even be a construct of the imagination. The positionless/incredible and therefore also the creative space-time are presently being exposed to it in two ways: as a potential perpetrator and as a suicidal victim who invites his or her own murder. The creative, artistic space-time is being forced to surrender by proceeding to engage in an iconoclasm of the self if it (space-time) cannot spiritually or locomotory be transformed instantly in a sublime, (a)social, religious, economical, scientific, medial or political sense. In order to survive this on both and different sides, there is the displacement, shift and rehanging of the artistic/creative space-time in contemporary art, which continues to dialogue with the artistic practice as research (time-space), along other levels. For space-time, space and time in contemporary art have become infinitesimal lately, though relatively speaking they have always been so. At present that has put contemporary art in a position to either function as the representation of power(lessness) or to opt for the metaphorical, allegorical and symbolic path. The question TIME SPACE POKER FACE then raises, is: are there any other possibilities?

The landscape, the still-life and at present also the portrait have been the focus of attention, in and as a recent past. For quite some time now, psychology has been invested in the institute under construction and in its architecture (one need only think of city marketing), and in this context the longing for a contemporary history painting/art and/versus a genre painting/art can apparently no longer be suppressed. On the one hand these are supposed to boost the ego/imago and turn them into an authentic self-image; on the other hand they are supposed to relegate the 'creative/imaging and therefore also the critical I' to the ego/imago that is being given a place in a vicious circle. It is always possible to carry out that which is passed on in a sealed envelope; that is the downside of a reconstructed self-image. After a while, the (potential) 'I' has also disappeared on all sides. What is left is on the one hand the loss of a creative/imaging I that is being forced to turn into a non-authentic ego/imago; in this case the own hypocrisy should come across as sincere as possible. What is left on the other hand is an ego/imago that transforms into an authentic self-image. Virtuality (as the loss of an I) thus confronts nature (as the development of a self-image). The former acquires the status of 'new nature', while the latter acquires the status of architecture/culture/history. Installing a symbolic (religious) relation between both in order to repair the (a) social fabric can be viewed as a strategically clever move, but that does not solve the problem in any way. Art does not trigger that sort of situation, i.e. cannot be held responsible: it simply deals with this fact just like it deals with any other particle belonging to reality. A work that is reminiscent of a work of art — which is entirely different from (a contradiction of) *l'art pour l'art* — loses its ambiguous status and is forced to offer itself to a patron in order to represent his or her likeness/image as self-image. However, the only I in space is the memory of an I in a work of art. That which is too credible — i.e. that which creates space and time and which is almost impossible to believe or think, while at the same time can be too strongly believed and thought — is eliminated after some time: it is impossible to bear, nor to support. Suddenly something seems nostalgic, something which until presently has had no present, but on the other hand has already taken place in a utopian manner. A certain delay occurs, which moves in the opposite direction.[14] Furthermore, a process develops that turns an 'I' under great pressure into an 'ego/imago' and through the concept of authenticity from an 'ego' the first step is made towards the beginnings of a 'self-image', a portrait that must look like an authentic self-portrait.

In her text on p. 54-56 in this publication, Joëlle Tuerlinckx notes that 'time kills', which is different from 'killing time' (i.e. do something because of boredom). I asked her if in her view space also kills, as there is no such expression as 'to kill space', unless we use it to refer to some terrorist act or to 'a tasteless ornamentation' — both can be considered the consequences of being exposed to their absolute or extreme refusal/denial in this world. The artistic space-time is not the acme of power(lessness), it is neither the sacred, nor the reason, nor a symbolic concession to the (a)social fabric between virtuality and architecture, though it would like to attach itself to it. But then what is it, if it does not coincide entirely with that which is reduced to 'the beautiful', 'the sublime', or possibly something else yet? One reason why an exhibition cannot go on endlessly, unlike a permanent collection: at an exhibition there must always be the suggestion of movement — a movement that must take place *and* time, or have taken place *and* time recently.

At TIME SPACE POKER FACE each work continued a dialogue with its own (past/recent) praxis as artistic research, but there was also an image, a filmic interval that suggests movement and the possibility of a reflection that creates an image. Almost every work on view has gone through a stage in which it functioned as an obstacle, before it discovered its own place and time. An artist always gives the viewer/listener/reader what he or she wants, not what he or she needs. A work of art gives the thing (a) self, without giving it away. Apparently, what humans want, in a positive or a negative sense, is triggered by the other. What a human being needs always happens with the other. By wanting, one encounters that which the other needs. This does not imply that one wants or is able to deal with that, though, then again, one might be able to do so. By responding to that which one needs, one encounters that which the other wants. *In fact(s)* there is no such thing as 'not wanting' or 'not needing', because will and necessity are being related to each other and are compelled to need a non-needing and want a non-necessity. It should therefore not be made responsible for that which cannot be borne or supported. In that case, what is 'contemporary' art and how should we relate to it in a now, when and where apparently the work itself reflects on having taken place in a recent past?

The artists and their work

Joke Van den Heuvel (born 1983, Antwerp) has entitled her new work *Remember, it's only a story it doesn't mean it's happening now*. Van den Heuvel always works with various media, such as paper, photography and sculptural installations with slide projectors and viewing

14. Compare this to how in recent years dance music has been slowed down, without the music turning into ambient or lounge.

screens. In this new work she explores how to deal with a complex or multiple shape. Her answer turns out to be a constant medial and narrative shifting in black, white and grey shades on a red floor. She elaborates on this shift by exploring the tense relationship between the coherent constellation and the installation that is fragmented in various media. Is it a matter of a narrative mourning or does the artist take a risk in order to re-engage with the complex form, without completely securing this form, or without causing the form to shift not only medially, but by exploring other possibilities? In the latter case, she re-enters the artistic domain.

Van den Heuvel found inspiration for this new work in the figure of the trickster in Lewis Hyde's book *Trickster Makes This World. Mischief, Myth, and Art* (1998). Prominent in this work is also the artist's fascination with literature and the difference between subjective and objective knowledge, and with how image and word relate. A sculptural platform that is shaped like a complex figure is covered with a black layer. Apparently the complex figure can be recognized in a time and space diagram in the photograph *Eshu* (2012), which is fixed on the white wall at the same height as the sharp points of the sculpture. Eshu is an *orisha*, one of the most famous 'divinities' of the Yoruba. Eshu also occurs in Santería, Candomblé and with the Lucumi. He can be compared to the archangel Michael, Anthony of Padua, Hermes, Mercury and in Brazil to the female entity Pomba Gira. Eshu protects travellers and is therefore praised on the road, especially at junctions. He decides on fortune and misery, he is considered a personification of death and he sets free energy. He is identified with the number three and the colours red, black and white. He is recognized along the road with a shepherd's crook or smoking a pipe. Eshu is considered the 'ghost' of chaos and tricks, though in this context he could also be considered the patron saint of a double-sided contemporary art. He tempts/seduces people and he is a possible source of misery/ordeals/temptations — experiences which are supposed to lead to maturity and adulthood. As a teacher, he is difficult, but afterwards one has to admit he was a good teacher. Depending on the side of the road one travels, he will be seen with a red or a black hat. In case of two parties encountering Eshu, almost invariably a conflict will result, with each of them trying to prove their right. Eshu then has to return to confront the two parties with the fact that one perspective may be as true as another in a certain context and a particular situation, even though both views are entirely opposite. Eshu warns humans for the consequences of tunnel vision — the gaze that prevents from seeing the other's viewpoint. In another version of the story the two parties continually try to eliminate and kill each other. Eshu is then held responsible — by the two opposing parties or by himself — as if bringing strife is his greatest joy.[15]

At the time the exhibition was set up, Van den Heuvel applied white lines to the red floor, made drawings with chalk, shifted plaster casts, broke them, moved the pieces, recombined them on the black sculptural platform, which could be considered a support/bearer of something that had happened in the past. The complex shapes seem to reverberate between immateriality and materiality as sheets of paper

15. *http://en.wikipedia.org/wiki/Eshu* and Lewis Hyde, *Trickster Makes This World. Mischief, Myth, and Art*, Farrar, Straus and Giroux, 1998, p. 323: 'The Homeric hymn to Hermes'.

that are blown in the air, but which in a photograph are kept in place on the opposite wall. Because of the twisted position of the sculptural platform and the apparently 'right' hanging of (the figures in) the photographs — which seem to touch the corners of the complex figure of the platform and that which has happened there in a recent past — the impression is created that the illusion as image is being realized — in a jumping, shifting, but also silent and subdued manner. It is impossible to say whether the complex figure or the act of engaging with it creates chaos or order, for that seems to depend on the viewpoint from which one looks at it and from which one interprets the work. What has happened in a recent past is not entirely hidden for the public: it is suggested in the traces on the sculptural platform and in the film that is screened. The film — which is not a documentary in the sense of 'the making of' the performative installation — charges the traces on the platform from a distance. The game that is being played or has been played here, is accompanied by Homer's Hermes:

> Clearly these are cattle tracks, but they all point backward, toward the fields of daffodils! And these others, they are not the tracks of a man or a woman, nor a grey wolf or a bear or lion. The tracks on this side of the path are weird, but those on the other side are weirder still.[16]

In the twenty-first century it could be called the artistic space-time, which as constellation, as filmic interval and assembled in a white frame of tape or as photographic image, surrenders to the viewer/reader, in this instance with a historical echo that turns out to be a myth. *Alpha*, the title of one of Van den Heuvel's photographs, refers to the first letter of the Greek alphabet and to the dominant male or female of animals that live in groups. This fact takes place next to a black fireplace in the most domestic environment at Be-Part: not far from the desk where Joëlle Tuerlinckx starts and ends the exhibition with a moving, filmic interval that shows space and time figures, holds them still for a moment and then lets them move on again. The situation would have been entirely different if 'here' a monument had been placed as an obstacle. In that case it probably would have been impossible to come in or go out, and this would no longer have been a group exhibition, but a permanent display of the collection that wanted to impose itself as an absolute installation.

The visitor now crosses a steel bridge and is drawn into a concrete space, passing through a wooden room with on both sides a view of the garden. On the left one notices one of the three sculptures entitled *studio allies* (2013) by Adriaan Verwée, which might occasionally cause a visitor to turn around. Upon doing so, a hole in the wooden wall becomes visible, which functions as a frame. Opposite this hole the work *studio allies* has been placed. Two structures or shelves, made of black stained wood support each other. One of the structures stands upright on the floor, the other leans against the upright sculpture. On the latter two casts of buckets have been placed. The colours of the casts are conspicuously visible from the bridge. One does not return, though it is being suggested — even wished — that one does so, to relate to the work from a different point of view. Casually glancing, one may notice a black box with traces of paint and a white metal support stick, which seems to balance the two sculptures. We notice the number three (two sculptures and a hole/frame: work by Nel Aerts, see below), though this is a double portrait (two sculptures that are balanced by a painter's support stick) and though on counting again it turned out that there were seven items (Verwée's different objects engaged in a dialogue with Aerts's hole/frame). Is this a demand for a 'new' art of painting or is this about distancing oneself from the pictorial context to which the objects relate?

Joëlle Tuerlinckx (born 1958, Brussels) wrote in 2000:
> je travaille jusqu'au moment où on ne peut plus couper dans l'espace.[17]

In the concrete space not a single display case seems to function. If there are no clouds to hide the sun, it enters on the left and turns around clockwise in the space. The concrete space is the only space where both the light of day and night are actually captured. In Tuerlinckx's *Volume d'Ombre* (2013), which captures the sunlight and the gaze, draws it near but also repels it, and in *Time Table (SPACE/EMIT/Time (SPACE)/…)* (2013), which relates distantly to *Figure Time Table* (2013), the public will notice the object and its shadow, which both capture light and dust. In *Time Table (SPACE/EMIT/Time (SPACE)/…)* (2013) the imaging potential of a figure that has been laid down on the table becomes visible. It is the latest figure that in a recent past came to rest on this table (several figures preceded this one).

On the figure there are transparent spheres in all sorts of sizes and shades of grey, ranging from transparent to silvery grey. On a number of these the word 'space' or 'time' has been written — on some of the spheres in mirror writing. Just like the table on which the configuration has been laid, this figure is exposed to a constantly shifting point of view, originating from a programmed spotlight with a shifting interval between the figure being floodlighted or remaining unlighted. When the figure is held still, the gaze, the point of view on the object changes. The shady side of the spheres and the table almost turn into objective shapes when the spot is on them. However, when the objects are merely exposed to daylight, i.e. without the spot on them, they turn into subjectified objects and they seem only subtle, almost invisible traces. The table casts a larger shadow than the object itself. The shadow could be described as a black hole or a black space that can be compared to a scale drawing of a black box. It is as if the black hole is more visible than the table, though after some time, at a different moment, from another point of view, a different situation materializes and becomes credible.

The interval with spotlight is repeated filmically in the PowerPoint projection *Figure Time Table* (2013), which also contains the figures Tuerlinckx had laid down earlier on the table. This film is projected on a historical floor plan of the exhibition space that hangs on the wall at the reception desk in Be-Part. In this instance the situation is reversed. The continuous/lasting memory of the gesture that images/represents

17. Joëlle Tuerlinckx, *Borderline Syndrome, Energies of Defence*, Manifesta. European Biennial of Contemporary Art, Ljubljana, Slovenia, 2000, p. 172-174.

145

and moves a figure — one figure succeeds another — also constitutes the start and the endpoint of the group exhibition, as the memory of a performance that still has to take place.

With three different works Tuerlinckx shows us the origin, the existence and re-emerging of a suggestive proposal, a figure, a model, an image and its representation, its imaging, imagination and possibly performative depiction, departing from the perception of the 'double', which as a temporary monument, *Volume d'Ombre* (2013), has been installed in the space between projection and reflection. It is as if Tuerlinckx continually recreates from a different perspective of reality how the figure, the object, the filmic interval and the perception of the three elements relate *and* at the same time creates the abstract, realizes it, lets it exist and perceive, till the moment (a moment that 'hangs' just before the beautiful and the sublime) it penetrates the gaze of the viewer as perception and concept. It is as if the artist can enter anytime and review everything, and indirectly this is also present in the work. With regard to a filmically shifting figure, a figure-object or a click-clacking moment-monument, perception and reflection cannot be shaped and acquire meaning from the perspective of understanding/grasping, owning/sitting or occupying/setting, and yet it understands/grasps, owns and occupies, subtly, with a great many nuances, linking, differentiating and opening.

At TIME SPACE POKER FACE I was thinking of *Étude pour lumière 1 pour mur* and *Étude pour lumière 2 pour table 2009-2010, titre-salle gris neutral K* (2003-2010), two works that were shown at Tuerlinckx's latest solo exhibition at Stella Lohaus Gallery in Antwerp, entitled *Joëlle Tuerlinckx. Congé Annuel/Jaarlijks Verlof. Gris neutral kodak, matériel à la base de l'exposition* (23 April-26 June 2010). What also sprang to my mind was her solo exhibition *Geologie Einer Arbeit. New and Old Paper-Assemblage in einer Kurzen Orangen Retrospektive von Joëlle Tuerlinckx* at Christian Nagel in Berlin (9 June-20 August 2011). This exhibition could be viewed from every viewpoint in the exhibition space (and even outside — the gallery is like a large display case) as a hypercharged constellation that postminimally exploding expands/expounds in the exhibition space/display case, whereas it simultaneously shifts/moves to different autonomous sculptures that cause the constellation to shrink. After a certain time, the intense orange colour had a possible illusion as a side effect, namely the idea that each detail and the whole could be considered an in-depth study of reality and the creation of space. After a while the orange gauze also functioned more as a time dimension than as an aspect of space — a fact that had already been suggested by Tuerlinckx in the title with 'in einer Kurzen Orangen Retrospektive'. The term retrospective in this instance did not refer to a traditional overview, but to a 'seeing back' or 'seeing again', which in orange real time was played like an accurately tuned constellation.

Frank Van de Veire wrote:

> What is written down in Tuerlinckx's constellations, is the huge loss in the economy of life. This loss is not turned into profit, yet it refuses to disappear and lingers endlessly. [...] Tuerlinckx relates to the exhibition machinery with the same tender lucidity as to human activity in general. She is only interested in the latter if it is brought to a standstill and loses itself in a gesture that yields nothing, while at the same time, afraid of this nothingness, moves over it in order to weave a pattern, a structure, a constellation around it.[18]

Catherine Wood wrote:

> In a number of ways Tuerlinckx's work explores binary dualities, but her binaries are perverse, such as this one, never resting neatly in two halves. At the Bonnefanten Museum in Maastricht her film projection of a black felt-tip pen 'colouring in' a white piece of paper, Dessin Negatif, is shown simultaneously as part of the main installation and in an adjacent, alternatively light then dark, film-projection space. The film appears as positive in one space, negative in the other. The ease with which Tuerlinckx flips these opposing qualities displaces any conventional possibility of perceptual truth. [...] Reversing the notion that the viewer's eye is the active, perceiving agent 'piercing' the art object (as in the traditional perspectival model of painting), Tuerlinckx's work, in extreme cases, actually enters the retina, as damage, inhabiting not just the architectural space, but the viewer's own vision.[19]

But in her book *Moment d'espace*, Tuerlinckx herself claims:

> Moment #1 celui de la construction des maquettes d'architectures négatives. on est en 2003. une envie exceptionnelle de faire une maquette 'sans projet'. penser 'maquette', c'est penser 'double'... à son échelle, humaine : 'un sur un... face à la chose maquettée elle, variable. penser maquette, c'est penser 'redimensionné' : variablement sur ou sous x. la chose est là ... (maquette) et nous sommes là (personnage, auteur ou/et autre(s) devant la maquette) on s'étale et s'y projette : la projection est induite, immédiate et inéluctable [...] au départ de panneaux, de matériaux x ou y mais dont il importe qu'ils soient biseautés à 45 degrés. L'importance est d'intuition ... qu'aucune arête surtout n'accroche le regard! et qu'il y ait 'construction' ... mais sans 'épaisseur de construction' qu'il ne soit jamais permis d'infiltrer l'objet, ni d'un doigt, ni de l'oeil! ... afin qu'énigme et résistance opèrent, l'intérieur se doit d'être opaque. il l'est et cependant — constat — on est tenté de pénétrer son volume justement! vu et par le caractère même de cette opacité : attirante et attractive, absorbante et réverbérante là, consiste la découverte première (s'en rajoutera une seconde observée et

18. Frank Van de Veire, 'Iets over hoe de Tuerlinckx-machine door de tentoonstellingsmachine heen stapt', in: *De geplooide voorstelling. Essays over kunst*, Brussels, 1997. English version in: Catherine de Zegher (ed.), *Inside the Visible, an Elliptical Traverse of 20th Century Art in, of, and from the Feminine*, MIT Press, Cambridge, Massachusetts, 1996, p. 78-81.

19. Catherine Wood, 'Stories of O', *Afterall*, 10 (2004), p. 12, 17.

décrite par la suite, suivie d'une troisième) : l'espace n'a pas d'apparence l'espace n'est qu'une corpulence. j'entends par là, l'espace est ou n'est pas. Et pour preuve : bien qu'opaque (ou invisible) sa 'corpulence' est traversée/pénétrée/fêlée. comment? On l'a vu avec l'exemple de l'expérience de la maquette sans projet, par le fait primo : réalité et imaginaire opèrent de concert mais secundo, dans une forme optimale de 'complétude'. là ou la perception bloque (le regard sur le cube ou le solide pathologique 'plein') l'imaginaire prend le relais: plus pénétrant, plus diffractant, il rebondit ailleurs. on peut dire qu'à l'instar de l'espace reformulé par la physique moderne il l'imaginaire — opère par saut. D'où l'idée (vrai ou fausse) qu'il est ou serait (de nature?) plus … quantique au même moment, la résistance et l'entêtement de la perception réelle (le regard sur la miniature) … à venir sans relâche buter sur la chose (maquette) … (on revient ici à la table, aux cubages disposés et au regard sur ses pleins et ses vides) tout cela mène la réflexion, par volonté d'y comprendre davantage, vers une exploration […] et son mode privilégié, celui à qui il doit d'apparaître, est sans nul doute principalement conditionnel par le simple fait — logique — qu'il (l'espace) est justement projet et réalité et qu'il ne peut dès lors être absolument, totalement, au présent de son fait. Le présent absolument ment.[20]

If the absolutely present lies, then why, after centuries of humankind and centuries of art history, can we not 'simply' accept this, educate people in this knowledge? Position differs. Credibility differs. Value differs. The consequences are different.

Willem Oorebeek (born 1953, Rotterdam) shows us the 'authentic' memory in black and white of two digitally merged covers of a magazine that was — and is — published in colour. The covers were from the American news magazine *TIME* (in this instance with Hilary Clinton and a reference to Afghanistan on the cover), from the Chinese version of *Elle* (a double Chinese model), and a Spanish gossip magazine that confronts the reader with a widespread image of the almost gruesome facelift of a very old and very rich countess who marries a 'young man' of retiring age. Then there is also the porn magazine *Club* with on the cover a large photograph of a busty woman, combined with a smaller picture of two entangled women, the sort of image that is supposed to incite women to lesbian sex. Oorebeek entitled these works MORE TIME, MORE ELLE (Chinese) (2011), *Instant oublier* (2012) and MORE CLUB (2011). The digital double portraits that shift between two superimposed covers evoke a contemporary renaissance image and are all in black and white. The powerful woman and the photo model/woman as sex object are caricatures of women, but they do exist of course. Different images of women are lacking.[21] The equally caricatural male image is only present here as an annex to the aristocratic woman. Why is it that at a certain moment precisely these people were chosen for

20. Joëlle Tuerlinckx, *Moments d'espace/Moments of space*, Secession, 2011, p. 17-21; 34. The book *Moments d'espace* was published on the occasion of Tuerlinckx's lecture-performance *Les moments d'espace - lecture for YouTube in 591 panels (version 17.11.11)*, which was published on 17 November 2011 as part of the exhibition *Die fünfte Säule*, curated by Moritz Küng in the Secession in Vienna (9 September - 20 November 2011). *Moments d'espace* is a re-transcription set in Times New Roman of *L'espace Mis en Place, L'espace Mis en Scène'*, a lecture for which Tuerlinckx was invited by Moritz Küng at the international symposium *Mis en place/ Mis en scène* in the Sint-Lucas School for Sciences and Art in Ghent (7 February 2011).

21. It struck me how in recent years at various solo and group exhibitions the 'mother figure' is both adored in an almost religious way *and* presented in an incestuous/ perverse manner (for example by Leigh Ledare in Wiels Art Centre, 2012). On the covers of gossip, porn and news magazines there are few mothers, or women who could be assumed to be mothers. In fascist regimes there are actually more mother figures on the cover. And what about intelligent/creative women? I wonder what would happen if works of art were featured on the covers of gossip, porn and news magazines — though of course we could ask this question the other way round as well. Oorebeek has added two white pages to *Metropolis M*, a magazine about contemporary art. Is this a destructive or constructive act?

the cover of a magazine? What is the matter with (the memory of) this massively circulated image, of which the shady side has realized itself in the middle of reality, for example on Facebook? The image is remembered as an object within a white frame, and is shown in its respectfully becoming thin, i.e. as representation *and* as suggested filmic interval, a shift between one side and the other side of the double.

This process takes place between the illusion of the monumentality and the illusion of the postage stamp format. The white keeps the images 'framed' in a manner that is different than would be the case with a black or golden frame. Oorebeek returns the image that had been overburdened by mass communication and senselessness to the 'past' image, i.e. to a fake 'origin/originality' that could be considered the autonomous 'presence' of the image, while at the same time it concerns the construction of a fiction — even if only because when one accepts that which is indeed 'original', apparently this is hard to support/bear and it is installed as absolute. Oorebeek creates an autonomous space and time of/in the image using a reproduction technique, which at first sight is somewhat remarkable. The images in his black lithographs may refer to either a painting by an old master such as Pieter Bruegel the Elder (*The Tower of Babel*) or to works by contemporary artists such as R.H. Quaytman, or even to a poster by the artist Mary Kelley, which Oorebeek bought in 1998 in the Generali Foundation in Vienna. The blackout does not function as an incapacity or refusal to remember, but on the contrary as an ode, an homage to the image from a distant or recent past that is rendered visible again in a 'now'.[22]

Oorebeek also pays a lot of attention to the question what an image, precision, eye for detail, nuances or pictorial surface could actually mean. He has blacked out *Freud's Sofa*, the official poster that is sold in the Freud Museum in London and Vienna — that is, he has overprinted it with black — in his *Scéance Blackout (London Couch) IV*. That which is 'too beautiful', 'too realized', which appeals too hard to the imagination, is blacked out. The black hole is forced to become a two-dimensional image, it must relate to white and needs to be looked at with oblique light — then the graphical lines in the image light up as traces, depending on the point of view. From a distance, however, one sees nothing but black against white on a wooden background. At TIME SPACE POKER FACE Oorebeek hung *Scéance Blackout (London Couch) IV* next to a hole that had been cut by Nel Aerts in the wall in the wooden space. This was the first action in the empty exhibition room at Be-Part and through this gesture the walls of the exhibition space started to move. The hole can be described as a wooden frame for a painting behind which a plastic sheet is stapled on wood, the sheet covering the insulation material of the wall.

Thus we come to Peter Buggenhout: 'A solo exhibition of Peter Buggenhout's work in Lokaal 01 in Breda bore the title *The Future Tradition*.'[23]

Buggenhout's dust sculpture *The Blind Leading The Blind #44* (2011) has been turned to one side in the imaginary middle of a concrete space, the real middle actually being situated on the rear left. Oorebeek

22. Recently Oorebeek showed his work in A.VE.NU.DE.JET.TE/Institut de Carton in Jette (Brussels) at the exhibition *Les Secrets de La Mémoire* (May 2012). In an article on the exhibition, Birgit Cleppe wrote: 'In *Les Secrets de la Mémoire* Willem Oorebeek presents his so-called blackouts: lithographs he creates by overprinting existing printed material — often advertisements or covers of popular magazines, with black ink. This results in monochrome Malevich-like surfaces, in which the original images enigmatically shine through, depending on the reflection of the light, the amount of ink used and the colours underneath.' Birgit Cleppe, 'Aglaia Konrad & Willem Oorebeek in Brussel', in: *De Witte Raaf*, 157 (May-June 2012), p. 10.

23. Peter Buggenhout, *It's a strange, strange world, Sally. Recent sculptures and installations by Peter Buggenhout*, Lannoo, Tielt, 2010, p. 50.

hides Hilary Clinton behind this work. At close range, various colours light up through the constellation of fabric — bright pink, red, orange, blue, silver. The colours actually make up the structure of this textile sculpture, and that is really a special way to materialize structure as well as colour. These colours are also the only ones that can be expected in this concrete space, unless one also considers white and grey to be a colour. Buggenhout creates analogies that do not lapse into metaphors, symbols or allegories, though they could be forced to turn into them in the world of 'contemporary' art. Buggenhout has intensively studied the link between formlessness and structure, and this has resulted in a number of large sculptures: *Detitled*, (on view at TRACK, organized by S.M.A.K., Ghent, 2012), or *The Blind Leading The Blind*, Palais de Tokyo, Paris, 2012). After these explorations, the artist continued his enquiry into the imaging of colour, form(lessness), reflection and reality. In his current research project he focuses more on the (im)possible autonomy of colour and a different approach to the art of the portrait. This has to do with the fact that with *The Blind Leading The Blind*, Buggenhout started to give names to his sculptures or to address them — in addition to confronting the viewer with his/her 'literally' mirroring reflection, not as an inversion, but merely as a confrontation with the reversing irreversibility that demands to be perceived.

Buggenhout creates sculptures that are the result of an assemblage and the undermining of this assemblage, and in doing so he strongly increases the tension between form and formlessness. His sculptures are made from various materials, such as polyurethane, polyester, aluminium, wood, plastic, textile, fabrics, colour, junk or parts of fridges, boats, swimming pools, caravans, billboards, construction materials, steel, iron, epoxy, plaster, silicone, prepared guts and stomachs, hair and blood of cows and horses. Buggenhout's works can be approached from their materiality, their abject physicality *and* from their extreme baroque minimalism, in which the colour, the grid/structure, the vibrations, the crooked, straight and rampant line relate to each other departing from and engaged in a dialogue with reality. Yet his works cannot be suspected of eclecticism. Buggenhout dialogues with time and reality without lapsing into (re)presentation or transformation — everything traps dust and nothing replaces dust, except the collection on the move — but then the question arises, what are these painterly sculptures? In 2006 Peter De Graeve wrote:

> His visual language is rooted in a standstill and is not directed against film, but seeks to confront the cinematographic language with its own visual boundaries, including the 'stereotype' (a term which literally means 'hardening', 'petrification') of movement in the use of film frames (i.e. cinema, too, is a Medusa)… The concept of film is derived of a word that originally refers to a 'fleece' or 'skin'. Buggenhout's skinned fleecy objects, with their mechanical colours that are projected from outside, can therefore be considered anti-encryptions of the familiar world of film.[24]

Now that the film, confronted with its own limits, has been familiarized with its boundaries, the colour comes peeping from under the

24. Peter De Graeve, 'Rupslogica. Over de posities van Peter Buggenhout', in: *Peter Buggenhout. Sincerely, A Friend*, Cultuurcentrum Mechelen, 2006, s.p.

dust instead of being projected from outside, and the petrification, the hardening seem to have changed sides, 'today's' question seems to me: how we can perceive *The Blind Leading The Blind # 44* as a film? And is it a black-and-white film or a colour film?

Nel Aerts (born 1987, Antwerp) focuses on an intermedial versus a (semi-)iconic way of handling materials and media. Furthermore, she observes how the position of the artist is misrepresented by the world. In her drawings, paintings that look like woodcuts that have got out of hand, performative videos and sculptural installations she questions how various media, artistic calling and the world relate, using a mix of tragedy, poetry, fiction, humour and art historical references. Aerts performed the first double intervention in the exhibition space. In two places she used a saw to remove two pieces of wood panelling, ena-bling us after fifteen years to see how the wall of the exhibition space has been constructed, namely with a wooden frame that has been filled with insulation material that is held in place with a plastic sheet.

Aerts took the two panels to her studio, i.e. she brought a part of the exhibition space in her studio — usually it works the other way round. (The architecture of) the institute was thus on view in her stu-dio for as long as she was busy with the work. Aerts appropriated part of the institution in a material sense. This feat appeals to the imagina-tion: when psychology is invested in the architecture of the institu-tion, then… Could a similar action/move also happen in the context of the collector/collection? This was not the first time that Aerts sawed/worked a piece of wood. Since the exhibition *Undisclosed Gathering* (2010, Croxhapox) this has been a recurrent element in her work, as is obvious from the video *Tafelmanieren (Table Manners)* (2012, Wiels). In this video the artist sits on a table and saws a hole in it where she sits, through which she then crawls, or should we say falls?

Aerts came back to the wooden space in Be-Part with two new paintings: *Floating Puppet, Adieu!* (2013) and *Blue Wave* (2013). These subtly engage in a dialogue with one of the holes she had cut in the wooden space. The paintings are entirely different with regard to their palette. She says goodbye to the character that floats on a red sea — a recurrent motif in her collages and paintings — with a series of clouds in cheerful colours. The almost desperate figure caught in a blue wave, raising an arm into the air, is painted with a more sober, but also a more complex palette. Is it a matter of (letting) someone float or is it a matter of drowning/rescuing?

In an interview with Koen Brams and Dirk Pültau in De Witte Raaf, Aerts said, 'For me it is important that the painting speaks a very concrete language of its own. The destruction must be "right", the er-rors must be "right". It is very important to see what an image needs. At the same time the rubbing must not become some trick.'[25] The mad *little chaps* and *little ladies* Aerts presents in her works evolved from droodles; they reflect on reality and mock the role that is projected on contemporary art. They bear the consequences of contradictions: they drink, they are sad, lonely, timid, and on the other hand, they are also funny.

25. Koen Brams & Dirk Pültau, 'Met ringen eindeloos regelmatig als kringen in het water', in: *De Witte Raaf*, 161 (January-February 2013), p. 19.

Humour, loneliness, sadness, taboo, escapism, the journey, the boat trip, optimism, the mask/masquerade — all of these are elements that recur in her paintings, collages, sculptures and actions. At the same time her practice and work also bear witness to a stubborn faith in the creative, material and moving powers of contemporary art. Aerts's video *Say Something* (2012) features one of those small figures who peeps between the curtains of a theatre and looks anxiously to the left and the right. A voice encourages the figure: 'Come on, say something!' Hands that clasp a barrel, (*Zeemansneus* [Seaman's Nose], 2013), or wave in the air, gesticulating, are also frequent in the collages, paintings and sculptures. The painting *Op Kop!* (Ahead!), for example, features a 'High-Fiving-Hand-Figurine' — the term is coined by the artist — that also exists as a double sculpture and that occasioned an artistic action, in which the artist kept moving between two differently coloured hands (*Running in between. (High-Fiving Hands), Unscene II*, Wiels, 2012). It was as if Aerts was reminding us of Zbigniew Herbert's poem *About Pan Cogito's Two Legs*, and that she had created a variation of the poem for hands. In Watou and in Hoboken, Fort 8, Aerts created the performance *Traveling after Zbigniew Herbert and Pan Cogito* (2010-2012). In Watou the journey referred to was an imaginary journey that materialized as a private performance and was exhibited as a performative sculpture. In Hoboken there was a 'real' performance. The artist could also be seen with painted hands in the film *Undisclosed Gathering* (2010) at the solo exhibition with the same title in Croxhapox in Ghent. She gave the visitors an invitation card that was printed with fingerpaint: each visitor could return to fetch his or her piece of numbered and painted wood on a different day. These pieces of wood were on view on a wooden construction that guided the visitors through the exhibition space.

Aerts brings about movement. That was not obvious as she departs from painting, but she succeeded anyway.

Adriaan Verwée (born 1975, Ghent) creates three-dimensional sculptural compositions with elementary materials, such as stained wood, plaster, canvas, found objects, glass and casts of buckets. The way in which the various media, the work in the practice of the studio and the image at the exhibition relate, comes together in these compositions. Frequently the fragile sculptures seem to function as a support and as a rack that supports/bears the surroundings. In the installation *A Thin Air Spoil Tip* (2011, Zwalm) for example, we noticed a sculpture on a constructed platform (a radical suggestion for a plinth, a stage) that had been put behind a garden fence that had apparently toppled over — the 'ultimate' mise-en-scène? The supporting/bearing character of Verwée's work and its functioning in certain surroundings are conspicuous because they hang and move subtly: the works hang literally in their surroundings and the surroundings are literally challenged to empathize with the work, to the extent, or rather to the 'point' — which should literally be understood as a hole that has been drilled, a materialized structure or an imaginary line — where the difference between work and surroundings can only be perceived, created and thought in their relational distance.[26]

26. Sofie Van Loo, 'Adriaan Verwées abstract-realistische verbeelding is een vossenhol waar Don Juan te gast is geweest en Doña Juanita zou kunnen ontwaken', in: *Adriaan Verwée, Toca da Raposa*, Posture Editions no. 1, 2012, p. 60.

Verwée's artistic enquiry could be described as an intuitive imagination that has been grafted on materials and realities. It is this imagination that challenges designs, concepts and even narratives to shift, without allowing them to detach themselves neither from their realized imagings (which are also grafted on fragmented realities, materials, media and intuitions), nor from their realized and potential practical impact and effect on time and the (exhibition) space. In Verwée's work we can discover a nuanced, reflective dialogue that originates in a praxis that involves a study of how the abstract and reality relate, as well as space and time, work, image and object, the sculptural structure and the context of painting, the lack of colour and the colour details, perception of the photographic image, *objet trouvé* and the surroundings.

Verwée's exhibition/installation *In Tipa Installation View* (Tipa, Drongen, 2011, documented with photographs) included the sculptural painting on wood *Proposition II*, which could be considered one of the early in-depth dialogues between sculpture, drawing and painting in Verwée's oeuvre. *Proposition II* hung on a white wall on which some parts of the electrical wiring and plumbing had come loose (some waterpipes and mains). A tiled raised floor separated this wall from a lower tiled floor with a sculpture and a few mixing sticks that were put down crosswise. It is as if in *Proposition II* Kazimir Malevich's *Black Square* (1915), redrawn by Verwée with ink, has been sunk in a white frame and covered partly with a pencil drawing with lines and small holes. Remembering Dirk Lauwaert's words 'Drawing thus means drawing the background where nothing is drawn,'[27] Verwée's painting *Proposition II* acquires a somewhat sculptural form-meaning. Departing from the black surface — surrounded by white — of a painting that in this instance has been drawn, the painting becomes aware of its partial absence in the drawn geometry of lines that function as tunnels, and in the points that as drilled holes suggestively or perhaps only ostensibly deepen the relationship with the ground layer of the background. Above the black *painting* that has been sunk in the white frame, there is the drawing, somewhat larger than the painting; thus a breathing space is created that engages in a dialogue with another sculpture in the exhibition space, a sculpture in which the art of painting is absent, with black mixing sticks that have been used to stir white paint and then have been laid down on the floor. In this instance the mixing sticks with the dried paint have not resulted in a painting. In another work, *Drying Rack for Mixing Sticks* (2011), the mixing sticks had been put on a rack to dry them; in the same space there was a wooden construction sticking from a plaster cast bucket that functioned as an object. For yet another work Verwée had made plaster casts of the contours of a mixing basin and several buckets. These various works influence each other, but hanging, balancing, they authenticate the traces of an artistic process.[28]

Since 2010 Verwée has worked with black, stained wooden structures, which seem to refer to existing and defining frames, yet which also show how fragile they are and how they can be adapted, changed, rebuilt, for example as a changing composition. With *studio allies* (2013) Verwée has created a triple sculptural installation in which every

27. Dirk Lauwaert, 'Telkens Lege Beelden' (1995), in: *Onrust*, het balanseer, Aalst, 2011, p. 125.

28. Sofie Van Loo, 'Adriaan Verwées abstract-realistische verbeelding is een vossenhol waar Don Juan te gast is geweest en Doña Juanita zou kunnen ontwaken', in: *Adriaan Verwée, Toca da Raposa*, Posture Editions no. 1, 2012, p. 63.

work functions separately, but also echoes in another work through a different vantage point. The sculpture described here, with the racks that support each other, is like a double portrait. The sculpture on the patio is like a landscape composition with fake bamboo and a chalk-line reel (compare *Early Outline*, 2012) that rests on a platform, while it casts a shadow on the concrete wall of a piece of rediscovered architecture that almost functions as a stage setting. Two smaller sculptures are engaged in a dialogue in a wooden space. One features a canvas, a paint box and a stool; the other one features a trestle and a small turquoise wine cask. The composition is almost like an ode to (a drunk art of) painting, as sculpted self-portrait. It also somehow resembles a film set with structures instead of props. The same kind of setting we find in Verwée's early work, for example in his installation *The Final Speech* (2005), based on Chaplin's film *The Great Dictator*. Verwée was surprised about the words Chaplin had written in his notebook while preparing for his part as Hitler: 'reason, beauty, kindness, happiness, adventure and freedom'. Verwée screened these words in a video animation on a stage; the public could use them to make a speech of their own. There was also a bar on the set to bring the speaker in the right mood. Above the bar the video *The Set* played, which was based on the original 8 mm footage of the film. By contrast, *studio allies* seems a sculptural set(ting), in which three different types of the art of painting are presented, each one evoking the other. Works such as *Other People's Trades* (2012) in the Arcade Gallery in London and *Something Postponed* (2012) in Ghent University's Technicum are also engaged in an in-depth dialogue with the art of painting, which is obvious from the reference to a black surface, a frame and a painter's stool, which are all put on a shelf with a mirror (reflection) and the subtle colour details. In *Something Postponed* (in Ghent University's Technicum) Verwée has involved the floor with its repetitive, clear-cut pattern, the washbasin, the back of a mirror, the remnants of a stage that needs to be supported by a trestle and a heating element.

In his film *Travelogue* (2010, an eight minute loop), Jani Ruscica (born 1978, Helsinki) presents stories from people who have visited London, while the image features an empty space in Camden Arts Centre. The stories are a collage of historical narratives, travel guides and information that is shared in blogs. The sound track mainly features the mechanical noise of a white roll that is being turned and which functions as an empty screen, while a travel shot explores the room and subtitles silently tell the stories for the viewer. The film begins with the following subtitle, borrowed from Lee Jackson's book *London Dust*:

> Falling is the easiest method. Just choose the location and take one step forward. Always be quick about it.[29]

In her wide-ranging essay (plus interview) *This Version Begins Here*, Malin Ståhl writes:

> The title, *Travelogue*, refers directly to a film genre, embedded with information about travelling in the remote places of the world that became popular in the late 20th century. In the mid-19th century the moving panorama was another

29. Jani Ruscica, *Travelogue* (2010), 16 mm film transferred to HD, stereo sound, 8' loop; Lee Jackson, *London Dust*, Arrow Books, London, 2003.

appreciated form of entertainment featuring landscapes from journeys to exotic places. Painted sceneries were installed on spools that were rolled past an audience. The machinery was often concealed behind a screen to enhance the illusory effect and a delineator would accompany the imagery, narrating, explaining and dramatising the scene. Yet Ruscica has filmed a moving panorama screen in black and white, creating a screen within the screen where the apparatus, the moving panorama, is the main protagonist. Ruscica's Travelogue is thus pointing at two historically popular forms within the genre of travel of entertainment — the moving panorama and the travelogue film. But where in both these mediums a landscape would appear and a drama unfold, Ruscica leaves the screen blank. The eye scans the plane in search of something to hold on to, only to encounter the materiality of the surface itself: a roughness in the canvas, a knot in the fabric. In a Brechtian manner, what is staged and dramatised is the technique of staging itself. The lens zooms out providing a view of the whole setting — the blank panorama screen in a studio with a row of empty chairs organised in front of it. The panorama is not providing scenery and the chairs are not holding an audience. It is the gap, produced by Ruscica's refusal to provide a window to another world, which allows the viewer to reflect on the function of these objects. Through the use of our experience and knowledge we assign potentiality to the objects — the chairs wait for an audience and the screen for its scenes to begin. […] The piece thus sits in tension between the abstract and the specific. Like a montage, the three elements of the piece, the visual, sound and text, pull in different directions producing gaps where the viewer is invited to reflect on how representation is produced, and to imagine his/her own city.[30]

It is quite fascinating that this film about London, which was filmed in Camden Arts Centre, was screened in Be-Part in Waregem, as if it really belongs there. The film was screened in the projection room in the basement. To enter it, the visitor had to descend a staircase and seemed to walk towards a white spot. The film was also the only work the curator had selected in advance for TIME SPACE POKER FACE, except for Peter Buggenhout's work, which was however chosen later. Other works by Jani Ruscica are *Batbox/Beatbox* (2007), *Screen Test for A Living Sculpture* (2012), *10 Minute Display of Unparalleled Grandeur* (2013), *The Light is Pale and Thin* (2013) and *Foghorn* (2013).

Adriano Costa (born 1975, São Paulo) works with found, borrowed, stolen and purchased materials, such as canvas, tapestry, T-shirts, towels, flags, curtains, socks and underwear. With these he creates three-dimensional constellations that can be read as a witty dialogue with time. Costa combines everyday objects to create intensified still-lifes or portraits of contemporary themes such as destruction, politics,

30. Malin Ståhl, 'This Version Begins Here', in: *Jani Ruscica: Anecdotal*, Galerie Anhava, Helsinki, 2013, p. 44-53 (see: www.anhava.com/gallery.php).

globalism, exotism/tropicalism and localism, and explores how contemporary art and the art world relate to these. His critical, simple/simplistic and often humorous exposure of topical (political) themes balances in a captivating manner between symbolism and aesthetics. Costa confronts us with the hypocrisy in humans and their actions, in how they relate to other humans, objects and things. On the other hand he also believes in the aesthetic, moving and critical power, in the necessity of contemporary art and in the necessity to relate to it. His recent works include *Crisis Doesn't Matter If You Love Me* (2012), *Working Class Hero* (2012), *International Politics ou a arte de empilhar corpos* (2012) en *O Futuro* (2012). Costa's much acclaimed work *Tapetes* (2010) in Videobrasil (2011), his solo exhibition *Plantation* (2012) in Mendes Wood DM in São Paulo, and his constellation *From my body comes, Through your body goes* at the Frieze Art Fair (Mendes Wood DM, 2012) seem at first sight an abstract and aesthetical game, till one starts to study them more closely.

Already in 2011 Costa sewed four pale orange dustcloths together with red thread to create a swastika. He entitled the work *As You Like It*. *Swing* (2011) is a sculpture with six Molotov cocktails. The dialectic between on the one hand danger, violence and destruction, and on the other hand the still-life with the linking, coloured rhythm of the fabric has been a recurrent aspect of his work for some time now, and it will remain so, as is obvious from his embroidered work *A Place Built To Be Destroyed* (2012), in which the artist combines a black strip, a tiny fragment of yellow, a red square and a mainly blue square.

In 2012 Costa had his third solo exhibition in São Paulo, entitled, *Plantation* (2012). In the main work *O Quadrado Campo* (The Square Field) (2012) he combines a torn pink piece of cloth with two steel reinforcement bars that are wrapped in pieces of cloth; the two bars are entwined in a somewhat strange way. In the corner of the exhibition space, there is a work that consists of a long wooden pole, *Sweet Brasilia* (2012). A little further hangs a green, embroidered veil with black dots that is made of nylon. This work is entitled *Nós Estamos Às Moscas / We Are the Flies* (2012). It turns out that there are twenty-three dead flies lying on the floor, which previously got caught in the nylon veil with their legs.

In the smaller exhibition space the artist presents the constellation *A Colônia* (2012). *Flamingo* (2012) is the central work here. It consists of a purple bucket, with a hint of turquoise shining through. On top of it is a pink cube filled with concrete in which a paint roller with salmon-coloured paint on it is trapped. According to the artist, the work represents Christ, who was put on the *Tapete Pele* (2012), a piece of concrete that is painted white and that refers to the footballer. *As Tias* (The Aunts) have joined the other works. This work consists of a horn and an umbrella resting on a paving tile. Near it lies *Persian Carpet* (2012), a small carpet with a Persian pattern and a black strip featuring the word 'Corinthians'; at the bottom is a European flag. The work *A Mãe* (The Mother) is also presented in this space. On a wooden stool a horn has been placed, with an open umbrella on top of it, turned upside down. A wooden board on a concrete basis is being measured with a measuring tape that is attached to the board (*O Sertanejo*, 2012). A little further from these sculptures is the work *A Place Built To Be Destroyed* (2012).

At first sight there is something light-hearted, playful, elegant, subtle and aesthetical about Costa's work. On closer examination, it is like a complex image of world politics. Costa does not use aesthetics to obscure politics, but rather to communicate things that are almost impossible to convey at a figurative, or even conceptual and thematical manner. Costa shares his thoughts and reflections with his public, i.e. if the public makes the effort to look closer at the work. For him, aesthetics is a means to convey critical reflections.

For TIME SPACE POKER FACE Costa created various new works: *Rosa* (2013), a wreath of men's underwear; the abstract work *Constelaçao* (2012), a striped carpet on which the artist has laid down socks he has first stitched together as if they were balls; *1, 2, 3, 4 Little Indians ou Geometria Popular* (2013), with four Bolivian carpets Costa has bought at the *Mercado de las Brujas* in La Paz and has sewn together in the shape of a swastika; *Red Marble-Monumento* (2013), made of a towel, a sheet and a sock. Costa confronted these works with a purple felt moon, *O Astro* (2012), which he gave a central place on a white wall. In the basement of Be-Part, which the former owner used to exhibit jewellery, he plays a game with the ambiguity of the coveted 'thing'.

For Laurent Dupont-Garitte (born 1976, Brussels) the snapping shut of/in an object has been a subjective decision. There are the different shapes of different objects painted in different colours, and there is the constellation of different objects in different colours, which opens 'differently' to the viewer than, say, a sublime work: it gives itself without giving itself away or without taking/being taken. At Be-Part, Dupont-Garitte presents *Objets de Bruxelles* (2011-2012-2013), a work that can be considered a sequel to, but also a shift from the previous work with the same title. In September/October 2012 it was shown in the alternative exhibition space SIC in Brussels, where it was presented to the public on a table as a scale model or miniature (urban) landscape.

This work was preceded by *American Objects*, which had already been on view in the ACP (Visiting Artist Curated Projects) in Los Angeles (2012).[31] On a table Dupont-Garitte displayed various household objects — kitchenware, bottles, glasses, an ashtray, but also a Rubick's Cube for example — that had been covered with a monochrome layer of paint. All these objects are different in shape and colour. Some of the objects are hard to recognize at first sight, or they are recognizable, but their domestic or decorative function seems to be lost. Dupont-Garitte adores scouring jumble sales and buying paintings or objects he then overpaints and turns into a re-modernist model of an (urban) landscape. He prefers to choose objects he really likes and he really wants to own. By overpainting them completely, he parts with the collection(s) he has purchased himself, with the things he longed to possess. Every painted sculpture or sculptural painting, every object is given a certificate; in this way the artist plays a game with the idea

31. www.artistcuratedprojects.com/filter/PROJECTS#AMERICAN-OBJECTS

of the so-called 'authenticity' of the object. Dupont-Garitte thus refers to the craving for 'authenticity' that characterizes our time, but also the prices of 'old' and less old art. In the latter cases the certificate is meant to dispel the uncertainty of the potential buyer, who must be convinced that he is indeed buying a 'real' work of the artist in question. The certificate therefore features a mark, a seal that is related to a specific object and a number or a code, for example *American Object #X LA 2012*.

But there is more to this work. The exhibition venue was the living room of the curators/organizers. Each person who wanted to buy an object could do so, provided that he or she sent a photograph to the artist to show where it was placed in the buyer's house — a place with which the artist was entirely unfamiliar. In this instance, it is not the collector who controls the artist, but vice versa. The artist thus raises the question how you can get your work back as an artist, and what 'back' means in this context. For in this particular context, the artist Dupont-Garitte is both a collector of art and a collector of himself. The viewer cannot penetrate the object with his or her gaze, and the object is not stripped naked to the gaze.

And there is another layer that plays. In SIC in Brussels, there was also a pile of invitation cards. Browsing through the pile, one discovered two completely overpainted cards. These referred to two exhibitions the artist wanted to keep secret because they were so good. On the other invitation cards — for exhibitions the artist did not like or which he had not seen — the name is often still visible. In other words, Dupont-Garitte hides that which he likes — he overpaints it, turns it into an object. Everything that is communicated to others, every bit of information, is removed from the object: it is transformed or destroyed. The artist accordingly reverses the rules of the game. He communicates nothing. He overpaints that which he wants to communicate. He kills his own longing, creating a new longing in the process. In this way the potential collector who buys one of these works is equally delivered from his status of 'collector'. Dupont-Garitte actually wants his works back and therefore he has decided to call his photographs, too, works of art, thus to a certain extent eroding the status of the work bought.

The artist has done something similar with his large studio in Liège (which he has left in the meantime — he now has a studio in Brussels). He filmed his studio during a long period of time (*Atelier*, 2007-2008) through a spiralling circle of smoke. It is not the smoke of a cigarette — the circle is too large — but the smoke does refer to cigarettes. The camera follows the smoke bubble, but the viewer never sees it disappear entirely. It is as if one is lost in the studio of the artist for an hour and twenty minutes. The smoke bubble does not distinguish between his collections and his works (of art): both merge in the *Collection Dupont-Garitte*. In this way the artist reflects on the position of art/the artist, how these relate to society and the world of art and how they could relate to them differently. The divergences and potential links between sculpture, painting and film play an important part in his research.

Dupont-Garitte also explores the relationship between the studio, the exhibition room and the habitat of the collector, the art dealer, the artist, etc. For TIME SPACE POKER FACE the artist has added wooden crates to the *Objets de Bruxelles*. Thus the work shifts from a model of a coloured (urban) landscape (architecture) to a suggestive, mobile entity. This shift is emphasized by adding a filmic element that seems to refer to his *smoke films*, in which he filled his studio and the exhibition space with smoke that floated around for hours. When the credits of Alex Reynolds's film end — the film is screened in the same exhibition space — and the image turns black for about eight minutes, a series of neon lights are switched on by a timer device. The various objects on the crates, which had been in the dark, are now flooded with light. As the objects are placed against the wall in the video space in the basement, it is impossible to approach them from behind. The same is true of the objects in the first row: the front of the objects is in the shadow; behind them there are more crooked rows with crates on top of which objects are on display. It is as if the entire display moves. People and objects can be occupied, but apparently they cannot be possessed, not even by or under the 'right' light.

Alex Reynolds, *Le Buisson St. Louis* (2007), film fragments, screened on five monitors:

> Jeanne: Maybe… But… the house is not straight. […] This house really represents what my family 'tried' to do.
> Maud: It was like we were somewhere else […] For me it is like a childhood thing. You know, I will always have it in my heart, but it's kind of gone… For me it is kind of over…
> Benoit: Yes, we lost something…

The Spanish-British artist Alex Reynolds (born 1978, Bilbao) currently lives in Berlin. At TIME SPACE POKER FACE she presented her new film *Spinario* (2012), a co-production between Be-Part and the Miró Foundation in Barcelona.

Reynolds creates performances, soundscapes and films with documentary/philosophical overtones, in which image and language are now very balanced, then scour along each other intensely. At Be-Part, Reynolds presented *Spinario* as if the staircase, like a mysterious sculpture in the middle of the wall of the basement, was an extension of the mise-en-scène of the film, and as if the architecture that func-tioned as the setting was part of the exhibition space. Reynolds's work was also the last work the public got to see at TIME SPACE POKER FACE, and from this perspective it may well be that the viewer — prob-ably, presumably, perhaps, possibly, possibly not — had another look at the works at the exhibition. *Spinario* is the only work at the exhibi-tion in which the human figure is really present. The film reflects on the ego, identity, compulsive control and loss of it. It narrates a bi-zarre, almost futuristic story with a main character without short-term memory. *Spinario* was inspired by Vanessa Able's short story *Second Winter*, from which a fragment is quoted here:

> STOPs are not permitted to leave the Compound without first spending four weeks inside a decompression chamber. For each day of my confinement there, I was administered

three injections by a U-NIK to help deactivate my cirge sensors and erode the details of my memory banks, a process intended to reward us with at least a modicum of normalcy for the last few years of our lives. At the end of the four-week tenure, a blacked-out vehicle came to collect Elisa and myself and drove us for four hours out here to our refuge in the wilderness.[32]

32. Alex Reynolds, 'Spinario/Second Winter by Vanessa Able', in: *The End Is Where We Start From*, Fundació Joan Miró, 2012, p. 80. (exh. cat., Espai 13, 30 September 2011–8 July 2012).

At a time when we are continually confronted with the idea that there is 'too much ego', it turns out that there actually is too little 'I'. The 'I' is either preoccupied with the representation of the other, or compulsively imagining the other. This results in a substitution of the self and the other. Using charm, aggression or narcissism, the other is then forced to abandon or surrender the self. This has consequences with regard to the relationship with other people, but also with objects and things. Reynolds shows us the consequences of the ultimate boundary of empathy and indifference. The film *Spinario* starts with the suicide of her brother told by the protagonist, Clara, who has just been dropped off by a chauffeur at her work, which is apparently situated amidst a landscape of wind turbines. Upon arrival at the workplace, her short memory is deleted to enable her to do her job properly. However, when she no longer sees the difference between herself and the other, things start to go wrong. She is asked to leave her job and never to return. She starts to wander and the alienation grows.

In her work, Reynolds responds to the deep-seated propensity for psychology/psychoanalysis of humans/the world — a propensity which now seems to have become a political and military weapon, and an instrument of terror. In *Le Buisson St Louis* (2007) for example (a documentary for five screens), a family is reunited in a house the parents had built in the wake of the student revolt of May 1968. After the parents divorced, the relationship of each member of the family to the house has become increasingly alienated.

In several of her other works Reynolds reflects on the 'I': in *When Smoke Becomes Fire, My Love Reveals Things Unknown Were Mine All Along* (2010), an installation with slide projectors, and in the works presented at the solo exhibition *But They Are Not You* (MAP, Stockholm, 2012).

Johann Sebastian Bach, ICH HABE GENUG (1727),
BWV 82, *BC A169a*

Ich habe genug.

Schlummert ein, ihr matten Augen,
Fallet sanft und selig zu!
Welt, ich bleibe nicht mehr hier,
Hab ich doch kein Teil an dir,
Das der Seele könnte taugen.
Hier muss ich das Elend bauen
Aber dort, dort werd ich schauen
Süßen Friede, stille Ruh.

Mein Gott! Wann kommt das schöne: Nun!
Da ich im Friede fahren werde
Und in dem Sande kühler Erde
Und dort bei dir im Schoße ruhn?
Der Abschied ist gemacht,
Welt, gute Nacht!

Ich freue mich auf meinen Tod,
Ach, hätt er sich schon eingefunden.
Da entkomm ich aller Not,
Die mich noch auf der Welt gebunden.

Courtesy of Adriaan Verwée &
Galerie Tatjana Pieters, Gent
pp. 82, 83
studio allies, 2013
59 x 49 x 96 cm & 49 x 73.5 x 53.5 cm
stained meranti, textile & stained
meranti, wine barrel, acrylic
Be-Part Waregem: wooden box
Courtesy of Adriaan Verwée &
Galerie Tatjana Pieters, Gent

studio allies, 2013
ca. 305 x 165 x 260 cm, stained
meranti, aluminum, paint, plastic
bamboo, chalkline reel, concrete,
nails, ashtray can (optional)
Be-Part Waregem: outside
Courtesy of Adriaan Verwée &
Galerie Tatjana Pieters, Gent
pp. 84, 85
DAD, 2013
Loods 12 Wetteren, front: *Studio
variation*, 2012, ca. 210 x 210 x
340 cm, stained meranti, gypsum,
epoxy, paint, nails, glass; back:
DAD, 2013, various dimensions,
stained meranti, found table and
chair, cloth, gypsum; *Diptych*, 2013,
wood, paint, glass, nails, framed
mirrors, 42 x 52 cm each. Courtesy
of Adriaan Verwée
p. 79
Other People's Trades, Arcade
London: *untitled arrangement*, 2012
stained meranti, mirrors, paint,
nails, ca. 350 x 46 x 260 cm.
Courtesy of Adriaan Verwée &
Galerie Tatjana Pieters, Gent
p. 80
Proposition II, 2010
55 x 50 x 4.5 cm, wood, paint, ink,
graphite, private collection Belgium
Courtesy of Adriaan Verwée &
Galerie Tatjana Pieters, Gent
p. 81
things postponed a & b, 2012
UGent, Technicum
a.: found stage, stained meranti,
cloth, mirror, paint, wood;
b.: stained sipo, paint, cloth,
nails; installation with various
dimensions
Courtesy of Adriaan Verwée &
Galerie Tatjana Pieters, Gent
pp. 86, 87

JANI RUSCICA

Travelogue, 2010
16 mm film transferred to
HD, single channel projected
installation, stereo sound, 7'25" loop
Cinematography: Anu Keränen
Editing: Jani Ruscica

Sound design: Anne Tolkkinen
Camera assistant: Peter Lowden
Grip: Guy Bennett
Titles: Henri Tani
Subtitles: Pauli Luomahaara, Skarvi
Colour timing: Outi Kinnunen –
Digital Film Finland
Commissioned by Camden Arts
Centre and Animate Projects
Financial support: Arts Council
England, AVEK, The Finnish
Institute London, FRAME (Finnish
Fund for Art Exchange)
Courtesy of the artist & Galerie
Anhava, Helsinki
pp. 88-97

ADRIANO COSTA

*1, 2, 3, 4 Little Indians ou
Geometria Popular*, 2013
125 x 110 cm, handmade carpets
from Bolivia
Be-Part Waregem: cellar gallery
Courtesy of Adriano Costa &
Mendes Wood DM, São Paulo
p. 99, 102-103
Constelação, 2012
150 x 150 x 7 cm, handmade Alpaca
Andina from Bolivia, socks
Be-Part Waregem: cellar gallery
Courtesy of Adriano Costa &
Mendes Wood DM, São Paulo
p. 101, 102-103
Rosa, 2013
ø 25 cm, H 6 cm, underwear, wood
Be-Part Waregem: cellar gallery
Courtesy of Adriano Costa &
Mendes Wood DM, São Paulo
p. 100, 101
Red Marble – Monumento, 2013
50 x 69 x 14 cm, towel, blanket,
socks
Be-Part Waregem: cellar gallery
Courtesy of Adriano Costa &
Mendes Wood DM, São Paulo
p. 102-103
O Astro, 2012
53 x 29 cm, textile, acrylic on felt
Be-Part Waregem: cellar gallery
Courtesy of Adriano Costa &
Mendes Wood DM, São Paulo
p. 102-103
*From my body comes, Through your
body goes*, 2012
Frame/Frieze Art Fair London
Courtesy of Adriano Costa &
Mendes Wood DM, São Paulo
p. 104-105
A Place Built To Be Destroyed, 2012
85 x 75 cm, embroidery
Courtesy of Adriano Costa &
Mendes Wood DM, São Paulo
p. 106

A Colônia, 2012
Courtesy of Adriano Costa &
Mendes Wood DM, São Paulo
p. 107

LAURENT DUPONT-GARITTE

Objets de Bruxelles, 2011-2012-2013
various dimensions, mixed
materials, 4 neon lights, timer, 5
min. every 25 min.
pp. 110-113, 116-118
atelier 2007-2008, 00h 49'10"05,
00h00'05"01 (December 2007)
00h15'14"24 (May 2008)
00h49'10"05 (September 2008)
01h14'32"18 (October 2008)
September 2008, 4 video stills
p. 109
American Object n°1, L.A. 2012
object, acrylic, collection Sara Deraedt
p. 114
American Object n°5, L.A. 2012
object, acrylic, collection Piero Golia
p. 114
American Object n°2, L.A. 2012
certificate
p. 115

ALEX REYNOLDS

Spinario, 2012
16 mm film transferred to HD, 23'40"
Clara: Tuixén Benet
Him: Tomás Aragay
Director and script: Alex Reynolds
Director of Photography: Tim Sidell
Sound: Benet Román
Sound editor: Sven Jensen-
Brakelman
Editing: Alex Reynolds
Production: Alicia Reginato,
La Chula Productions
Assistant producer: Miguel
Fernández
Music: Mursego, Don the Tiger,
Planningtorock
Lab: Image Films; Motion Picture
Films
Produced by Fundació Joan
Miró, Be-Part Waregem & Screen
Barcelona
pp. 119-132

COLOPHON

Catalogue
Text: Sofie Van Loo
Editing: Mia Verstraete, tekstchirurg
Graphic design: Thomas Desmet &
Benoît Vandenbroucke, UM
Final editing: Lize Chielens, Mia Verstraete
Translation: Dirk Verbiest

Photo credits, the artists and photographers:
Liene Aerts p. 75
Ricardo Bassetti pp. 106, 107
Mark Blower pp. 104-105
Evan Cassel p. 114 bottom
Marc Coenen p. 71
Kristien Daem p. 68
Sara Deraedt p. 114 top
Laurent Dupont-Garitte p. 48
Joost Goethals back cover, pp. 42, 58, 59, 60, 61,
69, 76, 77, 78, 100, 116, 117, 118
Andy Keate p. 80
André Morin pp. 64-65
Yigal Pardo pp. 66, 67
Dirk Pauwels pp. 49, 50, 99, 101, 102-103, 110-111
Julia Spínola front cover

Printed by New Goff, Oostakker

Published by MER Paper Kunsthalle, Ghent
Geldmunt 36, B-9000 Ghent
www.merpaperkunsthalle.org

© 2013 MER, the artists and the author

ISBN 9789491775024
D/2013/7852/186

Exhibition
Be-Part, Platform voor Actuele Kunst
Westerlaan 17, 8790 Waregem
Artistic director: Patrick Ronse,
assisted by Lize Chielens and intern Heleen Sabbe
Exhibition assistants: Frank Temmerman, Marc
Vermeersch, Marjan Nolf, Céline Rimaux
Workshops: de/het Ensemblage: Hanne Kesteloot,
Marian Venceslá, Joachim Coucke, Alexandra
Crouwers, Michèle Matyn

TIME SPACE POKER FACE
Nel Aerts, Peter Buggenhout, Adriano Costa,
Laurent Dupont-Garitte, Willem Oorebeek,
Alex Reynolds, Jani Ruscica, Joëlle Tuerlinckx,
Joke Van den Heuvel, Adriaan Verwée
Curator: Sofie Van Loo
Dates: 24.02 – 21.04.2013
Invitation design: Jurgen Maelfeyt

Construction exhibition:
Kunst & Opbouwen: Jeroen Provoost,
Daniël Rödiger, Joost Op Den Berg
Roalt Zuidervaart
Light installation Joëlle Tuerlinckx: Chris Pype
Video installation: Tony Video, Man Behind
The Curtain

Special thanks to the artists Nel Aerts, Peter
Buggenhout, Adriano Costa, Laurent Dupont-Garitte,
Willem Oorebeek, Alex Reynolds, Jani Ruscica, Joëlle
Tuerlinckx, Joke Van den Heuvel and Adriaan Verwée
for their magnificent works of art, and also to Julia
Spínola who offered me a magnificent work of art
for the cover of this book. Special thanks to Patrick
Ronse, artistic director of Be-Part, and the team of
Be-Part: Lize, Frank and Mark, and intern Heleen
for their ongoing support of this exhibition and book
project. Jeroen Provoost, Daniël Rödiger, Joost Op Den
Berg, Roalt Zuidervaart, Chris Pype and Tony Video
were simply tremendous in finding solutions for every
problem. Special thanks to Thomas Desmet and Benoît
Vandenbroucke for the beautiful design of this book.
And to Mia Verstraete and Dirk Verbiest for taking
care in-depth of my text. Many thanks to Dirk Pauwels
for making time for this project and to publisher Luc
Derycke, who supports outstanding projects in the
contemporary art world. Thanks also to Maria Eugênia
Abàtayguara of Mendes Wood DM, São Paulo, for her
assistance, and to all supporters of the artists, such as
VidalCuglietta Brussels, Galerie Christian Nagel, Köln-
Berlin & Rosemarie Schwarzwälder, Galerie nächts
St. Stephan, Wien, Mendes Wood DM, São Paulo,
Konrad Fischer Galerie, Düsseldorf-Berlin & Galerie
Laurent Godin, Paris, Galerie Tatjana Pieters, Gent,
and Galerie Anhava, Helsinki. Also thanks to Fundació
Joan Miró & Screen Barcelona who supported,
like Be-Part, the film of Alex Reynolds.

Sofie Van Loo

The exhibition and the publication were realized with
the support of the Province of West-Flanders: Mrs
Mieke Ackx and Mr Jan Denolf of the department of
Culture, and the Executive of the Provincial Council
of West Flanders, consisting of Mr Carl Decaluwé,
Governor-chairman, Mr Guido Decorte, Mr Franky
De Block, Mr Carl Vereecke, Mr Bart Naeyaert, Mr Jean
de Bethune and Mrs Myriam Vanlerberghe, Members,
and Mr Geert Anthierens, Provincial Clerk; and with
the support of the Flemish authorities.

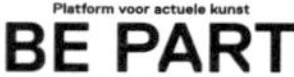

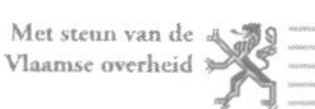

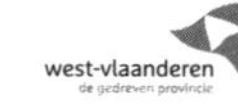